Theophil Friedrich Ehrmann

Geschichte der merkwürdigsten Reisen, welche seit dem zwölften Jahrhunderte zu Wasser und zu Land unternommen worden sind

Dritter Band

Theophil Friedrich Ehrmann

Geschichte der merkwürdigsten Reisen, welche seit dem zwölften Jahrhunderte zu Wasser und zu Land unternommen worden sind

Dritter Band

ISBN/EAN: 9783742810861

Hergestellt in Europa, USA, Kanada, Australien, Japan

Cover: Foto ©Andreas Hilbeck / pixelio.de

Manufactured and distributed by brebook publishing software (www.brebook.com)

Theophil Friedrich Ehrmann

Geschichte der merkwürdigsten Reisen, welche seit dem zwölften Jahrhunderte zu Wasser und zu Land unternommen worden sind

Geschichte
der
merkwürdigsten
Reisen
welche
seit dem zwölften Jahrhunderte zu Wasser
und zu Land unternommen worden sind.

Von
Theophil Friedrich Ehrmann.

Dritter Band.
Mit einer Karte von Senegambien.

Frankfurt am Main, 1791
in der Hermannischen Buchhandlung.

Geschichte
der
merkwürdigsten Reisen.

Dritter Band.

Vorrede.

In diesem dritten Bande meiner Geschichte der merkwürdigsten Reisen liefre ich die erste Hälfte des zweiten Abschnitts der ersten Abtheilung derselben, nämlich die Reisen nach

Westnigrizien oder Senegambien bis aufs Jahr 1720. — Voran geht eine Einleitung, welche ein vollständiges Verzeichniß der hieher gehörigen Schriften, eine Uebersicht der Länder und Völker von Senegambien und eine kurze Geschichte der europäischen Niederlassungen daselbst enthält. Dann folgen die Reisen selbst, soviel ihrer noch vorhanden sind, in kronologischer Ordnung; die Geschichte der minder merkwürdigen wird nur summarisch angegeben; die interessanteren dagegen sind, so weit es mein Plan erfordert, ausführlicher beschrieben.

Zum Verständnisse dieser Reisen schien mir eine kleine Spezialkarte von Senegambien unentbehrlich, und ich glaubte es daher meinen Lesern schuldig zu seyn, Ihnen eine solche zu liefern. Sie folgt hiebei. Ich habe sie nach der trefflichen Adansonschen Karte gezeichnet; die ich zwar in einen engern Raum gezogen, aber mehr mit Namen angefüllt habe, wozu ich andre gute Spezialkarten benüzte. Der Stich ist gut gerathen, und mir bleibt dabei nur der Wunsch übrig, daß sie den Kennern gefallen möge!

Auch für das Werk selbst nähre ich ich diesen Wunsch. Der gegenwärtige Band, mit welchem die speziellen Reisebeschreibungen beginnen, kann zur Probe dienen von meiner Art diese zu behandeln, so wie der nächstfolgende die erste Probe von den versprochenen Länder- und Völkerschilderungen liefern wird.

Meine Ueberzeugung sagt mir, daß ich mit kritischer Sorgfalt gearbritet, geprüft und gewählt, Manches mit eingemischt, was zur Bereicherung der Kenntniſſe meiner Leſer dienen kann, und ſoviel es nur möglich war, dies hiſtoriſche Werk unterhaltend und belehrend gemacht habe. Nun kommt es den einſichtsvollen Kennern und Kunſtrichtern zu, dieſe meine Ueberzeugung zu prüfen, und zu entſcheiden, ob ſie auf Wahrheit oder Täuſchung gegründet iſt.

Verehrungswürdige Gönner, Kenner von anerkannten Verdienſten haben mir einige Fehler aufgedeckt und einige ſchwache Seiten meines erſten Bandes gründlich getadelt, wofür ich Ihnen hier öffentlich danke; ſie haben aber auch meinem Werke auf eine für mich ſo ſchmeichelhafte Art Gerechtigkeit wiederfahren laſſen, daß es mir nicht vergönnt iſt, mehr davon zu ſagen.

Der nachſichtsvolle Beifall, den ein groſſer Theil meines Publikum's meinem Werke bis her geschenkt hat, ist mit die kräftigste Aufmunterung, zu immer mehrerer Vervollkommnung desselben, deren es — ich weiß es — gar sehr noch bedarf.

Mir ist — ausser einer sehr flüchtigen Anzeige im 61. Stük der Tübinger gelehrten Zeitung dieses Jahres — noch keine kritische Beurtheilung dieses Werkes zu Gesicht gekommen; da aber jene Anzeige so oberflächlich ist und so unverkennbar das Gepräge einer raschen, auf keine reife Untersuchung gegründeten Kritik an sich trägt, so kann sie weder für mein Publikum noch für mich befriedigend seyn, und ich kann auch keine Rüksicht darauf nehmen.

Ich wiederhole aber meine Bitte an Geschichtsforscher und Kenner, mich durch gründlichen Tadel zu belehren, wo ich fehle, oder wie ich meinem Werke noch mehr Werth geben kann — und meine geneigte Leser erſuche ich, mir ferner ihre Nachſicht und Gewogenheit zu ſchenken.

Stuttgart, im Nov. 1791.

Der Verfaſſer.

Innhalts-Verzeichniß
des dritten Bandes.

Erste Abtheilung.
Reisen nach und in Afrika.

Zweiter Abschnitt. Reisen nach Westnigrizien oder Senegambien.

Einleitung. Allgemeine Länderkunde von Senegambien, und kurze Geschichte der europäischen Niederlassungen daselbst.

Vorerinnerung. Seite 3.

Länderkunde von Senegambien. S. 5.

Litteratur. S. 5.

    a) Quellen-Verzeichnisse. Ebend.
    b) Allgemeine Beschreibungen von Afrika. Ebd.
    c) Besondere Beschreibungen der Senegalländer. S. 9.
    d) Einzelne Nachrichten und Abhandlungen. S. 11.
    e) Reisebeschreibungen. S. 13.
    f) Landkarten. S. 18.

I. Vorläufige allgemeine Länder- und Völker-Beschreibung von Senegambien. S. 21.

Name. Ebend.
Lage, Gränzen und Gröffe. S. 24.
Klima. S. 25.
Boden und Produkte. S. 26.

Gewässer. Seite 28.
Bewohner. Hauptvölker. S. 30.
  1) Mohren. Ebend.
  2) Fulier. S. 31.
  3) Naloffer. S. 32.
  4) Mandingoer. S. 33.
Eintheilung von Senegambien, und einzelne Länder. S. 35.
  I. Ober-Senegambien. Ebend.
  II. Mittel-Senegambien. S. 39.
    1. Länder am Senegal. S. 40.
    2. Länder an der Gambia. S. 53.
  III. Unter-Senegambien. S. 61.
II. Kurze Geschichte der Niederlassungen der Europäer in Senegambien. S. 67.

Reisen nach und durch Senegambien.

I. Summarische Geschichte der minder merkwürdigen Reisen Rainold's und Daffel's, van den Broek's, Jobson's, Jannequin's und Le Maire's. Von dem Jahre 1591. bis 1662. S. 79.
  Vorerinnerung. S. 81.
    I. Richard Rainold's und Thomas Daffel's Reise nach dem Senegal und der Gambia. Im J. 1591. S. 83.
    II. Peter van den Broek's Reise nach dem grünen Vorgebirge. Im J. 1606. S. 87.
    III. Richard Jobson's Reise in das Innere von Senegambien. Im J. 1620. S. 91.
    IV. Claude Jannequin's Reise nach dem Senegal. Im J. 1637. S. 106.
    V. Le Maire's Reise in die Senegalländer. Im J. 1682. S. 117.

II. **Andreas Brue's**, vormaligen Generaldirektors der französischen Senegalgesellschaft Sieben Reisen durch Senegambien, vom Jahre 1697. bis 1715. Seite 123.
Vorerinnerung. S. 125.
  I. Brue's Reise zu Land, von Goree nach dem Senegal. Im J. 1697.
    Brue's Audienz am Hofe des Damels. S. 135.
  II. Brue's erste Reise auf dem Senegal. Im J. 1698. S. 142.
    Brue's Erscheinung an dem Hofe des Königs der Fulier. S. 155.
  Negerjustiz. S. 162.
  Negerische Leichtgläubigkeit und europäischer Eigennutz. S. 168.
  III. Brue's zweite Reise auf dem Senegal. Im J. 1699. S. 174.
    Geschichte des Prinzen Sambaboa. S. 178.
    Streitigkeiten mit Negerfürsten. S. 182.
    Ankunft zu Dramanet, und Begebenheiten daselbst. S. 190.
    Versuche zur Entdeckung der Goldländer in Nigrizien. S. 198.
  IV. Brue's Reise nach Albreda und von da zu Lande nach Kachao. Im J. 1700. S. 202.
    Geschichte einer galanten Negerinn. S. 203.
    Ein Negerprophet. - S. 205.
    Audienz bei dem Könige von Jereja. S. 211.
    Beschreibung von Kachao. S. 220.
  V. Brue's Reise nach Bissao und den bissagotischen Inseln. Im J. 1701. S. 225.
    Ankunft zu Bissao. S. 228.
    Audienz bei dem König. S. 231.
    Negerisches Orakel. S. 236.

Fahrt nach der Insel Bulam und nach Ghinala. Seite 241.

Fahrt nach der Insel Kazegut. S. 249.

Toleranz eines vornehmen Negers. S. 252.

Negerische Gutherzigkeit und europäische Grausamkeit. S. 254.

Streit mit dem portugiesischen Statthalter zu Bissao. S. 256.

VI. Brue's Reise nach dem See Kajor. Im J. 1714. S. 264.

Trauergebräuche der Negern. S. 270.

VII. Brue's dritte Reise auf dem Senegal. Im J. 1715. S. 274.

III. **Compagnon's Reise nach Bambuk.** Im J. 1716. Verglichen mit der Reise eines Ungenannten in ebendasselbe Land. S. 313.

Nöthige Vorerinnerung, in welcher die Aechtheit der Nachrichten beider Reisebeschreiber des Compagnon und des neuern Ungenannten geprüft wird. S. 315.

I. Versuche das Land Bambuk zu entdecken. S. 325.

II. Compagnon's Reise nach Bambuk. Im J. 1716. S. 332.

III. Geographische Nachrichten von Bambuk. Nach Compagnon und dem Ungenannten. S. 340.

IV. Einige Nachrichten von den neueren Versuchen der Franzosen in Bambuk einzubringen. S. 350.

Erste Abtheilung.

Reisen nach und in Afrika.

Zweiter Abschnitt.

Reisen nach Westnigrizien oder Senegambien.

Einleitung.

Allgemeine Länderkunde von Senegambien, und kurze Geschichte der europäischen Niederlassungen daselbst.

Wir kommen nun zu den interessanteren Abschnitten dieser Abtheilung, nämlich zu den Reisen nach den einzelnen Theilen von Afrika, und zwar zuerst — mich dünkt — nach der natürlichsten Ordnung, zu den Reisen nach Senegambien.

Unter dem Namen Senegambien, Senegalküste, oder Westnigrizien begreift man in der neuern Länderkunde denjenigen Theil der Westküste von Afrika, welcher von den Flüssen Senegal und Gambia bewässert wird, oder die Küste vom weissen Vorgebirg (21 Gr. N. Br.) bis zum Küstenflusse Nunnez, (10 Gr. N. Br.) oder nach Andern bis zum Sierraleonaflusse. (9 Gr. N. Br.) — Richtiger ist erstere Bestimmung *); und wenn

---

*) Denn die Sierraleonaküste wird besser zu Guinea gerechnet.

schon eigentlich die Küste nordwärts des Senegals zu Sahara gehört *); so rechnen wir sie dennoch hieher, weil die europäischen Niederlassungen beim weissen Vorgebirge anfangen.

Es ist aber nöthig, zu besserm Verständnisse, den einzelnen Reise- und Länderbeschreibungen eine allgemeine geographische Beschreibung der Länder dieses Erdstrichs und eine kurze Geschichte der dortigen Niederlassungen und Besizzungen der Europäer voranzuschikken; die nähere Beschreibung der einzelnen Länder und ihres gegenwärtigen Zustandes, die Schilderung ihrer Bewohner, der Sitten, Gebräuche und Meinungen derselben folgt nachher auf die Reisen, und die Darstellung des Handels der Europäer nach diesen Gegenden macht dann den Beschluß dieses — ich hoffe — reichhaltigen Abschnitts.

---

*) Nämlich es ist die Küste desjenigen Theils von Sahara, welcher Zenhaga oder Senega genannt wird, woher vermuthlich der Name Senegal entstand.

Länderkunde von Senegambien.

Litteratur. *)

a) Quellen-Verzeichniſſe:

1) *Meuſelli* Bibliotheca hiſtorica, gr. 8. Lipſiæ 1782. & fqq. Parte I. Vol. III. p. 159. fqq.
2) *Meuſel's* Litteratur der Statiſtik. gr. 8. Leipz. 1790. S. 82. & 121.
3) *Lenglet du Fresnoy* (Abbé) Méthode pour étudier la Geographie &c. (4eme Ed. 12. Paris, 1768.) T. I. p. 291. fq. & p. 378.
4) *Stuck's (G. H.)* Verzeichnis von älteren und neueren Land- und Reiſebeſchreibungen. gr. 8. Halle, 1784. Nachtrag, ebendaſelbſt, 1785. Zweiter Theil. Ebendaſelbſt, 1787.
5) *Die Vorrede des deutſchen Herausgebers (Prof. Meiners) zu: Demanet's neuer Geſchichte des franzöſiſchen Afrika, ꝛc. ꝛc. Aus dem Franz. überſ. kl. 8. Leipzig, 1778. 2 Bde.

b) Allgemeine Beſchreibungen von Afrika, die hier angemerkt zu werden verdienen.

1) Des Scherifs Edriſi, oder ſogenannten nubiſchen Erdbeſchreibers arabiſch geſchriebene: Ergözlichkeiten des wißbegierigen Reiſenden. --Nozhat al Moſchtaak phi echterak al aphak.--

---

*) Die hier mit einem * bezeichnete Werke, Abhandlungen und Reiſebeſchreibungen beſitze ich ſelbſt, und habe ich bei dieſem Abſchnitte benutzt.

Der arabische Auszug wurde unter dem Titel: **Von der allgemeinen Erdbeschreibung, wohlgebautes Blumengärtchen** u. s. w. im Jahr 1592. zu Rom gedrukt, gr. 4. 326. Seiten. Eine äusserst seltene Ausgabe.

Lateinisch erschien dieser Auszug, unter dem Titel:

Geographia nubiensis, id est accuratissima totius orbis in septem climata divisi Descriptio, &c. ex Arabico in latinum versa, a *Gabriele Sionita* & *Joanne Hesronita* &c. 4. Paris. 1619. Auch diese Uebersezzung ist selten geworden.

Bruchstükke daraus, englisch übersezt stehen im II. Bd. von Purchas Pilgrimes &c.

Dies schäzbare Ueberbleibsel arabischer Erdkunde behält noch immer seinen Werth, und beweist, daß zu jenen Zeiten das innere Afrika den Arabern bekannter war, als es uns jezt ist.

(Bibliotheca historica Vol. II. P. I. p. 166. seq. — Lenglet du Fr. I. p. 402.)

s) *Leonis Africani* (Joannis) totius Africæ Descriptio, Libris XII. primum arabice scripta, inde latine versa per J. Florianum. 8. Antw. 1556. (ibid. 1558. Tiguri, 1559. Lugd. Bat. 1632.)

Französisch: Antwerpen 1556. und Lyon 1556. Holländisch: Rotterdam, 4. m. Kupf. 1665. Italienisch: In Ramusio's Raccolte della navigazioni &c. T. I.

Englisch: In Sam. Purchas's Pilgrimes &c. T. II.

(Bibliotheca histor. Voll. II. P. II. p. 312. — Lenglet, l. c. p. 291.)

Sehr wichtig und noch ist brauchbar sind Leo, des Afrikaners, Nachrichten von den Negerländern, die er selbst durchreiset hat; so wie auch des Scherif Ebrisi, oder nubische Erdbeschreiber hier nachgeschlagen zu werden verdient. Die Berichte beider über diese Länder hat Sr. Moore seiner Reisebeschreibung angehängt.

(Vorrede des teutschen Herausgebers von Demanet, S. 49.)

3) *Marmol Caravajal* (Luys del) Descripcion general de Africa &c. en Granada, Fol. 1573-99.

Französisch: Uebersezt von N. P. d'Ablancourt. 4. Paris, 3 Bde. mit Karten.

Marmol hat einen grossen Theil von Nord- und Mittel-Afrika durchreist, und seine Beschreibung ist sehr schäzbar.

(Vorr. zu Demanet, S. 50. Bibl. hist. Vol. II. P. II. p. 320. Lenglet, l. c.)

4) *M. Livio Sanuto* Geographia dell Africa distinta in 12. Libri &c. Fol. in Venetia, 1588.

Ein prächtig gedruktes Werk, das aber, nach Lenglet's Urtheil (T. I. p. 291.) durch Dapper's Werk, welches weitläufiger ist, seinen Werth verloren hat.

5) *Grammaye* (J. B.) Africæ illuſtratæ Libri X. 4. Tornaci, 1622.

    Ein vormals ſehr geſchäztes Werk, deſſen Verfaſſer ſelbſt einen beträchtlichen Theil von Afrika durchwandert hat.
    (Biblioth. hiſtor. Vol. I. P. II. p. 11. & Vol. II. P. II. p. 322. — Lenglet, l. c. p. 292.)

6) *Dapper's (Dr. O.) Umbſtändliche und eigentliche Beſchreibung von Africa. ꝛc. ꝛc. Fol. Amſterdam 1670. mit Kupfern und Karten.

    Das Original iſt holländiſch. Fol. Amſt. 1668. Franzöſiſche Ueberſezzung: Fol. Amſt. 1686. Engliſche: von Ogilby, mit Verſchweigung des Namens des Verfaſſers. Fol. London, 1670.

    Dapper hat die Nachrichten der vorgenannten Beſchreiber Afrika's und mehrere andere benüzt.
    (Bibl. hiſt. Vol. II. P. II. p. 323. — Lenglet, l. c. p. 291.)

7) *De la Croix*, Relation univerſelle de l'Afrique ancienne & moderne, &c. 12. Lyon. 1688. IV. Vol. it. 8. ibid. 1713.

    Es iſt bloß eine franzöſiſche Umarbeitung und Erweiterung des hier angeführten Dapperſchen Werks.
    (Bibl. hiſt. Voll. II. P. II. p. 324.)

8) *(*Poncelin de la Roche - Tilhac*) Tableau du Commerce & des Poſſeſſions des Européans en Aſie & en Afrique, &c. 12. Paris, 1783. II. Voll.

Teutſch: 8. Straßburg, 1783. und 84. II. Bände.

Eine brauchbare Kompilazion. Die Nachrichten von den Senegalländern ſind größtentheils aus Demanet und Adanſon geſchöpft.

c) **Beſondere Beſchreibungen der Sene-**
   galländer.

1) * *Labat* (Jean Bapt.) Nouvelle relation de l'Afrique occidentale, contenant une deſcription exacte du Sénégal &c. 12. Paris, 1728. V. Voll. (it. ib. 1732. 1758.)

Noch immer das Hauptwerk über dieſen Theil von Afrika, vorzüglich aus den Nachrichten des Brue (wovon unten) und aus andern ungedruckten Original-Papieren zuſammengetragen.

(Vorrede zu Demanet, S. 57. — Bibliotheca hiſt. Voll. III. P. I. p. 170.)

Der anonyme Verfaſſer, der hierunten genannten franzöſiſchen Beſchreibung von Nigrizien ſpricht in ſeiner Vorrede ſehr verächtlich von Labat's Werk, und verräth dadurch nicht nur, daß er es gar nicht kenne, denn er ſagt Labat habe ſeine Nachrichten von Negerſklaven eingeſammelt, ſondern macht auch ſich ſelbſt dabei verdächtig, da er keinem ſeiner Vorgänger Gerechtigkeit widerfahren läßt.

Das Wichtigſte aus Labat's hier genanntem Werke ſteht in dem II. und III. B. der allgem. Hiſt. d. R. — Auch Demanet hat es ſehr oft geplündert.

2) *Gaby* (F. J. B.) Relation de la Nigritie. 8. Paris, 1689.

> Der Verfasser, ein Franziskanermönch, der im J. 1686. als Missionar nach Afrika gieng, verspricht in der Vorrede eine sehr genaue und vollständige Beschreibung von Nigrizien, wobei er sehr verächtlich auf die frühern Nachrichten von diesen Gegenden herabblikt; aber er hielt nicht Wort, und das Werkchen, das er lieferte, ist so geringhaltig, so unbedeutend, daß es nicht als Quelle benüzt werden kann.
> (Biblioth. hist. Voll. III. P. II. p. 163.)

3) *Demanet* (Abbé) Nouvelle histoire del' Afrique françoise. 12. Paris, 1767. II. Voll. avec Cartes.

Teutsch: kl. 8. Leipz. 1778. II. Bändchen.

> Dieses brauchbare Werk ist theils aus eigenen Beobachtungen, (Demanet war im J. 1762. und 63. daselbst) theils aus Labat's Nachrichten zusammengesezt. Nur Schade, daß der Verfasser seine Quellen nie angab, und seine eigene Bemerkungen nicht genug von den entlehnten unterschied. Ueberdies vermißt man auch viele Einsichten, reifen Beobachtungsgeist und Unpartheilichkeit bei ihm. — Ich führe immer die deutsche Ausgabe an.
> (M. s. die Vorrede des teutschen Herausgebers desselben.)

4) *Description de la Nigritie, par M. P. D. P. &c. 8. Amsterd. 1789. avec Cartes.

Teutscher (fehlerhaft übersezter) Auszug in Cuhn's Sammlung merkw. Reisen nach Afrika, I. B. S. 113. u. ff. Ist auch besonders gedrukt, gr. 8. Leipzig, 1790.

(Zimmermann's Annalen der Geogr. I.B. S.447.) Der Verfasser war vom J. 1743. bis 1765. in Afrika, und des oben erwähnten ungeachtet liefert er schäzbare Nachrichten von einzelnen Theilen West-Afrika's; aber das Ganze scheint in der Eile zusammengeschrieben zu seyn. Es ist sehr unordentlich, unvollständig, unzusammenhängend. Unter Nigrizien begreift der Verf. auch Guinea. Er sagt wenig Neues, wenn er schon über den Mangel an guten Nachrichten von diesen Gegenden klagt, und er erzählt oft Ebendasselbe, was der von ihm so verachtete Labat auch schon gesagt hat. Ueberhaupt verräth dies Werkchen weder einen geübten Schriftsteller, noch einen einsichtsvollen Beobachter. Die beigefügten Karten scheinen nicht ganz richtig zu seyn.

d) **Einzelne Nachrichten und Abhandlungen.**

1) *Die Nachrichten eines Ungenannten, welche der (unten angezeigten) Reisebeschreibung des Le Maire angehängt sind.

Dieser Ungenannte war mit Le Maire zu gleicher Zeit auf der Insel Goree. Sein merkwürdiger Aufsaz steht auch im II. Bd. der allg. Hist. d. R. S. 447. (Vorrede zu Demanet. S. 55.)

2) *Das Schreiben eines Ungenannten über die

Entdekkung der Goldminen am Gambia. (vermuthlich im J. 1675) In dem III. B. der allg. Historie der Reisen, S. 52.

Es scheint erdichtet zu seyn, und kann daher keinen Werth haben.

3) Relation concerning the estate of the island of Arguin. 1491. (Bericht von dem Zustande der Insel Arguin, vom J. 1491.)

Im Anhang des 2ten Theils des IIten Bandes von Hackluyts englischer Sammlung von Reisebeschreibungen. Diese Nachricht ist schon zu alt.

4) * Nachricht von der Insel Goree.

In den Hannbverschen Beiträgen, J. 1759. XXXVI—XXXVIII. Stük — und in den Stuttgarter ökon. phys. Auszügen, III. Bd. S. 111.

5) * Sprengel (M. C.) vom Ursprung des Negerhandels. Ein Antrittsprogramm. gr. 8. Halle, 1779.

Von bekanntem Werthe. — Die wichtigsten der kleinen englischen Schriften über den Negerhandel findet man in den Sprengelschen Beiträgen zur Völker- und Länderkunde übersezt.

6) * Schott's (Dr.) Nachrichten vom Senegal, und Schreiben darüber.

Im I. und III. Bd. der Forster- und Sprengelschen Beiträge zur Völker- und Länderkunde. —

Sehr schäzbar!

e) **Reisebeschreibungen**, in kronologischer Ordnung.

1) * **Kadamosto's Reisen**, im J. 1455. u. ff. stehen übersezt im II. B. dieses Werks S. 138. u. ff. Von den Ausgaben derselben handelt die dort beigefügte Anmerkung.

2) * **Rainold's** (Richard) und **Daſſel's** (Thomas) Reisen nach den Flüſſen Senega und Gambia, im J. 1591.
    Das Original steht im 2ten Theil des II. B. von Hackluyts Sammlung. Ueberſezt im I. B. der allg. Hiſt. d. R. S. 412. u. ff. Dieſe Reiſen können nur zur Geſchichte der dortigen europäiſchen Niederlaſſungen gebraucht werden. Uebrigens ſind ſie unbedeutend. (Bibl. hiſt. Voll. III. P. II. p. 160.)

3) * **Peter van den Broeck's** Reiſen nach dem grünen Vorgebirge und nach Ruſisko. Im J. 1606.
    Steht im IV. B. des Recueil des Voyages qui ont ſervi à l'établiſſement & aux progrès dela Compagnie des Indes orientales. &c. (12. Amſt. 1754. XII. Voll.) S. 289. wo ſie nur 5. Seiten anfüllt, und im III. Bd. der allg. Hiſt. d. R. S. 150. — Iſt noch unbedeutender als vorgenannte. (Vorrede zu Demanet, S. 53.)

4) * **The golden Trade, or a Discovery of the River Gambia &c. by** *Richard Jobſon*, 4to London, 1683.

Das heißt: Der Goldhandel oder Entdeckung des Gambiaflusses ꝛc. ꝛc. von Richard Jobſon. Dieſe intereſſante Schrift ſteht abgekürzt in des *Purchas* Samml. von Reiſebeſchreibungen Pilgrims betitelt, im II. und III. Bd. der allg. Hiſt. der R. Der Verfaſſer reißte im J. 1620. nach Senegambien.

5) *Eben dieſes Jobſon's nicht minder intereſſantes Tagebuch ſeiner Reiſe ſteht in den genannten Sammlungen abgekürzt. Es iſt nie ganz, nie beſonders gedrukt worden.

> Jobſon war ein guter Beobachter und treuer Erzähler. (Vorr. zu Demanet. S. 51.)

6) *Saint-Loo* (Alexis de) Relation d'un Voyage du Cap-verd. &c. 8. Paris, 1637.

> Iſt mir nur dem Titel nach bekannt. (Stuk's Verzeichniß. I. Nro. 1255. Lenglet, l. c. p. 378.)

7) * *Jannequin de Rochefort* (Claude) Voyage de Lyble, au Royaume de Sénéga &c. 12. Paris, 1643.

> Steht auch im II. Bd. der allg. Hiſt. d. R. und iſt nicht ſehr wichtig. Jannequin, der in den J. 1637. 38. und 39. dieſe Reiſe machte, war ein ziemlich nachläſſiger Beobachter. Das Beſte iſt das, was er von den Sitten der Negern erzählt. (Vorr. zu Demanet. S. 54.)

8) * *Le Maire*, Voyages aux Isles Canaries, au Cap-verd, Sénégal & Gambie. 12. Paris 1695. avec fig.

Abgekürzt in der allg. Hist. d. R. III. Bd. — Der Verfasser, ein Wundarzt, machte diese Reise im J. 1682. und bewieß sich durch die Herausgabe seines Tagebuchs als einen guten Beobachter. Labat und Demanet haben seine Bemerkungen benüzt. (Vorr. zu Demanet. S. 55. Bibl. hist. Voll. II. P. II. p. 164.)

9) *Froger* (Franç.) Relation d'un Voyage fait en 1695. 96. & 97. aux côtes d'Afrique, au Détroit de Magellan, &c. 12. Paris, 1698. Amst. 1699. ib. 1702. ib. unter dem Titel: Relation d'un Voyage dans la Mer du Sud &c. 1715.

(Stuk's Verzeichniß, I. Nro. 541.)

Abgekürzt steht diese interessante Reisebeschreibung im XII. Bd. der allg. Hist. der R. — Die Nachrichten von Senegambien sind kurz, und enthalten nichts besonders, das nicht eben so gut in neuern Schriftstellern erzählt worden. (Vorr. zu Demanet, S. 56.)

10) *Brue's* (Andr.) vormaligen Generaldirektors des französischen Afrika's — sechs Reisen in und durch die Senegalländer, in den Jahren 1697. 1698. 1700. 1714. und 1715.

Diese sehr merkwürdige, interessante Reisebeschreibungen, die beßten, die wir von diesen Ländern haben, sind nicht besonders gedrukt worden, sondern stehen im III. und V. B. von Labat's Afrique occident. und im II. B. der allg. Hist. d. R. Ihr Werth ist längst entschieden. (Vorr. zu Demanet, S. 57.)

11) * Compagnon's Reise nach Bambuk zur Entdekkung der Goldbergwerke ꝛc. im J. 1716, gethan.

> Steht im IV. B. von Labat, und im II. B. der allg. Hist. d. R. Ist noch immer brauchbar. (Wovon weiter unten Nro. 18.)

12) * Stibb's (Bartholom.) Reise auf der Gambia ꝛc. ꝛc. im J. 1723.

> Ist in Moore's hier nachstehender Reisebeschreibung eingerükt, auch im III. B. der allg. Hist. d. R. Ist von sehr geringem Werthe. (Vorr. zu Demanet. S. 60.)

13) * *Moore* (Franc.) Travels into the inland parts of Africa, &c. up the river Gambia &c. 8. London, 1738.

> Steht auch in den Travels into the inland parts of Africa. 4. London. 1742, with Cuts — und im III. B. der allg. Hist. d. R. Ein minder bekannter Reisebeschreiber, aber ein guter Beobachter und gewissenhafter Erzähler. (Vorr. zu Demanet. S. 62.)

14) * Job Ben Salomon's, eines muhammedanischen Priesters, Reisen durch Afrika, nach England, u. s. w. in den J. 1731. u. 1732.

> Stehen im III. B. der allg. Hist. d. R. und sind aus den Nachrichten die Moore von diesem Manne gab, und aus Bluet's im J. 1734.

beson=

besonders gedrukten Nachrichten von dem Leben des Job ꝛc. zusammengesezt. Sie sind nicht unwichtig.

15) *Memoires de Mr. *de la Rocque*, contenant ses Voyages & Avantures, en Turquie, au Levant, au Sénégal &c. 12. à la Haye, 1754. II. Voll.

> Zwar — nach allen Umständen zu schliessen — kein Roman; aber doch nicht viel besser. Statt seine Reisebemerkungen mitzutheilen erzählt der Verfasser seine Liebeshistörchen und Galanterieen. Er reiste im J. 1744. nach der Senegalküste, von welcher er zwar einige geringhaltige Nachrichten giebt, mehr aber von den Abentheuern spricht, die er mit dem verbuhlten Weibe eines dortigen Einwohners bestanden hat, u. s. w. Folglich für den Geographen wenig brauchbares! —

16) **Adanson* (Mich.) Histoire naturelle du Sénégal, avec la relation de son voyage fait en 1749—53. 4. Paris, 1757. II. Voll.

Teutsch übersezt von Schreber. gr. 8. Leipzig, 1773. mit 1 Karte.

Nach dieser Uebersezzung werde ich ihn immer anführen.

— — von Martini, 8. Brandenburg, 1773. mit 1 Karte.

Ein Auszug steht im III. B. von Hirschfelds Bibliothek der Geschichte der Menschheit.

> Ein sehr gutes, brauchbares Werk, das gewiß den ungerechten Tadel des teutschen Vorredners zum Demanet (S. 63.) nicht verdient.

17) *Lindſey's* (John) Voyage to the Coast of Africa, in 1758. 4. London, 1759. with Cuts.

Der Verf. dieſer ſehr intereſſanten, noch unüberſetzten Reiſebeſchreibung begleitete den Admiral Keppel als Schiffsprediger in genanntem Jahre auf ſeiner Unternehmung gegen die Inſel Goree. (Wovon weiter unten.) Der Vorredner zu Demanet's Ueberſetzung kannte dies Werk nicht.

18) * Voyage au pays de Bambouc &c. &c. 8. Bruxelles, 1789.

Teutſch in Enhn's Sammlung I. Band und in Sprengels Beiträgen XIII. Band. — Der Verfaſſer ſucht den obengenannten Compagnon verdächtig zu machen, betitelt ihn einen Lügner, und ſtimmt doch in dem Meiſten mit ihm überein. Seine Anonymität gereicht ihm hier nicht zum Vortheil. (Zimmermann's Annalen. 1790. I. S. 249.)

f) Landkarten.

(a) Die beſten Generalkarten von Afrika ſind:

1) Die d'Anvilliſche. 1749. II. Blatt.
2) Die Haſiſche (bei den Homanniſchen Erben) I. Bl. — iſt wirklich ſehr brauchbar, nur was Nigrizien betrifft iſt ſie nicht richtig.
3) Die Sayerſche, 1772. II. Bl.
    Eine trefliche Karte.
4) Die Brionſche, 1782. I. Bl.

(b) **Spezialkarten von Nigrizien, und besonders von Senegambien.**

1) L'Afrique françoise, ou le Sénégal, ouvrage posthume de G. *Delisle* (eigentlich von seinem Schwiegersohn Buache) 1726. I. Bl.

2) Les Côtes occidentales d'Afrique, carte dressée par d'Anville, en 1751. pour la Compagnie des Indes. II. Bl.

3) Die Rennelsche Karte von Nordafrika (in den Proceed. &c. oder in Cuhn's Samml. II. B.) Ist besonders was das innere Nigrizien betrifft zu empfehlen.

4) Allgemeine Karte von Senegal, wie solche von Hrn. Adanson in vielen Stükken verbessert, von Hrn. Ph. Buache aber gezeichnet, und unter dessen Aufsicht gestochen worden. 1756. I. Bl. — Der Adansonschen Reisebeschreibung angehängt.
Diese Karte ist von vorzüglichem Werthe — mich dünkt die beste, die wir von Senegambien haben.

5) Die Karten in der Description de Nigritie sind sicher von geringerem Werthe.

6) Die Karten in Labat's angeführtem Werke und in dem II. und III. Bande der allg. Historie der Reisen sind noch sehr brauchbar.

7) Die Karten in Demanet's Geschichte c. sind sehr leer und scheinen auch nicht ganz richtig zu seyn.

(c) Noch speziellere Karten von einzelnen Theilen Senegambiens, hydrographische Karten von dem Laufe des Senegals und der Gambia, Grundrisse und Aussichten — findet man

1) In erstgenannter Description de Nigritie, und

2) Vorzüglich im II. und III. B. der allg. Hist. der R.

I.

Vorläufige allgemeine Länder- und Völker-Beschreibung von Senegambien.

Das Land, das wir izt nach oben angenommener Ausdehnung Senegambien *) nennen, begreift den südwestlichen Theil der Landschaft Sahara, oder der grossen Wüste, und den westlichen des Negerlandes, das wir Nigrizien nennen. Alle diese Benennungen, Abtheilungen und Bestimmungen sind den Einwohnern dieser Länder unbekannt, und die Gränzen von Sahara und Nigrizien lassen sich eben so wenig genau und sicher bestimmen, als

---

*) Den Namen Senegambien, aus den Wörtern Senegal und Gambia zusammengesetzt, verdankt dies Land den Engländern, welche eine neue Statthalterschaft schufen, als sie sich in den Besitz dieser ganzen Küste gesetzt hatten, und dieser Statthalterschaft, die jezt nicht mehr existirt, den Namen Senegambia gaben. Er ist so passend, daß er mit Recht von den Geographen beibehalten wird.

die von Senegambien. Die Namen sind willkühr=
lich, und die eben so schwankende Bestimmung der
Gränzen dieser Länder, die wir noch so wenig ken=
nen, hängt von den Begriffen ab, welche die Geo=
graphen mit jenen Namen verbinden, und diese
Begriffe werden durch die Fortschritte der Erdkun=
de oft sehr verändert.

Das Wort Sahara bedeutet eine Wüste —
Die arabischen Geographen gaben diesen Namen
ohne weitere genaue Bestimmung den als so öde
verschrieenen inneren Gegenden Nordafrika's, süd=
wärts von den barbarischen Staaten. Die kristli=
chen Erdbeschreiber folgten hierinn den Arabern,
und auf allen älteren Karten führt ein grosser Land=
strich vom atlantischen Meere bis zu Egypten und
Nubien hin diesen unbestimmten Namen, mit eben
so unbestimmten Gränzen. Auf Rennel's öfter=
wähnter Karte von Nordafrika *) hat dieser unge=
heure Landstrich mehr als die Hälfte seines Um=
fangs verloren, denn man weiß nun, daß der öst=
liche Theil desselben aus bewohnbaren und be=
wohnten Ländern und blühenden Staaten beste=

---

*) Cuhn's Samml. II. B. — Prof. Sorster in Halle
wird auch in einen der izt noch nicht erschienenen
Bände seines Magazins von Reisebeschreibungen eine
Uebersezzung der im vorgehenden Bande d. W. oft
erwähnten Proceedings &c. einrükken, und hat ver=
sprochen, die dazu gehörige Rennelsche Karte ver=
bessert zu liefern.

he, *) und folglich den Namen einer Wüste nicht verdiene, der allein dem westlichen Theile zukommt; dieser westliche Theil, von Mohren oder Arabern bewohnt, erstrekt sich längs dem atlantischen Meere hin, von dem Vorgebirge Nun, oder der südlichen Gränze des marokanischen Reichs, bis zum Vorgebirge Mirik oder noch drüber hinaus gegen den Senegal hin.

Eben so unbestimmt ist der Name von Biledulscherid, oder dem Dattellande. **) Unter der Benennung Nigrizien begreift man hingegen die innern Theile des mittleren Afrika's, südwärts des Landstrichs Sahara, im ältern Verstande. Aber auch diese Bestimmung ist sehr schwankend; denn noch izt vermag es die Erdkunde nicht, die Gränzen dieser grossen Strekke Landes genau anzugeben, und wir wissen noch nicht, welchen Umfang die Landesbewohner dem Worte Soudan oder Aafnon ***) geben. Einige Schriftsteller †) begreifen

---

*) Man sehe die allgemeine Uebersicht von Afrika im II. B. d. W. — und Cuhns Samml. II. B.

**) Einige begreifen bloß einen zu dem barbarischen Staate Tunis gehörigen Theil des innern Afrika's darunter; Andere geben dem ganzen südlichen Theil der Barbarei diesen Namen, und diese mögen wohl recht haben. Auf Rennel's Karte findet sich kein Biledulscherid.

***) Cuhns Samml. II. B. am angef. Orte.

†) Wie z. B. der Verf. der obenangezeigten Description de Nigritie, auch Dapper, u. s. w.

unter Nigrizien alle von Negern bewohnte Länder — eine weite Ausdehnung — aber ohne Grund. Wir dürfen unter Nigrizien nur den Landstrich verstehen, dessen Hauptfluß der Niger der Alten, oder der Guin, Isa, von den Afrikanern bald Nûl el Abbid (Negerfluß, oder Nil der Neger) bald Nûl Kibbir (der grosse Fluß) genannt, *) ist; aber kennen wir den Lauf dieses Stromes? Wissen wir ob er bloß ein grosser Steppenfluß, oder mit dem Senegal verbunden, ein sehr grosser Hauptfluß ist? —

Genug, wir begreifen unter der Benennung Nigrizien den innern Theil von Mittelafrika, südwärts der Barbarei, und nennen Senegambien die ganze westliche Küste desselben, oder eigentlich (da es auf willkührliche Bestimmungen ankömmt, so dünkt es mich wenigstens natürlicher) die Küste Westafrika's vom weissen Vorgebirge (Kapo Blanko) bis zum Flusse Nunnez oder Kap Vergas; folglich ist der Theil von Sahara, die Wüste Zenhaga genannt seine nördliche, das atlantische Meer seine westliche, und die Sierraleonaküste vom Kap Vergas an, seine südliche Gränze. Ostwärts läßt sich seine Gränze gar nicht

---

*) Lukas in Kuhns Samml. II. B. — Auch nennen ihn die Araber Nil ad Sudan (den Fluß des Negerlandes). Forsters Anmerkung zu Schott's Nachrichten vom Senegal, in den Beiträgen zur Völker- und Länderkunde, I. B. S. 46.

bestimmen — sie verliert sich in den noch unbekannten inneren Negerländern, oder Theilen von Nigrizien. Doch wenn wir die Breite der Küste, so weit der Senegal den Europäern bekannt ist, nämlich bis zum Wasserfalle Govina, zu Senegambien rechnen wollen, und dies müssen wir hier, so können wir die Negerstaaten Tombut (Tombuktu) und Gonjah als die östliche Gränze von Senegambien ansehen.

Nach dieser vorausgesezten Gränzbestimmung ist der Landstrich Senegambien 180. teutsche Meilen lang, und gegen 100. Meilen breit. Folglich könnte (nach Maasgabe der richtigsten Karten) der ganze Flächenraum dieses Küstenstrichs auf etwa 12 bis 15,000. Quadratmeilen angegeben werden. Eine genauere Berechnung ist bei der Unbestimmtheit der Gränzen für izt noch unmöglich.

Das Klima dieses ganzen Landstrichs ist sehr heiß; die Sonnenstralen erhizzen den Sand so sehr, daß er ganz glühend wird, und den Europäern die Schuhe von den Füssen wegbrennt. Einen Winter giebt es hier nicht, so wenig als einen Herbst oder Frühling. Es ist ein beständiger Sommer. Was die Europäer hier Winter nennen ist die Regenzeit, welche selten über drei Monate dauert, und mit Ende des Junius anfängt. Aber (nach Adanson's Berichte) ist die Hizze in dieser Regenzeit gerade am heftigsten. Die Franzosen am Senegal nennen den Sommer oder die Zeit in welcher es nicht regnet, die niedrige Jahreszeit (la basse saison.) weil dann das Wasser im Senegal am niedrigsten steht, und die Regenzeit wird die hohe Jahreszeit (la haute saison) genannt, weil alsdann das Wasser hoch anläuft. — Frost, Schnee und Eis sind hier unbekannte Dinge.

In Rüksicht der Beschaffenheit des Bodens *) ist sich diese grosse Landstrekke nicht ganz gleich. Sie ist zwar beinahe durchgehends flach; doch ist die Küste vom weissen Vorgebirge bis zum Senegal ganz sandicht, und ohne Steine. Vom Senegal bis zum Kap Vergas ist sie ziemlich flach und der Boden halb thonartig, halb sandicht, beinahe ohne Steine; weiter im Innern, etwa 40. bis 60. teutsche Meilen fängt der thonichte Boden an, mehr steinicht und bergicht zu werden. Im Durchschnitte genommen ist er fruchtbar, und besonders das thonichte Erdreich würde noch weit fruchtbarer seyn, wenn es besser angebaut würde. Aber die Trägheit der Negern ist bekannt.

Dennoch ist dieser Boden mit einer Menge von Pflanzen und vorzüglich mit den saftreichsten Bäumen geschmükt. Wir wollen hier nur die einträglichen Gummiwälder, nordwärts vom Senegal, bemerken; ausserdem ist dieses Naturreich hier mannichfaltig; die Affenbrodbäume, die Manglebäu-

---

*) In der Folge werden wir Gelegenheit finden, die Naturgeschichte dieses Landes, insoweit sie hieher gehöret, noch ausführlicher zu beschreiben.

me, u. f. w. find bekannt. Von Getraidearten findet man hier zwo Gattungen von Hirse, dann auch Reis und Mais; aber nur die Fulen oder Fulier wenden einigen Fleiß auf den Akkerbau. Ferner giebt es mancherlei Gartengewächse, die Kassawa- oder Maniokwurzel; die Ignames, Bataten, Wassermelonen, verschiedene Arten Faselbohnen, Schalotten, Pisangs, Ananas; dann auch Pomeranzen, Apelsinen, Zitronen, Feigen, Granatäpfel, Kokosnüsse, Datteln, Pfeffer, Ingwer, Tabak, Baumwolle, Indigo, u. f. w.

Auch das Thierreich zeigt hier viele Mannichfaltigkeit. Man findet Elefanten, oft in Heerden zu Hunderten beisammen, Rhynozeroße, Flußpferde, Seekühe; Pferde, sind seltener; Esel, die sehr groß und schön sind; grosse Ochsen, wilde Ochsen, Dant genannt; Antelopen von mancherlei Arten, Dschiraffen, Gazellen; ferner Schafe, Schweine, Dromedare, und von wilden Thieren, Löwen, Panter, Karakals, eine Art Luchse, Tigerkazzen, Hiänen, Stinkthiere, Eichhörner, Jerboas. Endlich Geflügel und Fische in Ueberflusse. Unter dem erstern zeichnet sich der plauderhafte Papagai aus. Schlangen giebt es von ungeheurer Größe.

Die Mineralogie dieser Länder ist uns noch sehr wenig bekannt, doch wissen wir, daß die inneren Länder sehr reich an Golde sind. Silber findet man in geringer Menge mit Golde vermischt, es ist aber sehr selten, weil die Einwohner die Scheidekunst nicht verstehen. Auch wird in dem Lande Bambuk rohes, gediegenes Eisen gefunden. Salz wird hin und wieder von den Bewohnern der Küste bereitet. Die Negern sind sehr lüstern darnach. *)

Die vorzüglichsten Gewässer auf dieser Küste sind:

1) Flüsse.
   a) Die größeren
      (1) Der Senegal, der sich unter dem 16. Gr. N. B. in das Meer ergießt.
      (2) Die Gambia (Gambra) deren Mündung unter dem 13° 30' N. B.
   b) Die kleineren — von Norden nach Süden:
      (1) Der St. Johann, am Kap Mirik.
      (2) Der Rufisko, oder Rio fresko, am grünen Vorgebirg.
      (3) Der Bursalm, oder Bursali, nordwärts von dem Gambiaflusse. **)
      (4) Der Kasamansa, südlich, am rothen Vorgebirge.

---

*) Diese vorläufige Nachricht von der Naturgeschichte Senegambiens ist aus Schott's Berichten entlehnt.

**) Demanet behauptet der Bursalum und Kasamansa seien bloß Arme des Gambiaflusses, welchem aber Karten und Berichte anderer Reisebeschreiber ganz zu widersprechen scheinen.

(5) Der **Kachao**, oder San Domingo, noch weiter südwärts.

(6) Der **Gesves** (Geba, Kabo) der sich bei den bissagotischen Inseln ins Meer ergießt.

(7) Der **Rio grande**, der sich bei der Insel Bulam ins Meer ergießt.

(8) Der **Nun**, oder **Nunnez** (Rio Nonunnez) nicht weit vom Kap Vergas.

2) Land-Seen:

(1) Der See **Kajor** (Kaer) der größte, nordwärts vom Senegal, mit welchem er durch einen natürlichen Kanal zusammenhängt — trokuet im Winter größtentheils aus und wird dann besäet.

(2) So auch der See **Panipul** (Pania Peul) südwärts vom Senegal.

(3) Der See **Nieri**, südwärts des Landes Galam, welcher durch einen natürlichen Kanal, den Fluß Faleme, einen Arm oder Nebenfluß des Senegals mit der Gambia verbinden soll. *)

(4) Der See **Saper**, im Königreich Tanba, von welchem eben dies gesagt wird.

---

*) Man sehe die Adansonsche Karte. — Demanet hält den Senegal und Gambia für die beiden Hauptarme des Nigers.

Die beyden Hauptflüsse dieser Küste — den Senegal und die Gambia — werden wir sogleich bei der vorläufigen Beschreibung der einzelnen Länder, noch etwas näher kennen lernen.

Die Bewohner des Küstenstrichs von Senegambien sind halbwilde Völker verschiedenen Stamms, verschiedener Gestalt und verschiedener Sitten und Meinungen.

Hauptvölker sind:

1) Die **Mohren**, welche auf der Nordseite des Senegals, von dem marokanischen Staate an, in der Landschaft Sahara und auf ihren Küsten wohnen. Es sind arabische Stämme mit Mauren, (daher der Name Mohren) oder Ureinwohnern von Marokos vermischt, die sich frühe schon *) bis hieher ausgedehnt, und ihre Religion und Kultur selbst noch jenseits des Senegals unter den Negern verbreitet haben. Diese Mohren sind ein schönes,

---

*) Die Mohren haben unstreitig ihren Namen von den zu den Zeiten der Römer bekannten Mauren, den Bewohnern Mauretaniens, welches jezt Marokos und einen Theil von Aldschier ausmacht. Im siebenden Jahrhunderte verbreiteten sich die Araber in Nordafrika, vermischten sich mit den alten Ureinwohnern, welchen sie ihre Religion und Kultur brachten, und bildeten so das Volk, das in den neuern Zeiten unter dem Namen der Mauren oder Mohren bekannt wurde.

wohlgebautes Volk. Ihre Leibesfarbe ist dunkelbraun; ihre Gesichtszüge sind fein; sie haben schöne grosse fourige Augen, hübsche weisse Zähne, länglichte, nicht breite oder platte Nasen und länglichtrunde Gesichter. Ihr schön gelocktes schwarzes Haar ist nicht wollicht. Das Frauenzimmer dieser Nazion ist sehr wohlgebildet, und minder braun als die Männer. Ueberhaupt ist dies Volk von lebhaftem Temperament und besizt vielen Verstand. Seine Religion ist die muhammedanische. Die Priester werden Marbuten *) genannt. Es wohnet in Zelten, denn es nomadisirt, wie die Araber, es zieht in den Gegenden die jedem Stamme angewiesen sind mit seinen Lägern und Heerden umher, treibt Handel und einige Künste, z. B. die Goldschmiedekunst; hält, so wie die Araber, sehr viel auf seine Pferde und führt die Geschlechtsregister derselben. Durch den Gummihandel vorzüglich stehen diese Mohren mit den Europäern in Verkehr. Den Negern im Innern von Senegambien bringen sie allerlei Lebensbedürfnisse und vorzüglich Salz.

2) Die Fulier, Fulen oder Puhls, welche einen grossen Strich Landes südwärts vom Senegal bewohnen, machen in der Kette der Menschengestalten den Uebergang von jenen Mohren zu den Negern aus,

―――――――――――――

*) Dies Wort bedeutet eigentlich: heilige Leute, Mönche, Glieder einer frommen Brüderschaft. Daher giebt es unter den Mandingoern ganze Völkerschaften von Marbuten.

und scheinen wirklich auch von früher dahingezogenen mohrischen Horden abzustammen, oder durch Zeit und Klima verwandelte Mohren zu seyn. Sie sind zwar von sehr schwarzbrauner, aber nicht ganz schwarzer Farbe, auch haben sie keine breite stumpfe Nasen, keine rothe Wurstlippen, keine breite Gesichter, keine wollichte Haare, wie die Negern; sie sind wohlgebaut; ihre Gesichter sind länglichtrund, sie haben schöne grosse, wolgespaltene Augen, länglichte hübsche Nasen, schöne Zähne, und langes etwas gekräuseltes Haar. Ueberhaupt findet man die größte Aehnlichkeit mit den Mohren bei ihnen. Sie sind auch nicht so träge, nicht so stumpfsinnig wie sonst die Negern; sie treiben Akkerbau und Viehzucht sehr fleißig, und verfertigen viele artige feine baumwollene Zeuge. Sie sind in Stämme abgetheilt, und hängen der muhammedanischen Religion an, welche aber bei ihnen schon sehr mit Fetischendienst vermischt ist.

3) Die Ualoffer, Jaloffer oder Wuluffer, machen hier das dritte Hauptvolk, und einen sehr ansehnlichen Negerstamm aus, der südwärts am Senegal in mehrere Zweige vertheilt wohnt. Die Leibesfarbe dieses Volkes ist die schwärzeste, die man kennt, glänzendschwarz wie Ebenholz, mit einer sanften Haut; aber der Körperbau ist sonst noch ziemlich von dem Bau der andern Negerstämme verschieden; denn diese Ualoffer sind grösser, schlanker als die gewöhnlichen Negern; ihr Wuchs ist sehr schön; ihre Gesichtsbildung angenehm, ihr

Auge

Auge heiter, offen, lebhaft, die Nase länglicht, nicht platt, die Lippe voll, ohne ungestalt zu seyn; aber ihr Haar nähert sich schon der wollichten Eigenschaft des Negerhaars; so bildet dieses Volk den Uebergang zu den wahren Negerfisiognomien. Vielleicht ist auch es ein ausgearteter Mohrenstamm? *)

Die Religion der Ualoffer ist auch die muhammedanische.

4) Die Mandingoer oder (wie sie sich selbst nennen) Soseer **) ein sehr zahlreicher Negerstamm, der sich beinahe durch ganz Senegambien ausgebreitet hat, und zerstreut, theils als herrschende, theils als unterworfene Völkerschaften vom Senegal bis zum Sierra Leona wohnt, doch mehr im Innern des Landes, als auf den Küsten. Diese Mandingoer sind wahre Negern — vielleicht der Hauptstamm der eigentlichen Negervölker in Nigrizien — meist häßliche Leute, mit tiefen Augen, platten Nasen, grossen Wurstlippen, starken Gliedern und kurzen wollichten Haaren. Sie sind kurzer, untersezter Statur, mit breiten Schultern. Ihre Leibesfarbe ist nicht ganz schwarz. Sie machen ein muntres, aber träges Volk aus, das zum

---

*) Sehr wahrscheinlich! — Forster's Anmerkung zu Schott's Nachrichten, am angef. Orte, S. 53.
**) Adanson's Reise nach Senegal, S. 105. — Matthews, Reise nach Sierraleona, S. 94. unterscheidet die Soses von den Mandingoern.

Theil auch einen einträglichen Handel treibt, und der muhammedanischen Religion sehr eifrig anhängt.

Dies sind die Hauptvölker in Senegambien. Mehrere kleinere Völkerschaften, als die Sarafolets, in Galam; die wilden Serären, am grünen Vorgebirge; die Felupen oder Flupen, südwärts vom Gambia; in eben dieser Gegend die Bagnonen; die Papeln, am Kachaoflusse, und auf den Bissaosinseln; die Biafaren und Nalus und andere mehr werden wir in der Folge noch etwas näher kennen lernen.

Eintheilung von Senegambien und einzelne Länder.

Wir können hier folgende — freilich willkührliche — Haupt-Eintheilung annehmen, wenn wir den ganzen Küstenstrich in Ober-Senegambien, Mittel-Senegambien und Unter-Senegambien abtheilen.

I. Ober-Senegambien wollen wir die zur Landschaft Sahara gehörige Küste nennen, nämlich vom weissen Vorgebirge bis zum Marigot oder Kanal der Maringoins *) oder nördlichen Arme des Senegals — ein Küstenstrich von 60 teutschen Meilen in der Länge.

Zu bemerken sind an dieser Küste: Das weisse Vorgebirg, (Cap blanc) das St. Annenkap, mit dem Meerbusen, in welchem die Insel Arguin, und weiter gegen Süden die Inseln Garna und Tider nicht weit vom Kap Mirik.

Der Boden dieses ganzen Landstrichs ist sehr sandig und dürre, doch hie und da ziemlich fruchtbar; aber die Einwohner vernachlässigen den Anbau desselben. Das wichtigste Produkt ist der

---

*) Marigot ist der Name, den die Franzosen allen kleinen Nebenflüssen in Senegambien geben, und Maringoins nennen sie eine sehr beschwerliche Art von Mücken.

Gummi *), der in den drei Gummiwäldern um den See Kajor herum eingesammelt wird. Der nordlichste Gummiwald führt den Namen Al Hebiar oder Lebiar, der auf der Westseite: Sahel, und der auf der Ostseite des Sees: Alfatak.

Es giebt auch allerlei Wild in diesem Lande vorzüglich Strauße, Antelopen, Hirsche, Affen und Löwen.

Die Einwohner sind die erstbeschriebenen Mohren oder Araber, in verschiedene Stämme getheilt.

---

*) Dieser Gummi wird in Europa gewöhnlich arabischer genannt; denn ehmals kam diese Art von Gummi ganz allein aus Arabien. Seit aber der Gummi vom Senegal nach Europa gebracht wird, kömmt keiner aus Arabien mehr zu uns. Beide sind sich an Güte völlig gleich, nur die reinsten, hellsten, trokkensten und größten Stükke erhalten den Vorzug. Der Baum welcher diesen Gummi giebt ist eine Art Akazia oder Schotendorn, er ist ein kleines, dornichtes, strauchartiges Bäumchen, mit schmalen, rauhen und immer grünen Blättern. Zweimal im Jahre wird der Gummi von diesen Bäumen eingesammelt; die erste und reichste Aerndte ist im Dezember, die zweite im März. Die Negern bedienen sich dieses Gummis als Nahrungsmittel, indem sie ihn entweder kauen, oder in Wasser aufgelöst verschlukken. In Europa bedient man sich dessen in der Arzneikunst, in der Mahlerei, in verschiedenen Fabriken, u. s. w. (Demanet, I. B. S. 44.)

Die vorzüglichsten und bekanntesten dieser Stämme sind:

1) Der Stamm Olad al Hadschi, der das Recht hat in dem Walde Hebiar Gummi zu sammeln, und auch bisweilen in dem Walde Alfatak sammelt.

2) Dem Stamme Abraghena gehört aber eigentlich das Recht in dem leztgenannten Walde Gummi zu sammeln. So wie

3) Der Stamm Trarzas in dem Walde Sahel allein Gummi sammeln darf.

Dieser Gummi wird dann nach Portenbik und dem Senegal den Europäern zugeführt.

Auſſer diesen dreien werden hier auch noch mehrere Mohrenstämme von Reisebeschreibern genannt, z. B. die räuberischen Azumas, und andre minder wichtige Völkerschaften.

Die Regierungsverfassung ist bei diesen Mohren aristokratisch-republikanisch. Jeder Bezirk hat sein Oberhaupt, welches aber keine unumschränkte Gewalt besizt, und gewöhnlich nur der reichste und angesehenste Mann seines Stammes ist.

Städte findet man in dieser Gegend nicht; denn die Mohren nomadisiren; aber einige elende Dörfchen.

Die Hauptpläzze die wir hier zu bemerken haben, sind die beiden europäischen Niederlassungen;

jetzt wieder in den Händen der Franzosen : Nämlich:

1). Arguin, Insel und auf derselben ein Fort und Dorf. Die Insel Arguin liegt in dem von ihr bekannten Meerbusen, zwischen einigen kleineren Inseln, etwa 10. teutsche Meilen vom weissen Vorgebirge, 5. von St. Annenkap, und eine Viertelmeile vom vesten Lande weg, unter dem 20sten Grade 30 Min. N. Breite. Sie ist eiförmiger Gestalt; ihre grösste Länge von Norden nach Süden beträgt eine teutsche Meile, und ihre grösste Breite von Osten nach Westen etwa drei Viertel einer teutschen Meile. Die Insel ist so sehr mit Sandbänken und Untiefen umgeben, daß grosse Schiffe sich ihr gar nicht nähern können; doch ist der Kanal zwischen dieser Insel und dem vesten Lande tief genug für eine Fregatte von zwanzig Kanonen. An der Südostspitze ist der bequemste Landungsplatz für die Schaluppen. Das Fort liegt auf der Nordwestseite auf einer schroffen felsichten Spitze, und ist halbrund. Die Mauern sind von Baksteinen gebaut, 4. Fuß dicke und 35. Fuß hoch. Auf der Landseite hat es zwei durch eine Kurtine mit einander verbundene Thürme, und einen halben Mond, welcher das Thor vertheidigt. Auf dieser Seite sind unterhalb die Wohnungen der Beamten und der Besazzung. Die Seeseite wird von zwei Batterien bestrichen. In der Mitte ist eine bombenveste Zisterne. *) Ferner findet man auf dieser Insel auch

---

*) Eine Abbildung der Insel und des Forts Arguin findet man im II. B. der allg. Hist. d. R.

ein mohrisches Dorf, und zwei merkwürdige, künstlich gebaute Zisternen, oder Wasserbehälter, die ihre Quellen haben, und zugleich Vestungswerker vorstellen. *)

2) Pettia, oder Portendik — eigentlich Port d'Abdi nach einem arabischen Oberhaupt Abdi so genannt— liegt auf der Küste unter dem 18° 5′. N. Br. südöstlich von Arguin, ungefähr 30. teutsche Meilen über der Mündung des Senegals — und ist eine bevestigte Handelsloge, oder ein Komtoir mit einem kleinen Fort.

Nahe dabei findet man zwei armselige Mohrendörfer. (Die Mohrendörfer bestehen bloß aus einem Haufen Zelten oder beweglicher Hütten, und werden Abugs genannt.)

II. **Mittel-Senegambien**, oder das Land an den Flüssen Senegal und Gambia, vom See Kajor oder dem Kanal der Maringoins bis zum rothen Vorgebirge und Flusse Kachao. Dies ist das eigentliche Senegambien — ein Landstrich von etwa 70 teutschen Meilen in der Länge.

Wir finden auf seiner Küste: das grüne Vorgebirg — das Kap Pele — und das rothe Vorgebirg.

Das innere Land ist sehr fruchtbar; zwar ist die Küste sandicht, aber weiter hinein ist der Bo-

---

*) Diese Zisternen sollen — wie man muthmaßet — von der karthagischen Kolonie, welche Hanno auf dieser Insel anlegte, erbaut worden seyn. (M. s. I. B. d. W. S. 92.)

den thonartig, und die Ueberschwemmungen der zahlreichen Flüsse, Flüßchen und Bäche befruchten die Erde.

Zu besserer Bestimmung der Lage der einzelnen Länder wollen wir diese ganze Strecke in zwei Haupttheile zertheilen. Nämlich in die Länder am Senegal und die Länder zu beiden Seiten der Gambia.

1. Die Länder am Senegal.

Der Senegal *), welchen sehr Viele für den Niger der Alten ansehen, ist ein schöner, schnellfliessender, sehr breiter und von 18 bis 25 Fuß tiefer Fluß, der schon in einer Entfernung von 60 Meilen von seiner Mündung Barken von 40 bis 50 Tonnen **) trägt. Wir kennen aber diesen Fluß nur bis zum Wasserfall von Govina, welcher über 120 Meilen von seinem Ausflusse entfernt ist, und dort ist er noch immer ein beträcht-

---

*) Der Name Senegal ist europäischen Ursprungs; denn die Völker dieser Gegenden kennen ihn nicht. Die Azanaghis oder Senegben nennen ihn Senebek; die Ualoffer geben ihm den Namen Maye; die Sarakolets benennen ihn Koles (Fluß). Die östlicheren Völker heissen ihn Zimbale, und in Tombut soll er den Namen Iza führen. (Forster's Anm. zu Schott's Nachrichten vom Senegal, am angef. Orte. S. 45.)

**) Eine Tonne bedeutet in der Schiffersprache ein Gewicht von 20. Zentnern oder 2000. Pfunden, und nach Tonnen wird die Grösse der Kauffahrteischiffe bestimmt.

scher Fluß. Einige sagen er entspringe aus dem See Maberia in Nigrizien, Andre glauben er hänge mit dem eigentlichen Niger oder Guin zusammen *). Gewisses können wir hierüber nichts bestimmen. — Der Senegal kömmt aus Nigrizien, läuft in mancherlei Krümmungen und Zertheilungen von Osten nach Westen. Fünfzehn Meilen von seiner Mündung läuft er mit dem Meere parallel von Norden nach Süden; ein natürlicher Damm, der oft nur hundert Ruthen, oft eine Meile breit ist, und sich in einer Erdzunge endigt, welche die Spizze der Barbarei (Pointe de Barbarie) genannt wird, scheidet ihn von dem Ozean. Die Mündung des Flusses ist eine halbe Meile breit; aber die Einfahrt ist durch eine Sandbank verschlossen, die Barre von Senegal genannt, und ist des seichten Wassers wegen sehr beschwerlich und gefährlich; noch grösser wird die Gefahr dadurch, daß der Fluß immer wieder andere Oeffnungen durch diesen Damm bricht, und dadurch den Weg selbst für kleine Barken gefahrvoll macht. Nahe bei der Mündung, in welcher sich mehrere Arme des Senegals vereinigen, bilden diese verschiedene grosse

---

*) In der Regenzeit wenigstens mögen der Senegal, die Gambia und der Niger mit einander zusammenhängen. Ob sie aber alle drei wirklich nur Ein Fluß sind, wie manche so dreist behaupten (z. B. Demanet) ist noch sehr zweifelhaft. Man sehe die Rennelsche und Adansonsche Karte.

und kleine Inseln, die zum Theil den Ueberschwemmungen ausgesezt sind. Wir wollen die Namen dieser Inseln hierhersezzen:

(1) Die Engländer-Insel, ist sehr klein und meist unter Wasser.

(2) Die Inseln Bokos und Mougue, nebeneinander.

(3) Die Insel Senegal oder St. Ludwigs-Insel, wo die Hauptniederlassung der Franzosen. (Davon weiter unten.)

(4) Die grösseren Inseln Sor — Gujogu — Dururmur, nebeneinander.

(5) Die Insel Palet — die Holzinsel, und die Insel Griel — weiter hinaufwärts.

Die verschiedenen Arme vereinigen sich und theilen sich wieder; sie haben verschiedene Namen; die kleineren werden überhaupt Marigots genannt.

Etwas weiter hinauf bis zu der Wendung welche der Fluß von Osten nach Süden nimmt; bildet seine Hauptarme die grosse, 12 Meilen lange Insel Bifesche, welche von mehreren Nebenärmen des Senegals durchschnitten ist. — Auf der Westseite hängt schon der Fluß 12 Meilen von seiner Mündung durch einen kleinen Arm Mükkenfluß (Canal des Maringoins) genannt, mit dem Meere zusammen.

Weiter hinauf — vor seiner Wendung nach Süden — läuft der ganze Strom des Senegals eine Strecke weit vereint, dann hängt er durch natürliche Kanäle mit den Seen Kajor und Paniful zusammen. Noch weiter aufwärts theilt er sich wieder in verschiedene Arme, welche — von Westen nach Osten — die grossen Inseln: Morfil oder Elfenbeininsel — Bilbao — und eine grosse Insel Baba Degu genannt bilden. Bei dieser leztern Insel nimmt der Senegal den Nebenfluß Faleme, und noch etwas weiterhin den Fluß Ghiannon auf. — Noch weiter aufwärts macht der Senegal einen beinahe senkrechten Fall über den Felsen Felu von mehr als dreissig Ellen, und etwa 24 Meilen davon ist der zweite Wasserfall von Govina oder Guina genannt.

Weiter aufwärts auf diesem Flusse sind die Europäer noch nicht gekommen. Die wichtigsten der Reisen auf demselben werden wir hiernach erzählen.

Jezt die kurze Anzeige der Länder, welche an diesem Flusse liegen *).

Am Senegal und südwärts desselben liegen die kleinen Negerreiche:

1) Ualo oder Hoval, an der Mündung des Flusses, disseits und jenseits desselben, bis zum See Kajor, westwärts von dem Meere, ostwärts von dem Reiche Ful begränzt. Ein armes Königreich von höchstens 200 Quadratmeilen Flächenraum! Dennoch führt der Beherrscher desselben den

---

*) Ich folge hier vorzüglich der Adansonschen Karte.

Titel Brak, das soll heißen: König der Könige.
— Die Bewohner dieses Landes sind Ualoffer.

Bemerkenswerthe Orte dieses Landes:
(1) Navlangue, am Senegal, oberhalb des Sees Panifuhl, Residenz des Negermonarchen.
(2) Engherbel oder Gurlbel, westlicher, auf der Nordseite des Senegals. — Enghlagnet, gerade über auf der Südseite des Senegals. — Ender, am See Panifuhl, sind andre Wohnhäuser des Königs.
(3) Maka, auf der Insel Bifesche, Residenz des sogenannten kleinen Brak.
(4) Die Vestung St. Ludwig (St. Louis) auf der Insel Senegal — unter dem 16° 5′ N. Br. — der Hauptort der unter dem Departement von Senegal *) begriffenen französischen Niederlassungen auf dieser Küste, und Siz des General-Direktors und eines Rathskollegiums.

Diese den Franzosen gehörige Senegal- oder St. Ludwigs-Insel, in der Mündung des Senegals, ist eigentlich nur eine grosse Sandbank, deren Länge 1190. und deren Breite 200. Ruthen **) beträgt. Sie ist der Höhe des Wassers

---

*) Wobei zu bemerken, daß die Besizungen der Franzosen in Afrika in zwei Departements abgetheilt sind.
**) Wenn ich hier von Ruthen schlechtweg spreche, so sind immer französische Toisen (Toises) jede von 6. französischen Fuß, zu 12. Zoll darunter verstanden. Der französische oder pariser Fuß ist 5. Linien länger, als der rheinische.

beinahe gleich. Sie ist ganz mit leichtem Flugsande bedekt und ihre einzige Produkte sind Hundsgras, einige Winden (Convolvuli) und Manglebäume *). Auch fehlt es dieser Insel an frischem, süssem Wasser; sie hat keine Quellen und das Wasser des Senegals ist über die Hälfte des Jahrs noch weit oberhalb seiner Mündung salzig; daher sind die Bewohner der Insel in dieser Zeit über gezwungen, filtrirtes Salzwasser zu trinken.

Das Fort St. Ludwig liegt auf der Südostseite der Insel, ist nur klein und bildet ein länglichtes Vierek. In demselben wohnet der Generaldirektor und die übrigen Beamten, nebst einer kleinen Besazzung.

Um das Fort her stehen noch einige den Europäern gehörige Häuser, die Kirche, ein Hospital, und andre Gebäude. Die freien Negern die in dem Dienste der Europäer stehen, werden Laptoten genannt. Auf jeder von beiden Seiten liegt ein grosses, hübschgebautes Negerdorf, die zusammen bei 3000. Negern zu Einwohnern haben, welche durch die Hoffnung des Gewinns und durch die gute Behandlung der Franzosen dahin gelokt worden sind. Die Häuser sind nur niedrige Hütten, die den Taubenschlägen ähnlich sind. Das Negerdorf auf der Seite führt den Namen Laubau, das auf der

---

*) Der Mangle- oder Mangroven-Baum, Rhizophora Mangle. L.

Linken wird Kristinnenquartier (Coté des Chrétiennes) genannt *).

2) **Kajor**, ein Negerkönigreich deſſen Beherrſcher den Titel Damel führt, liegt ſüdlich vorigem, und erſtrekt ſich von der Mündung des Senegals längs der Küſte hin bis über das grüne Vorgebirg hinaus, in einer Länge von etwa 20. und in einer Breite von 18. teutſchen Meilen. Die Einwohner ſind Ualoffer.

Zu bemerken ſind:

(1) Bijurt, eine Negerſtadt an der Mündung des Senegals; hier iſt ein Zoll.

(2) Makas, an einem kleinen Küſtenfluß, Reſidenz des Königs.

(3) Die Inſel Goree, vier Meilen vom grünen Vorgebirge, gehört den Franzoſen und iſt der Hauptort ihres Departements von Goree, das ihre Niederlaſſungen und Handelsplätze vom grünen Vorgebirge bis zur Sierraleonakuſte unter ſich begreift. Dieſe Inſel liegt nahe am veſten Lande, iſt klein, ſchmal und länglicht. Ihre ganze Länge beträgt 250. und ihre Breite 100. Ruthen. Sie beſteht nur aus einem ſteilen Berge, und einer ſchmalen Erdzunge. Die Lage iſt vortrefflich; das Klima gemäſſigt, angenehm und geſund; nur in der Regenzeit nicht. Die Natur

---

*) Sehr weitläufig und — mich dünkt — auch richtig, iſt de la Rocque's Beſchreibung der Senegalinſel, und der franzöſiſchen Niederlaſſung auf derſelben.

hat diese Insel schon durch ihre Felsen und Klippen bevestigt; die Kunst noch mehr. Auf dem Berge, der die Südseite der Insel ausmacht ist das starke Fort St. Michael, und auf der Spitze der Erdzunge, an einer sehr guten Rhede das Fort St. Franz angelegt; zwischen beiden, am Fuße des Bergs liegt das Dorf oder Städtchen. Die ganze Insel ist nicht fruchtbar, aber sehr vortheilhaft gelegen für den Handel, dessen Exporten in Sklaven, Häuten und Elfenbein bestehen.

Etwa eine halbe Meile von Goree liegen die kleinen unbewohnten Magdalenen-Inseln.

(4) Rufisko (Rufisque) eigentlich Rio fresko (der frische Fluß) von dem Küstenflusse an welchem es liegt so genannt, ein Negerdorf, südöstlich vom grünen Vorgebirge, auf der Küste des vesten Landes gegen Goree über, von welcher Insel es nicht volle zwei Meilen entfernt liegt. Hier haben die Franzosen ein Komtoir, und von hieraus vorzüglich wird die Insel Goree mit Lebensmitteln versehen.

(5) Bain, ein französisches Komtoir, eine halbe Meile von Goree *).

Anm. Demanet sagt: Im J. 1763. verkaufte der Damel-König von Kajor den Franzosen die Erbspitzen Dakar und Bin, (ohne Zweifel das hier genannte Bain) welche ihrem dortigen Etablissement sehr wichtig sind.

―――――――――――――――――――――

*) Nur in der oben angezeigten Description de la Nigritie wird dies Komtoir genannt; sonst in keiner andern meiner Quellen fand ich dasselbe erwähnt.

Das grüne Vorgebirg, welches zu diesem Königreiche gehört, besteht aus drei Landspitzen, die nördliche wird Almadilla, die mittlere die Zizzen und die südliche das Kap Emanuel genannt. Das ganze Vorgebirg ist sehr schön, mit immer grünen Bäumen besezt, und die Gegend umher ist ausnehmend fruchtbar. In vier Monaten der heissen Jahrszeit kann zweimal geärndet werden, und doch wird der Boden nie gedüngt, und wird nicht gepflügt, sondern nur mit einer Art Schäferstekken, an welchem ein Eisen beveftigt ist, nachläffig aufgekrazt.

Um dieses Vorgebirg herum wohnen die Serären, ein unabhängiges Negervolk, das in kleinen Republiken zertheilt lebt, und sich grossentheils von der Viehzucht nährt. Diese Serären werden von den übrigen Negern, als Wilde angesehen, daher ihr Name ein Schimpfwort ist. Durch Sitten, Sprache und Religion sind sie von ihren Nachbarn ganz verschieden. Sie gehen nakt, sind sehr roh und unwissend, dabei aber arbeitsam und gastfrei; sie sind ehrlich und gutherzig, aber rachsüchtig, wenn sie beleidigt werden. Sie wissen nichts von einem göttlichen Wesen. Mit den Europäern haben sie keinen Umgang. Ihr Land liefert vorzüglich gute Baumwolle.

Wir kommen nun nach

3) Baol — südwärts von Kajor am Meere. Ein kleiner, kaum 5. Meilen breiter und 20.

Meilen

Meilen langer Negerstaat, von Ualoffern bewohnt.

Zu bemerken:
(1) Lambai, Königliche Residenz, mitten im Lande.
(2) Portudal von den Negern Sali genannt, am Meere, 9. Meilen südwärts von Gorée, ein Negerdorf, in welchem die Franzosen ein Komtoir haben.

4) Sin oder Thin, auch Barbesin genannt, welches leztere aber eigentlich der Titel des Beherrschers ist, ein eben so kleines Negerkönigreich südwärts von dem vorigen am Meere. Der Boden ist sehr fruchtbar, besonders an Reis, auch hat das Land gute Viehzucht, und liefert daher den Europäern Proviant in äusserst wohlfeilen Preissen.

Zu bemerken:
Joal, ein Negerdorf am Meere, mit einem französischen Komtoir.

Wir kehren izt wieder zum Senegal zurük, wo

5) Peul, Puhl, Fuhl oder das Land der Fulier, das sich zu beiden Seiten des Senegals, von dem See Kajor und dem Reiche Hoval an, in einer Länge von etwa 50. und in einer Breite von 12. bis 15. Meilen, bis an das Königreich Galam erstrekt. Der Boden ist sehr fruchtbar besonders an geschäzten Holzarten, Baumwolle, Indigo, trefflichem Tabak u. s. w. aber er wird sehr

nachläſſig angebaut. Das Land iſt ſehr wohl bevölkert; die Einwohner ſind die oben erwähnten Fulter. Ihr Beherrſcher führt den Titel Siratik *).

Zu bemerken:

(1) Agnam (nach Andern Gumel) am Senegal, Reſidenz des Siratik.

(2) Podor, ein Negerdorf, und franzöſiſches Komtoir am Senegal, unter 16° 44′ N. Br.

Im Umfange dieſes Reiches liegen die obenerwähnten Inſeln Morfil und Bilbas.

6) Das Reich des Burba Ualoff **) oder Kaiſers der Ualoffer, der izt dieſen Titel nicht mehr verdient, da ſein Reich ſehr klein geworden iſt, ſeit die ehmaligen Provinzen deſſelben Zoval, Kajor, Baol und Sin ſich davon losgeriſſen haben, und jezt unter ihren eigenen Beherrſchern ſtehen ***). Was dem Burba Ualoff noch übrig

*) Nach Andern wird dieſer Negermonarch Almami genannt. Der Verf. der Deſcr. de la Nigritie nennt ihn Siratik-Kencho, und verſichert, er habe neulich erfahren, daß vor kurzem ein Marabut den Siratik verjagt, ſich des Thrones bemächtigt, durch Klugheit ſich darauf behauptet, und durch geſchikte Regierung ſein uſurpirtes Land glüklich und blühend gemacht habe.

**) Dieſen Namen erklärt der Verf. der Deſcr. de la Nigritie durch Beherrſcher beider Reiche.

***) Im Jahr 1595. geſchah dieſe Revoluzion, wie Bruce erzählt. (Allg. Hiſt. d. R. II. B.)

blieb, ist die etwa 30 Meilen lange und nicht ganz
so breite Landstrekke, welche südwärts von Suhl,
zwischen Kajor und Kombo, also von den schiffba-
ren Flüssen und von dem Meere, und dadurch von
der Verbindung mit den Europäern getrennt liegt.
Dieses ehmals so mächtige Reich ist diesen lezteren
deswegen wenig bekannt. Die Einwohner sind
Ualoffer.

Die Königliche Residenz liegt mitten in dem Lande.

7) Das Königreich Kombo ostwärts von
vorigem, ist noch sehr wenig bekannt.

8) Das Königreich Galam, südöstlich von
Suhl, am Senegal, Faleme und Ghiannon,
ist etwa dreißig Meilen lang, sehr wohl angebaut,
stark bevölkert und reich, vorzüglich durch seinen
Handel. In diesem Lande wohnen Sarakolets,
und viele Mandingoer, die für sich eine Art von
unabhängiger Republik ausmachen.

Zu bemerken:
(1) Canel, am Senegal, Königl. Residenz.
(2) Tuabo, weiter westlich am Senegal, wo ehmals
ein französisches Komtoir, wird nach Andern die
Königl. Residenz genannt.
(3) St. Joseph von Galam, französisches Fort und
Komtoir am Senegal.
(4) Dramanet (nahe bei vorigem) eine grosse volkreiche Handelsstadt, von Mandingoern bewohnt,
die hier beinahe unabhängig sind.
(5) Kaignu (von den Franzosen Poutchartrain, auch
Orléans genannt) eine wichtige mandingoische

Handelsſtadt, mit 5000. Einwohnern, nahe bei
der Inſel gleiches Namens im Senegal. *)

9) Die Republik Bondu, ſüdwärts von Galam, am Fluſſe Faleme. Ein wenig fruchtbares,
ziemlich dürres Land, deſſen Einwohner rothbraun
(oder vielmehr ſchwarzbraun) ſind **). Es iſt
ſonſt ſehr wenig bekannt.

Zu bemerken:

Gonguiam, franzöſiſches Komtoir, am Faleme.

10) Die Landſchaft Sanlik, öſtlicher, am
See Nieri, iſt noch ganz unbekannt.

11) Die Republik Bambuk, daneben, am
Senegal. Dies fruchtbare, reiche Land, das Gold
und andre Mineralien im Ueberfluſſe hat, iſt ein
monarchiſch-ariſtokratiſcher Freiſtaat, der in drei
Königreiche abgetheilt iſt:

a) Das Königreich Niakatel, wo
 (1) Farbana, Hauptort, mit einem franzöſiſchen
  Komtoir, am Faleme.
 (2) Semaylla, ein Dorf mit einer ergiebigen Goldgrube.

b) Das Königreich Samarina-Makan, wo
 Die Dörfer Samarina und Nataku zu bemerken ſind.

c) Das Königreich Nambia-Muſſa, wo
 Die Dörfer Nambia und Kombadirie.

---

*) Dies iſt vermuthlich eben die Stadt, welche Dema-
net (I. B. S. 65.) Konjur nennt.
**) M. ſ. die neue Reiſe eines Ungenannten nach Bambuk.

Jedes dieser drei Königreiche hat einen König, und jedes Dorf ein Oberhaupt; aber die Macht dieser Fürsten und Regenten ist sehr gering; die höchste Gewalt ist in den Händen des Volkes, und alle diese kleine Staaten sind in Einen Bund mit einander vereint und machen die Republik Bambuk aus.

Die Einwohner sind Mandingoer und muhamedanischer Religion; sie vernachlässigen den Akkerbau, und treiben vorzüglich das Goldwaschen, aber ohne einige Begriffe vom Bergbau *).

12. Das Königreich Kasson, ostwärts von Galam soll ein sehr mächtiges Königreich seyn, ist aber den Europäern noch zu wenig bekannt. Der Beherrscher desselben führt den Titel Sagadova.

Segadon, Königl. Residenz.

13) Das Königreich Tambura oder Tambaura, südlich von vorigem, ist noch sehr unbekannt.

14) Die Republik Jaka, ostwärts von vorigem, soll das Stammland der Mandingoer seyn.

15) Das Königreich Makanna, südwärts von Tambura. In dieser Gegend soll der Kanal Kasak den Senegal mit der Gambia verbinden.

2. Die Länder an der Gambia.

Der Fluß Gambia oder Gambra wird von

---

*) Ebendaselbst.

Vielen für einen Arm des Senegals gehalten, oder ist wie Andre glauben durch einen Kanal mit dem Senegal verbunden. Noch Andre verwerfen beide erstere Meinungen, und halten ihn für einen ganz abgesonderten grossen Küstenfluß. Bestimmt läßt sich hierinn nicht entscheiden, da uns ganz Nigrizien, aus welchem dieser grosse Fluß herkömmt, noch unbekannt ist, und da die Europäer auf diesem Flusse noch nicht weiter, als bis Barakonda hinaufgekommen sind, welches ungefähr 70. Meilen in gerader Linie von dem Meere entfernt liegt. Bis dahin ist die Gambia schiffbar. Bei Barakonda stürzt sie sich über eine Felsenbank herab; oberhalb dieses Negerdorfes kömmt sie aus einem ganz mit Schilf bewachsenen Sumpfe oder See, und jenseits desselben soll die Verbindung zwischen der Gambia und dem Senegal seyn.

Die Gambia ist ein sehr grosser schöner Fluß, dessen Mündung volle drei Meilen breit und nicht so gefährlich ist, als die des Senegals; auch ist dieser Fluß überhaupt sehr breit und tief, und leichter zu beschiffen, als der Senegal. Er bildet verschiedene Inseln, nimmt sehr viele Nebenflüsse auf, und läuft in mancherlei Krümmungen von Osten nach Westen.

Wir wollen die Länder, die an diesem Flusse liegen von Westen nach Osten durchwandern, vorher aber noch anmerken, daß der Boden an den beiden Ufern der Gambia sehr fett und ausnehmend fruchtbar ist. Zuerst kommen wir nach:

1) Salm oder Salum (nach Andern Bursali auch Barsali) ein Königreich das sich südwärts von Tin eine kleine Strecke längs dem Meere hin und weiter landeinwärts, an dem Küstenflusse Bursalm bis zu dem Gambia ausdehnt. Der Beherrscher desselben führt den Titel Bur (König) und wird daher Bursalum genannt. Die Bewohner dieses so gut gelegnen Landes treiben einen ansehnlichen Handel.

Zu bemerken:
(1) Sattik, eine Königsstadt, in dem Gebiete Joall nicht weit vom Meere.
(2) Kohohe, Hauptstadt oder Hauptdorf von Salm, am Bursalm, ein Handelsplaz. Hier soll (nach Demanet) der Fluß Bursalm mit der Gambia verbunden seyn.
(3) Kower, eine Handelsstadt.
(4) Joar, eine englische Faktorei, nicht weit von der Gambia.

Das Land Kolar, wo die Stadt und Faktorei Kolar am Flusse gleiches Namens, scheint ein Theil des Königreichs Salm zu seyn.

2) Bar, oder Barra, südwestlich von vorigem, ein kleines Königreich an der Mündung des Gambia, in welchem viele Mandingoer auch viele kristliche Negern wohnen. Die Franzosen sind hier sehr mächtig.

Zu bemerken:
(1) Barrinbing, die Haupt- und Residenzstadt, oder eigentlich nur ein Dorf.
(2) Jokato, Siz des Königl. Statthalters.
(3) Albreda, ein bevestigtes französisches Komtoir an dem rechten oder nördlichen Ufer der Gambia. Die Bevestigung dieses Orts ist aber so gering, daß sie nur die Negern abhalten kann, denn sie besteht bloß in einem verpallisadirten Graben, mit einigen kleinen Kanonen.
(4) Jillifrey, eine englische Handelsloge nahe bei Albreda.
(5) Die Jakobsinsel, in der Gambia, 5. Meilen von der Mündung dieses Flusses, gegen Jillifrey über, ist der Hauptort der Engländer auf dieser Küste. Die ganze Insel ist nur 70. Ruthen lang und 40. bis 50. Ruthen breit, und auf derselben ist das gut bevestigte Jakobs- (James-) Fort, und ausserdem selben die Magazine, einige Negerhütten und Wachthäuser. Die Insel ist rund umher mit Pallisaden eingefaßt, die durch einige Batterien unterstüzt werden. Die Zahl der Einwohner beläuft sich in Allem — die Besazung mit eingerechnet — gewöhnlich auf zwei bis dreihundert Köpfe. Der Hauptfehler, der die vortheilhafteste Lage und starke Bevestigung dieser Insel unbeträchtlich macht, ist der Mangel an Holz und Wasser, und an bombenvesten Magazinen und Zisternen.

3) Das Königreich Kombo (welches nicht mit dem gleichnamigen am Senegal zu verwech-

feln) liegt an der Südseite der Mündung des Gambiaflusses am Kaffamansa, und ist kaum 6. Meilen lang und höchstens 4. Meilen breit.

In demselben liegt:
- (1) Kabata, an einem Nebenflusse dieses Namens, eine Negerstadt und englische Faktorei, durch welche die Jakobsinsel mit Lebensmitteln versehen wird.
- (2) Zinquinchor und (3) Guimguin zwei kleine Niederlagen der Portugiesen, am Kaffamansa.

4) Das sogenannte **Kaiserthum Fonia** oder **Foini** (nach Andern **Pouni**) liegt an der Gambia, neben vorigem; ist aber seines Titels ohngeachtet nur 5. Meilen lang und 4. Meilen breit. Dennoch wird es von zween Kaisern aus dem Geschlechte der Bagnonen einer besondern Negervölkerschaft beherrschet. Den Titel Kaiser haben diese kleine Negerfürsten von den Europäern erhalten, als diese zuerst hieher kamen; damals waren sie auch weit mächtiger und ihr Land beträchtlicher. Noch ist dies Ländchen sehr wohl bevölkert.

Zu bemerken:
- (1) Die Insel Kabaschir (in der Gambia) hat Eisenstein.
- (2) Vintain, oder Bintam, eine Negerstadt und englische Faktorei, an einem Nebenflusse gleiches Namens.

5) Das Königreich **Badelu** oder **Badibu**, (bei Demanet **Badissu**) auf der Nordseite der Gambia, zwischen Barra und Salm, ist etwa 12

Meilen lang. Der Beherrscher deſſelben iſt ein Mandingo.

Die Hauptſtadt Babelu liegt in der Mitte des Landes.

6) Das Königreich Kaen liegt jenem gegenüber auf der Südſeite der Gambia, oſtwärts von Fonia. Es iſt gegen 15. Meilen lang, und etwa halb ſo breit. Auch dieſes Land hat zwei Fürſten, welche beide Mandingoer ſind. Es wohnen Julier und Mandingoer darinne.

Zu bemerken:
(1) Tankrowal, eine Negerſtadt, und engliſche Faltorei, nicht weit von der Gambia.
(2) Tendebar, Stadt und Haven.

7) Das Königreich Jereja, ſüdwärts von vorigem, am Fluſſe Vintain (Bintam); ein ebenes, ſumpfichtes Land. Die Einwohner ſind theils Bagnonen, theils Felupen, theils Portugieſen. Die Bagnonen bewohnen den nördlichen Theil dieſes Landes und ſind ein geſittetes, arbeitſames und tapfres Volk. — Die Felupen oder Flups, welche unter der Botmäſſigkeit des Königs von Jereja ſtehen, ſind nicht ſo wild wie ihre unabhängige Brüder. — Die Portugieſen, die hier wohnen, ſind Abkömmlinge portugieſiſcher Koloniſten aus früheren Zeiten.

Zu bemerken:
(1) Jereja, die Hauptſtadt, im Innern des Landes, bei welcher die Königl. Reſidenz.

(e) Jereja, eine englische Faktorei, am Flusse Vintain.

8) Das Land (oder die Republik) der Selu=
pen, welche unabhängig leben, erstrekt sich west=
wärts von Jereja bis zum Meere, und zum Flusse
Kasamansa hin. Diese Selupen machen ein be=
sonderes Volk aus, das sehr roh, wild, grausam
und räuberisch ist. Ihre Staatsverfassung sieht
ihrer Religion gleich, und beide harmoniren mit
ihrem unausgebildeten Nazionalkarakter. Sie wech=
seln ihre Oberhäupter, wie ihre Götter, und ach=
ten keinen. Sie leben hauptsächlich von der Vieh=
zucht, sind kühn und tapfer.

9) Das Königreich Jagra, auf der Südseite
der Gambia, ostwärts von Kaen und Jereja, ist
in Vergleich mit den benachbarten Staaten, ein
ziemlich beträchtliches Land, das sehr arbeitsame
Einwohner hat, und daher reich an Getraide ist.
Die Einwohner sind Mandingoer und Fulier.

Dazu gehört die kleine Elefanteninsel, in der Gambia.

10) Das Königreich Namina, nordöstlicher,
auch auf der Südseite der Gambia, ist sehr klein
aber fruchtbar, und hat gutes Federvieh.

Namina ist die Hauptstadt.

Zu diesem Ländchen gehört die Seepferdsinsel in
der Gambia.

11) Das Königreich Eropina, neben vori=
gem, und auch nicht viel grösser.

Eropina, ist die Hauptstadt.

12) Das Königreich Jemarvov, auf der Südseite der Gambia neben vorigem, etwas größer; sein Beherscher ist ein Mandingo.

Zu bemerken:
 (1) Bruko, eine grosse mandingoische Stadt, nicht weit von der Gambia.
 (2) Bruko, eine englische Faktorei, an der Gambia. Nicht weit davon ist die enge Durchfahrt in diesem Flusse, welche der Julier-Paß genannt wird.

13) Das Königreich Tomani, neben vorigem, unter einem mandingoischen Fürsten, wo:
 (1) Burdach, Hauptstadt.
 (2) Ramyamakunda, Handelsstadt, bei welcher auch eine englische Faktorei an der Gambia.

14) Das Königreich Kantor, neben vorigem, an der Gambia, wo hier der Wasserfall Gowina.

Wir kehren nun zu den Negerländern auf der Nordseite der Gambia zurük, und treffen zuerst ostwärts von Salm —

15) Das Königreich Unter-Yani, (bey Demanet Guiáni) nordwärts von Eropina, wo:
 (1) Yanimarov, und
 (2) Kassan, Negerstädte, nicht weit von der Gambia.

16) Das Königreich Ober-Yani, neben vorigem, wo
 (1) Kuttejar, Hauptstadt.

(2) Kuttejar — Samei — und Wallet, englische Faktoreien.

17) Das Königreich Wulli oder Uolli, (bei Demanet Ubi) neben vorigem, wo:
(1) Kawnkade, im Innern, Hauptstadt.
(2) Satatenda, englische Faktorei an der Gambia.
(3) Barakonda, Negerdorf an der Gambia.

18) Das Königreich Tanda, neben vorigem, in demselben ist der See Saper.

19) Das Königreich Banbarena, weiter ostwärts, soll ein sehr grosses Land seyn, ist aber noch ganz unbekannt. Aus demselben bringen die mandingoischen Kaufleute die Sklaven Bambarras genannt.

Hier ist die östliche Gränze unsrer Kunde von Senegambien.

III. Unter = Senegambien oder der Küstenstrich südwärts von der Gambia, vom rothen Vorgebirge bis zum Kap Vergas.

Die merkwürdigsten Flüsse auf dieser Küste sind:

Der Kasamansa, nordwärts vom rothen Vorgebirge.

Der Kachao oder San Domingo, südwärts von demselben, ein grosser, tiefer und sehr breiter Fluß, dessen Mündung aber durch eine Barre verstopft ist.

Der **Geve** oder **Rabo**, mit dem **Kurball**, der mitten zwischen den bissagotischen Inseln sich ergießt. Er ist ein sehr reissender Fluß.

Der **Rio grande**, etwas südlicher.

Der **Nun**, **Nugno**, oder **Nunnez**, nordwärts vom Kap Vergas.

Diese ganze Strekke ist in gerader Linie ungefähr 60. Meilen lang. Wir kennen aber das Innere derselben nicht, sondern nur die Küstenländer, diese sind — von Norden nach Süden:

1) Das Königreich **Bagnon**, oder das Land der **Bagnonen**, am Flusse Kachao, südwärts von Jereja.

2) Das Land der **Papels** oder **Papeln**, an der Mündung des Kachao. Die Papels sind ein sehr rohes, wildes abgöttisches Negervolk.

In diesem Lande ligt:

(1) **Kachao**, (Cachaux) eine portugiesische Stadt, und kleine Vestung am Flusse gleiches Namens, 6. Meilen über seiner Mündung.

(2) **Bot**, ein Negerdorf, wo starker Handel getrieben wird.

3) Die Republik **Balante** oder der **Balanten**, weiter gegen Süden, am Geveflußß. Die Balanten werden von den Reisebeschreibern als ein arbeitsames, aber sehr wildes und räuberisches Volk geschildert, das mit keinem seiner Nachbarn Freundschaft hält, und keinem Fremden den Eintritt

in sein Land gestattet. Es lebt in patriarchalisch-republikantischer Verfassung. Die höchste Gewalt ist in den Händen des Rathes der Aeltesten. Dies Land soll auch Goldbergwerke haben.

4) Die Insel Bussi, nahe an der Küste von Balante. Die Einwohner sind wilde, ungastfreie Papels, mit welchen die Europäer nicht gerne zu thun haben; doch treiben sie einigen Handel mit ihnen, und kaufen ihnen Schlachtvieh und Palmnüsse ab.

5) Die Insel Bissao, südöstlich von voriger; hat 25. Meilen im Umfang, und steht unter einem Negermonarchen, der mit dem Titel Kaiser beehrt wird, weil sein Land in 9. Provinzen abgetheilt ist, deren Statthalter sich Könige nennen lassen. Die Einwohner sind Papels. Das ganze Land ist sehr fruchtbar; Dörfer findet man hier nicht, denn diese Insulaner wohnen nur in zerstreuten Hütten. Die Portugiesen hatten ehmals hier eine kleine Vestung, sie haben sie aber wieder verlassen *).

Nahe dabei liegen:
(1) Die Hexen-Insel (Ile des Sorcieres.)
(2) Die Insel Bourbon. Beide sind sehr klein.

6) Die Bissagotischen Inseln, südlicher und etwas weiter vom vesten Lande entfernt. Sie sind ganz mit Sandbänken umringt. Die Einwohner, welche Bissagoten genannt werden, sind

---

*) Description de la Nigritie, p. 133.

grausam und räuberisch. Jede Insel hat ihr eigenes Oberhaupt; in ihren Kriegen, besonders gegen die Biafaren halten sie aber alle zusammen.

Die vornehmsten derselben sind — von Norden nach Süden:

(1) Warangue, die erste dieser Inseln, wenn man vom Senegal herkömmt, ist nicht groß.
(2) Karache, ziemlich groß, liegt oſtwärts von voriger.
(3) Kazegut, die beträchtlichſte dieſer Inſeln; auch ſind ihre Einwohner die geſittetſten unter den Biſſagoten.
(4) Papagajen-Inſel.
(5) Ders.
(6) Baſague.
} Dieſe drei liegen in der Mitte und ſind ſehr klein.
(7) Eabachava, weiter oſtwärts, iſt gröſſer.
(8) Aranghena, ſüdlicher, iſt nicht groß.
(9) Kaſuabak, eine wüſte, unbewohnte Inſel.
(10) Hünerinſel, (i. das Galinas.) trägt dieſen Namen, weil ſie ſehr reich an Geflügel iſt. Sie iſt bewohnt.
(11) Formoſa, (die ſchöne Inſel) iſt ſehr fruchtbar, aber unbewohnt.
(12) Bulam, eine groſſe Inſel, wird durch einen Kanal von der Halbinſel der Biafaren getrennt. Sie iſt ziemlich flach, hat aber ſehr fruchtbaren Boden, und geſundes gemäſſigtes Klima.

7) Das

7) Das Königreich Kabo oder Geve, ein ziemlich beträchtliches Land *). Daselbst ist:
(1) Geve, eine portugiesische Kolonie.
(2) Farim, desgleichen.

8) Das Königreich Guinala oder Biafar, oder das Land der Biafaren, am Flusse Rio grande, südlich von vorigem, treibt beträchtlichen Handel. Die Biafaren sind sehr räuberisch und wild.
Guinala, ein Dorf, der Hauptort; hier wohnen sehr viele Portugiesen.

9) Das Land der Nalus, liegt südwärts von dem Lande der Biafaren.
Es ist (nach Adansons Karte) eine portugiesische Kolonie in demselben.

10) Das Land der Landemans, ostwärts von dem vorigen, im Innern des Küstenstrichs.

11) Das Land der Vagres, südlicher, an der Mündung des Flusses Nun, oder Nunnez, und am Kap Vergas.

12) Das Land Kokolis, ostwärts, im Innern.

---

*) Nach Brue (allg. Hist. d. R.) ist dieser Name portugiesisch. Auf Adansons Karte stehen zwei Königreiche dieses Namens neben einander.

Gesch. der Reisen. 3ter Band.　　E

Alle diese Länder der Nalus, Landemans, Bagres und Kokolis sind uns kaum dem Namen nach bekannt. Die Einwohner sind wilde, abgöttische Negern.

II.

Kurze Geschichte der Niederlassungen der Europäer in Senegambien.

Die ersten Europäer, welche seit dem zwölften Jahrhunderte nach der Westküste von Afrika handelten und sogar schon Niederlassungen auf derselben hatten, sollen die Kaufleute aus der Normandie gewesen seyn, von welchen wir schon gesprochen haben *) — und welche diese wichtige Vortheile bis zum Anfange des fünfzehnden Jahrhunderts glüklich behaupteten. Aber die inneren Zwistigkeiten, die ihr Vaterland zerrütteten, nöthigte die normännische Handelsgesellschaft dies Kommerz aufzugeben.

So erzählt es Labat **) und beruft sich auf Urkunden, und ungedrukte Jahrbücher, die wir nicht zu beurtheilen im Stande sind. Deswegen zweifeln auch noch Manche aus sehr scheinbaren Gründen an der Wahrheit jener Geschichte.

Was wir gewiß wissen, ist dies, daß die Portugiesen in der ersteren Hälfte des fünfzehenden

---

*) Nämlich im I. Bande dieses Werks, S. 355. und im II. Bande S. 74.
**) Afrique occidentale. Vol. I. p. 8. — Allg. Hist. d. R. II. B. S. 248. — Demanet, I. B. S.   .

Jahrhunderts die Westküste von Afrika entdekten, einen einträglichen Handel dahin trieben, und zu besserer Behauptung desselben Handelslogen und Kastelle daselbst erbauten.

Im Jahre 1444. hatten die Portugiesen die Insel Arguin zuerst wieder entdekt, *) und im Jahre 1455. fiengen sie an, ein Fort auf derselben zu erbauen.

So legten sie mehrere Kolonien und bevestigte Plätze auf der Küste von Senegambien an. Aber sie verloren nach und nach beinahe alle wieder. Andre europäische Handelsnazionen — die Holländer stehen an ihrer Spizze — benüzten die Kraftlosigkeit, in welche Portugal herabgesunken war, um ihm das schönste Kleinod seiner Krone zu rauben. In kurzer Zeit wurden ihm die meisten seiner reichen Besizzungen in Westafrika und Ostindien entrissen — Besizzungen, die es ein volles Jahrhundert hindurch in der Blüthe seiner Kraft, zu entdekken, zu erwerben, zu erkämpfen, zu behaupten gewußt hatte, die ihm Blut und Gut kosteten, und deren Verlust es so tief wieder hinunter gestürzt hat von seiner Sonnenhöhe.

Die einst so wenig geachteten Holländer rächten sich für Spaniens Beleidigung an dem damals

---

*) Meine Leser werden sich noch aus dem I. B. dieses Werks erinnern, daß der Karthagische Seefahrer Hanno schon die Insel Arguin fand, die er Kerne nannte.

so unglüklich verschwisterten Portugal, und der Portugiesen indische Macht und Schäzze mußten den Batavern die Entschädigungskosten bezahlen.

Es war im Jahre 1638. als auch die Insel Arguin für Portugal verloren ward. Drei Holländische Schiffe kamen nämlich in diese Bai, um da eine morische Barke in Sicherheit zu bringen. Sie bemerkten bei dieser Gelegenheit, wie schwach der Ort war, und begannen sogleich einen Angriff auf denselben, der so hizzig war, daß die portugiesische Besazzung bald kapitulirte, und am 5ten Februar genannten Jahrs die Vestung übergab.

Die Holländer nahmen hierauf die Vestung in Besiz, verstärkten die Vestungswerker, trieben einen einträglichen Handel mit den Mohren, und behaupteten diese Eroberung bis ins Jahr 1667. in welchem sie von den Engländern nach einer zehntägigen Belagerung daraus vertrieben wurden. Aber schon im folgenden Jahre gewannen sie diese wichtige Besizzung wieder; ein ansehnliches Geschwader war zu dieser Unternehmung ausgerüstet, und es fiel den Holländern nicht schwer, sie glüklich durchzusezzen, da sich die Engländer keine Mühe gegeben hatten, die Vestung in guten Vertheidigungsstand zu sezzen. Die Holländer waren um so mehr darauf bedacht, die Bevestigung zu verstärken, und sich des Besizzes dieser nüzlichen Insel zu versichern. Sie schlossen mit den Mohren auf dem vesten Lande ein Bündniß, und brachten es auch dahin, daß diese unter den Kanonen der Vestung ein Dorf anlegten.

Die damalige französisch=afrikanische Handels=gesellschaft fand diese holländische Niederlassung ihrem Monopol nachtheilig; sie beschloß daher sich derselben zu bemächtigen, und im Jahre 1678 wurde dieser Anschlag wirklich ausgeführt. Die Insel Arguin ward von den Franzosen erobert, und die Vestung — da sie sich zu schwach fühlten sie in gehörigen Stand zu sezzen und zu erhalten — ward von ihnen geschleift; doch behielten sie sich sehr weislich das Recht vor, dieses Fort wieder aufzu=bauen, sobald es ihnen belieben würde.

Die Holländer konnten diesen grossen Verlust nicht vergessen. Ein Vertrag band sie — sie durf=ten sich nicht durch Gewalt der Waffen wieder in den Besiz dieser Insel sezzen, und darum versuch=ten sie es, unter brandenburgischer Flagge *) sich auf derselben niederzulassen. Aber der Anschlag mißlang; das dazu bestimmte Schiff wurde wegge=nommen. Doch als der Krieg ausbrach, bemäch=tigten sich die Holländer öffentlich der Insel Arguin und stellten das Fort wieder her. Sie blieben auch bis ins Jahr 1721. ruhige Besizzer desselben. In diesem Jahre aber gelang es den Franzosen sich wie=der von Arguin Meister zu machen; zwar fiel das

---

*) Von der brandenburgischen Schiffahrt nach Afrika wird in der Folge weitläufiger nach gesprochen werden.

Fort bald wieder den Holländern in die Hände, aber nur auf kurze Zeit, denn sie wurden sogleich wieder daraus vertrieben, und Arguin blieb von dieser Zeit an, bis zum Jahre 1763. eine französische Besizzung. In diesem Jahre mußte Frankreich Arguin, so wie alle seine Besizzungen in Senegambien an England abtreten; doch wurde diese Insel im Pariser Frieden von 1783 den Franzosen wieder zurükgegeben.

Die Niederlassung zu Portendik wurde von den Holländern angelegt, als sie aus Arguin vertrieben waren; auf diese Art suchten sie den Gummihandel an sich zu ziehen; aber auch diesen Ort mußten sie bald den Franzosen einräumen.

Schon frühe handelten die Franzosen nach Westafrika, schon frühe hatten sie Niederlassungen auf den Küsten desselben; dies ist gewiß, aber bestimmter können wir den Anfang dieser Handelsunternehmungen nicht angeben. Der Behauptung, daß schon vor den Portugiesen Kaufleute aus der Normandie nach Westafrika handelten, haben wir schon gedacht; sie sollen auch mehrere Niederlassungen daselbst gehabt haben; dies ist möglich, doch nicht ganz erwiesen. Unglaublich aber ist es, daß von Rouen aus noch bis in's Jahr 1664. jener alte Handel der normandischen Gesellschaft zum Theile fortgesezt worden sei', und falsch ist das, was

Labat *) sagt, daß nämlich am Ende des sechzehnden Jahrhunderts von den Niederlassungen der normandischen Kaufleute in Westafrika noch ihre Handelsloge auf der Senegal-Insel übrig war; denn die früheren portugiesischen Entdeckungsfahrer fanden keine europäische Niederlassung auf den Küsten von Senegambien, **) und Labat selbst kann nur vom Jahre 1626. an die Reihe der Handlungs-Vorsteher angeben, welche die Gesellschaft der vereinten Kaufleute von Dieppe und Rouen am Senegal hielt.

Wir übergehen also diese unerwiesene Behauptung, und merken hier bloß an, daß die Franzosen schon frühe nach den Senegalländern handelten, doch hatten sie noch keine veste Niederlassung daselbst, und erst im Jahre 1638. ***) ward der Grund zu dem St. Ludwigs-Fort auf der Senegal-Insel gelegt; dies war ihr erstes Etablissement in Senegambien, der Hauptplaz der verschiedenen aufeinander gefolgten französisch-afrikanischen Handelsgesellschaften, welche das Monopol in diesen Gegenden besaßen. Die Franzosen blieben lange in dem ruhigen Besizze dieser Senegal-Insel. Zwar wurden sie im Jahre 1692. durch einen

---

*) Am angeführten Orte.

**) Ich verweise meine Leser auf den II. Band dieses Werkes.

***) Allg. Hist. d. R. II. B. S. 250.

schnellen Ueberfall von den Engländern daraus vertrieben, aber diese konnten sich nur 5. oder 6. Monate lang darinn behaupten und mußten sie im Jahre 1693. schon wieder verlassen. Worauf die Franzosen diese Niederlassung in den beßten Vertheidigungsstand sezten. Aber im Jahre 1758. ward sie wieder von den Britten erobert, und wurde ihnen im Frieden von 1763. überlassen; doch gaben sie die Engländer im Frieden von 1783. wieder zurük.

Der zweite Hauptplaz der Franzosen in Senegambien ist die Insel Goree. Diese wurde zuerst im Jahre 1617. von den Holländern in Besiz genommen, welchen der Beherrscher des angränzenden vesten Landes sie überließ. Sie blieben darinn bis 1663. in welchem Jahre die Engländer, unter dem Admiral Holmes, Goree eroberten; aber schon im darauf folgenden Jahre nahm es ihnen der holländische Admiral Ruyter, von einem starken Geschwader unterstüzt, wieder weg. Nun sezten die Holländer die Bevestigung dieser Insel in noch grössern Vertheidigungsstand; doch wurde ihnen diese Insel im Jahre 1677. von den Franzosen entrissen. Zwar wagten die Holländer im Jahre 1679. verschiedene Versuche, sich derselben wieder zu bemächtigen; aber sie waren alle vergeblich. Im Jahre 1692. nahmen die Britten Goree weg, welches sogleich im folgenden Jahre den Franzosen wieder in die Hände fiel, *) die es dann noch mehr befestigten. So blieb es bis in's Jahr 1758. da die Engländer sich der Insel Goree unter Admiral Keppel's Anführung bemächtigten; doch gaben sie sie im Frieden von 1763. wieder an Frankreich zurük, welchen sie auch im Pariser=Frieden von 1783. garantirt wurde.

Eben so wurden den Engländern ihre Besizzungen an der Gambia in diesem Friedenstraktate garantirt.

Die Britten fiengen schon im Jahre 1487. an, einigen Handel mit Westafrika zu treiben; vermuthlich war es aber nur ein geringer Schleichhandel, der hinter dem Rükken der so eifersüchtigen Portugiesen getrieben wurde. Erst im Jahre 1588. entstand in England eine afrikanische Handelskompagnie, die mit den Negern in Senegambien in Verkehr stand, ohne aber eine veste Niederlassung daselbst zu haben. Die Gambia wurde noch bis zum Anfang des siebzehnden Jahrhunderts von den Portugiesen, die sich an diesem Strome niedergelassen hatten, allen andern Europäern verschlossen gehalten, und erst im Jahre 1664. legte Robert Holmes für die Sicherheit der brittischen Handlung das James=oder Jakobsfort auf einer Insel in der Gambia an. Im Jahre 1695. ward diese Vestung von den Franzosen unter dem Herrn de Gen-

---

*) Allg. Hist. d. R. II. B. S. 277.

nes erobert, und dann geschleift. Im rißwikischen Frieden (1697.) wurde die Jakobsinsel mit dem zerstörten Fort den Britten wieder zurükgegeben; aber im Jahre 1702. neuerdings von Franzosen erobert, von welchen die Engländer diese Insel wieder loskauften. Dennoch nahmen die Franzosen die Jakobs=Insel im Jahre 1709. zum dritten Mahle weg, und gaben sie darauf wieder zurük. Nun blieben die Britten in dem ruhigen Besizze derselben, ausser daß im Jahre 1720. der englische Seeräuber Davis sich des Jamesforts bemächtigte und es ausplünderte.

Es war ein verwegener Streich! Aber er ward glüklich ausgeführt. Die Hoffnung zur Beute — denn die Magazine im Jamesfort sind gewöhnlich sehr reich, besonders mit Golde gefüllt — reizte die gierigen Seeräuber zu diesem kühnen Wagestük. Sie liefen in die Gambia ein, und gaben ihr Schiff für ein Handelsschiff von Liverpool aus, das mit Eisen und Blech beladen nach dem Senegal gehen wollte, aber von französischen Kriegsschiffen verfolgt worden wäre. Der Befehlshaber des Jamesforts fragte den Seeräuberhauptmann Davis, ob er ihm keine europäische Getränke überlassen könnte? Davis bejahete es, und ward dafür von dem Befehlshaber zur Tafel geladen. Die Einladung wurde angenommen; Davis ließ seine Leute mit verstekten Waffen in's Fort schleichen; er ersah die gute Gelegenheit, gab das Signal zum Angriffe, und bei der wohlgetroffenen Verabredung wurde die Besazzung ohne Schwerdstreich gefangen genommen. Hierauf wurden die Magazine geplündert und die Vestungswerke zerstört.

Die englisch = afrikanische Handelsgesellschaft schikte dann im Jahre 1721. wieder eine Besazzung dahin; diese aber wurde bald so unzufrieden über die Behandlung, die ihr von den Handelsvorstehern widerfuhr, daß sie unter des Hauptmann Massey's Anführung sich empörte, das Fort räumte, und wieder das Schiff bestieg, um das löbliche Seeräuberhandwerk zu treiben.

Merkwürdig ist uns dieser Hauptmann Massey — wenn wir sein Betragen mit forschenden Blikken betrachten — seltsam war sein Bestreben, den schmählichen Verbrechertod zu suchen. Die Seeräuberei war ihm bald entleidet. Er verließ diese niedre Lebensart, gieng nach Jamaika und ergab sich freiwillig dem Sir Niklas Laws. Dieser nahm ihn wohl auf, gab ihm einen Beglaubigungsschein, nebst etwas Geld, und schikte ihn nach England. Bei seiner Ankunft in London schrieb er einen Brief an die englisch = afrikanische Gesellschaft, in welchem er seine begangene Verbrechen bekannte; gestand, daß er der erhaltenen übeln Behandlung wegen sich so betragen habe, sich des Todes schuldig angab, und nur um die Gnade, als Soldat hingerichtet zu werden bat. Auf diesen wunderlichen Brief kam die kurze Antwort: Er sollte ehrlich gehangen werden. — Statt sich nun zu verbergen, bezog Massey eine Wohnung in der Aldersgatestraße, und fragte selbst am folgenden Tage in der Gerichtsstube des Lord Oberrichters an, ob kein Verhaftbefehl wider den Hauptmann Massey, wegen begangener Seeräuberei ausgefertigt worden sei'? — Die Sekretärs antworteten mit Nein! — Darauf sagte er, er sei der Hauptmann Massey, und gab ihnen seine Adresse, damit man ihn finden könnte. Nach dieser Anweisung ward er einige Tage nachher ergriffen und zum Verhör gebracht. Sein Brief war Anfangs der einzige Zeuge gegen ihn; endlich erschienen aber auch noch andere Zeugen und Massey ward im Jahre 1723. verurtheilt und hingerichtet.

Die Sonderbarkeit dieser Anekdote mag es bei meinen Lesern entschuldigen, daß ich mit ihr die kurze Geschichte der europäischen Niederlassungen in Senegambien unterbrach — welche wir mit der Bemerkung schließen; daß izt, nach der Richtschnur des Pariser-Friedens von 1783. die Franzosen und Britten, die auf der Küste von Senegambien herrschenden Europäer sind; daß sie den Gummihandel am Senegal gemeinschaftlich treiben; daß der ganze Küstenstrich vom weißen Vorgebirge bis zur Gambia den Franzosen eingeräumt ist, daß sich die Britten nur die Herrschaft auf der Gambia vorbehalten haben, und daß izt den Portugiesen, so wie den Holländern nichts mehr von ihren ehemaligen Besizzungen auf dieser Küste übrig geblieben ist. Die noch vorhandenen kleinen portugiesischen Kolonien und Niederlassungen sind ganz unbedeutend.

Nähere Nachrichten von der Geschichte der europäischen Niederlassungen finden wir in den Beschreibungen der einzelnen Reisen, zu welchen wir izt übergehen.

Reisen
nach und durch Senegambien.

I.

Summarische Geschichte
der minder merkwürdigen Reisen Rainold's und Dassel's, van den Broeck's, Jobson's, Jannequin's, und Le Maire's.

Von dem Jahre 1591. bis 1682.

Die einzelnen Reisen nach und in Senegambien, von welchen wir noch Beschreibungen besizzen, sind theils merkwürdige, theils minder, theils gar nicht merkwürdige Reisen. In die Klasse der minder merkwürdigen Reisebeschreibungen, rechne ich alle die älteren, die durch bessere und neuere aus der ersten Klasse verdrängt worden sind, und ganz unmerkwürdige nenne ich solche, die weder für die Geschichte noch für die Länder- und Völkerkunde einiges Interesse, und für den aufmerksamen Lektur-freund nichts Anziehendes haben.

Zu diesen minder merkwürdigen Reisen rechne ich die, deren summarische Geschichte diese Unter-abtheilung anfüllt. Sie besizzen nicht die Vorzüge der merkwürdigen Reisen, deren Geschichte ich zu schreiben übernommen habe, denn sie enthalten beinahe gar nichts zur Bereicherung der Länder- und Völkerkunde, und alle solche Nachrichten, die sie enthalten sind von neuern, aufmerksamern, einsichtsvollern, durch Umstände begünstigtern Rei-sebeschreibern besser und vollständiger geliefert wor-den; sie haben sehr wenig Interessantes für den Natur- und Menschenforscher; nur zu der Geschichte des Handels und der Niederlassungen der Europäer mögen sie noch einige wenige Beiträge zu steuern vermögend seyn.

Ich liefre daher die Hauptsumme derselben in kurzen, gedrängten Auszügen, die ich zu dem Zusammenhange des Ganzen, zu der Geschichte der europäischen Niederlassungen, und zu der nähern Kenntniß dieser jezt meist unbekannt gewordenen Reisebeschreibungen nöthig glaubte.

Es sind Skizzen für deren Trokkenheit die reichere Unterhaltung der nachfolgenden interessanteren Reisebeschreibungen die Leser, wie ich hoffe und wünsche, entschädigen wird.

I.

Richard Rainold's und Thomas Daſſel's Reiſe nach dem Senegal und der Gambia.

Im Jahre 1591.

Die älteſte Reiſebeſchreibnng von Senegambien, die bis auf unſre Zeiten gekommen iſt, die Reiſen des ofterwähnten Venezianers Radamoſto abgerechnet, iſt die kurze Nachricht von der Reiſe der beiden Handelsfaktore Richard Rainold's und Thomas Daſſel's, die miteinander in Geſchäften der im Jahre 1588. errichteten engliſch-afrikaniſchen Handelsgeſellſchaft, auf die Senegalküſte reisten *).

Um dieſe Zeit trieben die Franzoſen ſchon einen beträchtlichen Handel nach den Senegalländern; ſie waren von den Negern ſehr geliebt; ſie handelten ſehr vortheilhaft auf dem Senegal; aber die Gambia ward ihnen durch die Eiferſucht der Portugieſen verſchloſſen.

Die Britten machten in dieſen Gegenden noch

---

*) Dieſe Reiſebeſchreibung ſteht in Hakluyts Sammlung von Reiſen, in der 2ten Abth. des II. B. S. 188. u. ff. und daraus überſetzt in der Allg. Hiſt. d. R. I. B. S. 412. u. ff.

sehr wenig bedeutende Geschäfte; denn die Portugiesen widersezten sich allen ihren Bemühungen.

Richard Rainold und Thomas Daſſel, die zur Betreibung dieses Handels ausgeschikt wurden, kamen im November 1591. am grünen Vorgebirge an. Dies war ohne Zweifel die dritte Reise, die auf Rechnung genannter Gesellschaft unternommen ward. Unsre beide Engländer landeten zu Rufisko, wo sie einen vortheilhaften Handel trieben, und sehr wol aufgenommen wurden. Von da schifften sie nach Portudal, wo sie erfuhren, wie sehr die Portugiesen sich bemüheten, die Britten nicht nur bei den Negern anzuschwärzen, sondern auch diese zur Mißhandlung jener zu reizen. Durch solche Bosheit hatten sie schon vormals die Negern verleitet, mehrere Engländer zu ermorden. Die Negern bereuten es izt *). Daſſel gieng nach Joal, während Rainold zu Portudal seinen Handel trieb, und jener mußte gleiche Streiche von den Portugiesen erfahren. Desto mehr konnten die Britten sich der Aufrichtigkeit und guten Behandlung der Negern rühmen, die mit ihnen weit zufriedner waren, als mit den Spaniern und Portugiesen **).

---

*) Der Verfasser dieses Tagebuchs spricht hier sehr weitläufig von der Treulosigkeit der Portugiesen, von ihrer Entdekkung und Bestrafung; welches Alles uns aber nicht interessiren kann.

**) Portugal stand damals mit Spanien unter Einem Monarchen.

Diese leztere trieben damals keinen Handel auf dem Senegal; desto bedeutender war ihr Kommerz auf der Gambia, wo sie sich sehr zahlreich niedergelassen hatten, ohne aber Kastelle oder Vestungen daselbst zu besizzen; weil die Negerfürsten dies nicht zugegeben hatten. — Von der Gambia aus trieben die Portugiesen einen sehr einträglichen Handel in das Innere des Landes und auf den Küsten hin.

Die damaligen Ausfuhr=Artikel von Senegambien werden von unsern beiden Engländern, nach den zu jener Zeit vornehmsten Handelspläzzen, von wo sie abgeholt wurden, in folgender Reihe angezeigt:

Vom Senegal: Häute, Gummi, Elefantenzähne, etwas Pfeffer, Straußfedern, Ambra.

Von Beseguiache *), am grünen Vorgebirge — Häute und Elfenbein.

Von Rufisko (unsre Engländer schreiben Resioka) und Palmerin **) — Häute und bisweilen Elfenbein.

Von Portudal: Häute, Ambra, Elfenbein und etwas Gold.

---

*) Dies soll, wie auch Barbot (in seiner Reise nach Guinea) sagt, der erste Namen der Insel Goree gewesen seyn.

**) Ein Negerdorf, 2 engl. (1/2 teutsche) Meilen von Rufisko.

Von Randimal *): Häute und etwas Elfenbein.

Von Joal: Häute, Wachs, Elfenbein, Reis und etwas Gold.

Von der Gambia: Reis, Wachs, Elfenbein und Gold.

Eines der vorzüglichsten Importen war damals das Eisen. Die Portugiesen kauften es den Franzosen und Engländern ab, und handelten von den Negern Sklaven dagegen ein **).

Dies ist das Wichtigste, was diese kleine, unbedeutende Reisebeschreibung enthält.

---

*) Ein Negerdorf, nach Daſſel 1/2 engl. Meile von Portudal, das ich auf keiner Karte finden konnte.

**) Die Engländer und Franzosen hatten damals noch keinen oder doch nur sehr geringen unmittelbaren Antheil an dem Negerhandel, den die Portugiesen zuerst ganz allein trieben. Jezt machen aber die Sklaven einen Hauptartikel der Exporten von Senegambien aus. (M. ſ. Sprengel, vom Ursprung des Negerhandels.)

II.

Reise des Peter van den Broeck nach dem grünen Vorgebirge.

Im Jahre 1606.

Peter van den Broeck, ein Holländer, gieng im Jahre 1605. als Unterkaufmann nach Dortrecht mit einem Schiffe ab, das am grünen Vorgebirge Häute einhandeln sollte.

Im Anfange des Jahres 1606. kam er bei einer Insel am grünen Vorgebirge an, wo bereits zwei holländische, drei französische und fünf englische Schiffe lagen, die hier theils Handel trieben, theils Lebensmittel zu ihrer weitern Reise einnahmen.

Unser van den Broeck gieng seinem Befehle gemäß nach Portudal, wo er sich eine Negerhütte miethete, und eine Sklavinn zur Bedienung annahm. Sie vertrat ihm zugleich die Stelle eines Dollmetschers.

Während dieses Aufenthalts daselbst stürzte sich ein Schwarm Heuschrekken, der die Luft verfinsterte, auf die Länder an dieser Küste, und richtete eine schrökliche Verwüstung unter den Feldfrüchten an; woraus eine solche Theurung und Hungersnoth entstand, daß manche Aeltern sich gezwungen sahen, ihre Kinder zu verkaufen. Unſer Reiſebeſchreiber ſah welche gegen einen Hut voll Korn verhandeln.

Auch erzählt er, daß einſt bei Nacht, als er im Bette lag und ſchlief, eine Eidechſe über ihn hinkroch und ihn dadurch wekte. Er fuhr auf, und erblikte eine groſſe Schlange neben ſich, welche die Zunge gegen ihn ausſtrekte. Durch dieſe Erfahrung glaubte er jenes beſtätigt, was Andere von den Eidechſen ſagen, daß ſie nämlich die Menſchen vor den Schlangen warnen ſollen *).

Er verweilte vier Monate lang zu Portudal, wo er Häute, Elfenbein und Ambra einhandelte.

Von da gieng er nach Joal und Ruſisko, an

---

*) Ich erinnere mich, dieſe Bemerkung auch bei andern Reiſebeſchreibern gefunden zu haben, doch beſinne ich mich izt nicht auf den Namen derſelben. Ich kann auch nicht entſcheiden, ob es eine Fabel iſt, oder nicht. Dies aber weiß ich, daß es eine Gattung Eidechſen giebt, ihr Vaterland iſt Indien, welche die Indianer vor den Krokodillen warnen; nämlich aus Furcht vor ſolchen Ungeheuern ſchreien dieſe Eidechſen, wenn ſie ein Krokodil in der Nähe bemerken, und geben den Menſchen früher davon Nachricht, als dieſe es wahrnehmen können. Daher nennen die Franzoſen dieſe Eidechſe Sauvegarde, und Ritter Linne nennt ſie Lacerta Monitor, der Wachhalter (Müllers Linniſches Naturſyſtem. III. Bd. S. 87.)

welchem leztern Orte er die holländischen Schiffe zur Rükkehr segelfertig fand.

Hier bekamen sie durch ein englisches Boot die Nachricht, daß bei Joal ein fremdes reichbeladenes Schiff vor Anker läge, welches die Engländer mit den Holländern gemeinschaftlich wegnehmen wollten, wenn den Engländern als Antheil an der Beute die schwarzen Sklaven auf jenem Schiffe überlassen würden. Die Holländer nahmen den Vorschlag an, und machten sich Meister des Schiffs. Es war ein Lübeker von 240. Tonnen, war mit Zukker, Elfenbein, Baumwolle, einer Menge Stükke von Achten, *) einigen goldenen Ketten und neunzig Sklaven beiderlei Geschlechts befrachtet, und hatte eilf Lübeker und vier Portugiesen am Borde.

Die Holländer überliessen den Britten die Sklaven, und nahmen die Prise in Besiz. Sie kehrten im Julius 1606. nach Holland zurük, wo sie im October darauf wohlbehalten anlangten.

Die Waaren, die damals aus Mittel = und Nieder = Senegambien (nach unsrer angenommenen Eintheilung) ausgeführt wurden, waren:

Vom grünen Vorgebirge: jährlich 30, bis 35,000. Häute.

Von den Flüssen Gambia, Kachao und St. Domingo. Eine Menge Elfenbein und Wachs;

---

*) Ein Stük von Achten galt vor 1728. Einen Thaler, zehn Groschen, neun Pfenninge, sächsisch.

Etwas Gold und Reiß, und vortreflicher Ambra. *)

Vermuthlich sind hier allein die von den Holländern, von da abgeholten Güter darunter verstanden, weil die Sklaven nicht unter die Exporten gerechnet werden. —

Dieß ist das Wichtigste aus van den Broeck's Reisebericht.

---

*) Während van den Broeck in Senegambien war, warf das Meer einen Klumpen Ambra von 80 Pfund auf den Strand. Unser Holländer kaufte 4. Pfund davon, von welchen nach seiner Rükkehr nach Holland das feinste zu 800. Gulden das Pfund, der geringere zu 450. Gulden verkauft wurde.

III.

Richard Jobson's, brittischen Schiffshauptmanns, Reise in das Innere von Senegambien auf dem Gambiaflusse.

Im Jahre 1620.

Im Jahre 1618. verband sich eine Gesellschaft von Kaufleuten in England, um nach der Gambia zu handeln, und die Goldländer aufzusuchen, welche, nach dem, was sie davon gehört hatten, südwärts von Marokos liegen sollten. Diese Gesellschaft schikte deswegen in genanntem Jahre den Georg Thompson mit einem Schiffe nach der Gambia ab, um dort einen vortheilhaften Handel zu gründen. Während Thompson's Abwesenheit wurde das Schiff in der Gambia weggenommen. Thompson blieb im Lande, und fand bald Gelegenheit die Gesellschaft von seiner Lage zu benachrichtigen, und um ein anderes Schiff mit mehreren Waaren zu bitten. Die Gesellschaft willfahrte ihm hierinnen, und schikte ihm das Schiff St. Johann, von 50. Tonnen, mit gehöriger Ladung, und mit einer Vollmacht für Thompson nach seinem Gutdünken für ihr Interesse zu sorgen. Dieses Schiff kam zur unbequemen Jahrszeit, es hatte mehrere widrige Zufälle ausgestanden, und Thompson schikte es zurük, mit der Bitte um mehrere Verstärkung, und mit dem Versprechen unterdessen zur Erforschung des Landes, mit seinem Gefolge die Gambia noch weiter hinauf zu schiffen.

Thompson hielt Wort. Er schifte mit einem Boote noch fünfzehn bis zwanzig (teutsche) Meilen auf der Gambia über Barrakonda hinauf — so weit, als selbst nach ihm Europäer kommen konnten — bis nach Tinda, um dort sich mit einem weitberühmten Negerkaufmann, Namens Bukkor Sano in Unterhandlung einzulassen. Er zog sehr vortheilhafte Nachrichten ein, ward aber auf der Reise in einem Streite, den er durch seinen Uebermuth veranlaßt hatte, umgebracht, und alle seine vermuthlich wichtige Bemerkungen giengen für die Welt verloren, da er nichts schriftlich Aufgezeichnetes hinterließ.

Unterdessen hatte die englische Gesellschaft das Schiff Sion, und die Pinasse *) St. Johann, unter der Anführung des Hauptmanns Richard Jobson, abgeschikt, aus dessen Reisebericht, wir hier einen Auszug machen wollen.

Am 25. Oktober 1620. verließ Jobson England und im November kam er mit seinen Schiffen

---

*) Eine Pinasse, ist ein kleines, leichtes, schmales und dreimastiges Ruderschiff, mit vierekkigem Hintertheile.

bei Rufisko an, von wo er weiter fortschiffte und in die Gambia einlief.

Bei Tendebar ließen sie das Schiff Sion mit einer kleinen Besazzung vor Anker liegen und fuhren mit der Pinasse St. Johann den Strom weiter hinauf.

Am 7. Dezember kamen sie hierauf zu der Stadt Kassan *). Hier war es, wo die Portugiesen Thompson's Schiff weggenommen hatten, und aus Furcht vor der Rache der Britten waren izt alle portugiesische Einwohner dieser Stadt bei Jobson's Ankunft entflohen. —

Die Stadt Kassan liegt auf der Nordseite der Gambia, und ist nach Negerart sehr stark bevestigt, das heißt, die Hütten, aus welcher diese Stadt besteht, sind mit einem hohen Zaun eingeschlossen, um welchen ein Graben geht, der mit Pallisaden besezt ist. Auch sind hie und da statt der Thürme hohe Gerüste oder Hütten auf Pfählen erbaut, von welchen herab die Einwohner sich gegen Angriffe vertheidigen. Die Hütten des Negerfürsten und seiner Weiber liegen in dem Mittelpunkte des Ortes. Die Stadt ist, wie Jobson versichert, volkreich.

Unsere Britten schifften muthig weiter den Strom hinauf, erreichten Barrakonda**) und kamen bis

---

*) Im Königreich Unter-Pani. (Man sehe oben S. 60.)

**) Wo der erste Fall der Gambia ist. Es liegt im Königreich Wulli.

Tinda (oder Tanda), wo Untiefen sie zurükhielten, noch weiter aufwärts zu gehen; auch hörten sie, daß hier dürre, öde Wüsteneien anfiengen.

Tinda war also das Ziel ihrer Reise. Bei ihrer Ankunft daselbst schikten sie drei Negern mit Geschenken an den König, und an den Kaufmann Bukkor Sano, welchen sie ersuchen liessen, mit Lebensmitteln zu ihnen herabzukommen.

Am ersten Februar erschien Bukkor Sano, mit einem Weib und seiner Tochter bei den Britten. Er kam mit einem Gefolge von vierzig Negern, welche mit Bogen und Pfeilen bewaffnet waren. Voran gieng Musik. Zwo Stunden darauf kamen bei zweihundert Negern, Männer und Weiber, welche Lebensmittel, Ziegen, Federvieh, Früchte u. s. w. für die Ankömmlinge herbeibrachten. Bukkor Sano beschenkte auch den Hauptmann Jobson mit einem Ochsen. Er gieng darauf an Bord der Pinasse, wo er mit drei Kanonenschüssen empfangen wurde. Dies freute ihn sehr. Er nannte die Kanonenschüsse des weissen Mannes Donner, und versicherte seine Landsleute, daß die Weissen die wilden Thiere und die Vögel in der Luft mit solchem Donner tödteten.

Der schwarze Handelsmann wurde von den Engländern sehr gut bewirthet, und er ließ sich ihren Rosoli schmekken; da er aber die Stärke dieses Branntweins nicht kannte, so ward er bald berauscht, und wurde sehr krank davon. Doch diese

Krankheit war nicht von Bedeutung, und hatte die gute Folge für ihn, daß er von izt an sehr mäßig trank. Viel Vernunft für einen unwissenden Neger!

Jobson wieß ihm seine Waaren, worunter vorzüglich Eisen war. Bukkor Sano berichtete ihm, daß auch welches in einem benachbarten Lande*) gegraben und geschmiedet würde. Dennoch vertauschten die Engländer mit gutem Vortheile über ein Drittel dieser Waare gegen Häute, und würden Alles auf diese Art abgesezt haben, wenn sie nicht selbst es unterlassen hätten, aus Furcht, ihr Schiff allzusehr zu beschweren, da ohnehin das Wasser in dem Flusse täglich mehr fiel. Ferner handelten sie Elfenbein und Baumwolle gegen Salz ein, welches besonders den Negern so angenehm war, daß sie es allen andern Waaren vorzogen.

Bukkor Sano versicherte die Britten, daß er ihnen Gold in Menge hätte herbeischaffen wollen, wenn er früher gewußt hätte, daß sie nach diesem Metalle so lüstern wären, und daß er ihnen vieles liefern wollte, wenn sie ferner hier einen Handel errichteten; indem das Gold in den weiterhin gelegenen Ländern in grossem Ueberflusse zu finden sei. Auch erzählte er ihnen, daß er schon viermal in einer grossen, weit von da entlegenen Stadt gewesen sei, in welcher alle Häuser mit Gold gedekt

---

*) Hier wird ohne Zweifel das Land Bambuk darunter verstanden. (Man sehe oben S. 28.)

wären *); aber es sei' gefährlich dahin zu reisen, weil man durch wilde Völkerschaften ziehen müßte. Doch erbot er sich, den Hauptmann Jobson, in Betracht seiner überlegenen Waffen leicht dahin zu führen.

— Und Jobson gieng.... nicht! — Hatte etwa das Gold seine Reize für ihn verloren, oder schreckten ihn Gefahren, oder glaubte er selbst der pralerischen Erzählung des Negerkaufmanns nicht? —

Jobson war lüstern nach Gold; dies beweist sein eifriges Streben das afrikanische Eldorado zu finden. Er war nicht furchtsam, nicht feige; dafür spricht seine Reise selbst. Er glaubte an die Goldschätze Nigriziens, denn er bemühte sich eifrigst seine Landsleute zur Entdeckung der reichen Goldländer dieser Gegenden anzuspornen. Nebenumstände, die er uns verschwieg, und die Hindernisse, die ihm der Eigensinn der Kaufleute, worüber er sich so bitter beklagt, in den Weg legte; waren

---

*) Daß dies eine Aufschneiderei ist, ist handgreiflich. Buckor Sano sagte noch in der Folge, diese Stadt zu erreichen müßte man vier Monate reisen; folglich betrüge die Entfernung auf's höchste gerechnet dreihundert Meilen. Wenn es Tombut seyn soll, so ist diese Angabe falsch; denn das für so goldreich verschriene Tombut liegt (nach Rennel's Karte) nicht über 200 Meilen von Barrakonda. Oder spricht hier Buckor Sano von einer andern Stadt? —

waren wohl die Ursachen, warum er mit Bukkor Sano das Abentheuer nicht bestehen konnte. — Auch nach ihm bestand es Keiner! —

Bukkor Sano berichtete ferner auch dem Hauptmann Jobson, daß er und sein Volk mit arabischen Handelsleuten in Verkehr stehe, welche ihnen allerlei Kunstarbeiten und Fabrikwaaren brachten. So sah Jobson bei dem Negerkaufmann eine Degenklinge, und bei einer seiner Weiber ein Paar metallene Armbänder, welche Stükke so fein gearbeitet waren, als kämen sie aus einer englischen Fabrik *).

Unterdessen fiengen die Engländer auch mit den Negern auf der Südseite der Gambia einen Handel an. Diese waren weit wilder, als die Bewohner des nördlichen Ufers; auch hatten sie nie einen Weißen gesehen.

Die andern Negern baten den Hauptmann an ihrem Ufer zu bleiben, und er that es. Die Einwohner hatten zur Bequemlichkeit der Handelnden Hütten an dem Flusse erbaut, und bemühten sich, die Engländer mit allerlei Lustbarkeiten zu vergnügen. Alle Abend war Tanz, Musik und Gesang. Einige übten sich in kriegerischen Spielen, Andre saßen als Zuschauer auf Matten umher. Auch

―――――――――――――

*) Wir wissen izt, daß die fezzanischen Kaufleute den grossen inner-afrikanischen Handel treiben, und europäische Waaren, die sie zu Tripolis einhandeln, durch ganz Nigrizien verbreiten.

Gesch. der Reisen, 3ter Band. G

der Fürst von Jelikot besuchte die Engländer; er blieb vier Tage am Ufer, und speißte alle Abend mit Bukkor Sano bei dem Hauptmann am Borde.

Bukkor Sano fand sich durch den Vorzug, den ihm die Britten gaben, sehr geschmeichelt, und verlangte von ihnen vor ihrer Abreise zu ihrem Alkade, Stellvertreter oder Agenten ernannt zu werden, und sie willfahrten ihm hierinn. Jobson vollbrachte diese Handlung, indem er dem neuen Alkade eine Korallenschnur und eine silberne Kette um den Hals hieng. Darauf ließ er drei Kanonen abfeuern, und brachte seinem neuen Agenten eine Schale Rosoli zu. Sogleich erhoben die Negern das Glükwünschungsgeschrei: Alkade Bukkor Sano, Alkade Bukkor Sano! — Stolz auf seine hohe Ehrenstelle — die in einem leeren Titel bestand — ließ der Alkade izt seine Musikanten und Weiber kommen, stieg von Jobson feierlich begleitet an's Ufer, theilte Kolanüsse *) unter das Volk aus, und zog dann, mit Musik voran, in vollem Pompe mit den Engländern zu der Wohnung des Fürsten. Diesem stellte er nun den

---

*) Die Kolanuß ist eine harte, bittre, röthlichte Frucht, in einer efichten Schale. Sie wird von den Negern sehr geschäzt und mit der Rinde eines gewissen Baums gekauet. Sie soll gut für die Zähne seyn. Unter den Negern kursirt sie für baares Geld. (Allg. Hist. der Reisen II. B. S. 252.)

Hauptmann Jobson und die übrigen Britten vor, und empfahl sie seiner Gnade. Der Negerfürst nahm dies sehr gnädig auf, und bewilligte ihm jede Bitte. Hierauf dankte ihm Bukkor Sano auf den Knieen dafür und machte ihm die von Jobson empfangene Korallenschnur zum Geschenke. Dies Geschenk ward sehr wohl aufgenommen. Der Fürst hieng sie sich sogleich um den Hals, und zur Dankbarkeit schenkte er den Engländern das Stükchen Land auf welchem sie hier ihren Handel trieben.

Bukkor Sano empfieng diese Belehnung in dem Namen der Engländer. Die Zeremonie, mit welcher dies geschah verdient hier kurz beschrieben zu werden. Sie ist ein Beitrag zu dem Feudal-Zeremoniel, der manchen bei uns üblichen an die Seite gestellt werden dürfte.

Bukkor Sano entkleidete sich sogleich bis auf die Hüften, und warf sich der Länge nach auf die Erde hin. Drei Marabuten, die gegenwärtig waren, scharrten Staub, Sand und kleine Steinchen von dem verschenkten Orte zusammen und bedekten den Lehensträger damit vom Kopfe bis zu den Füssen. Hierauf nahm dieser eine Handvoll davon, warf ihn um sich, und kniete nieder, das Gesicht gegen die Engländer gekehrt. Zwischen ihm und diesen machten nun die Marabuten einen Haufen von dem Staube, und zogen einen Kreis darum her, den sie mit Karakteren beschrieben. Bukkor Sano kroch dann dazu hin, nahm einen

Mundvoll von dem Staube, und spie es wieder aus. Er und jeder von den mit Jobson gekommenen Marabuten nahm eine Handvoll von diesem Staube, und kroch zu dem Hauptmann hin, in dessen Schoos sie den Staub ausschütteten. Nach diesem standen sie auf, zwei Weiber wischten den Bukkor Sano mit Tüchern ab, und er gieng nach Hause, wo er seine beßte Kleider anzog, und seine Waffen zu sich nahm. In diesem Aufzuge kam er von vierzig Bewaffneten begleitet wieder zu den Engländern zurük, um die er mit seinem Gefolge feierlich herummarschirte. Dann kniete er sich vor Jobson nieder, doch so daß er diesem den Rükken zuwandte, und spannte seinen Bogen; wodurch er zeigen wollte, daß er den Hauptmann zu vertheidigen bereit sei'; die vierzig Bewaffneten thaten ebendasselbe, nachdem sich ihr Anführer neben Jobson gesezt hatte, und somit war der Spaß am Ende *).

Ein Spaß, der den Britten einige Flaschen ihres beßten Getränkes kostete, ohne ihnen für einen Pfenning Werths zu nüzzen!

Bald darauf fuhren die Britten von Tinda ab, um zurükzukehren. Ein alter Marbute, ein ehemaliger Bekannter des oben genannten Thompson wollte den Hauptmann Jobson nach Jaye

---

*) Wer sollte hiebei nicht denken: C'est tout comme chez nous! — Das Kriechen, das Staublekken, das Vielversprechen kann man in Europa auch!

und Mombar fahren, welches, nach dem Berichte der Negern zwei Städte waren in einem goldreichen Lande, von welchem die leztere sechs Tagreisen von Tinda entfernt seyn sollte. Aber Jobson konnte dies Auerbieten nicht annehmen, da ihn das Fallen des Wassers in der Gambia nöthigte, eilends zurükzukehren.

Vorher bat ihn noch Bukkor Sano dem Plazze der den Engländern abgetreten worden war, einen Namen zu geben, und er nanute ihn nach der Pinasse Johannesmarkt. Hierauf schiffte er mit dem Strome abwärts von da weg, nahm von Bukkor Sano Abschied, und kam glüklich über Barrakonda zu Butto oder Batto an.

Hier hatte nun Jobson Gelegenheit einige Religionsgebräuche und den Aberglauben der Negern zu beobachten.

Es war das Beschneidungsfest, das hier gefeiert wurde. Hauptmann Jobson hatte einen von da gebürtigen Negerjungen in seinen Diensten, der noch nicht beschnitten war, und bei dieser Gelegenheit auch beschnitten werden mußte.

Jobson fand hier einen grossen Zusammenlauf von Leuten, und es kam ihm nicht anders vor, als ob er auf einer Kirmse in England wäre. In allen Häusern, unter jedem bequemen, schattichten Baume war Musik; überall sah er Negern nach dem Schalle der Trommel tanzen; dabei waren Matten ausgebreitet, und Speisen zur Erquikkung hingesezt. Es war da Ueberfluß an Allem; denn auf dies jährliche Fest werden grosse Zurüstungen gemacht, und die Leute vom Lande kommen von allen Seiten herbei und bringen Lebensmittel mit. Zugleich wird dabei, wie auf unsern Jahrmärkten, ein starker Handel getrieben.

Abgesondert von den übrigen Leuten bringen die Neubeschnittenen, während ihre Wunde heilt, ihre Zeit unter Trommelschall und Freudengeschrei, in einer entfernten Verzäunung mit ihren Bekannten und Freunden zu.

Am Abend des ersten Tages besuchte der Hauptmann den Fürsten, von welchem er mit zwei Rebhünern beschenkt worden war, und als er einen kleinen Ball dort fand, so nahm er auch eine junge Negerinn am Arme und tanzte mit ihr. Dies gefiel Allen sehr wohl.

Am folgenden Morgen wurde Jobson's Negerjunge auch beschnitten. Der Bursche war schon siebzehn Jahre alt und nannte sich Samgulley. Die Zeremonie ward in freiem Felde, auf einem Hügel, in Gegenwart einer Menge von Zuschauern, von welchen die meisten weiblichen Geschlechts waren, glüklich vollbracht. Nachher ward der Pazient zu den übrigen Neubeschnittenen in die Verzäunung gebracht, so sehr auch Jobson dawider war, der ihn durch seinen Wundarzt wollte heilen lassen.

Bei dieser Gelegenheit lernte auch unser Hauptmann den Brüllteufel der Schwarzen, Horeh genannt, kennen. Dieser läßt sich bei solchen Feierlichkeiten bei Nacht hören, und ist der Popanz, mit welchem die jungen Bursche in Furcht erhalten werden. *)

Dieser Poltergeist zeigt sich nie, sondern man hört ihn nur bei Nacht fürchterlich im tiefsten Baße brüllen, und zwar so, daß dies dumpfe Gebrüll bald nahe, bald ferne zu seyn scheint. Wenn er das erstemal brüllt, so bringen ihm die Negern Speisen unter einen Baum, die plözlich mit allem verschlungen werden. Bringt man ihm nicht genug, so schnappt er schnell einige von den unbeschnittenen Knaben weg, die dann so lange in des Brüllteufels Bauch bleiben müssen, bis dieser durch mehr Speise wieder versöhnt ist; dann speit er sie wieder aus, und die Knaben müssen eben so viel Tage nachher stumm seyn, als sie in des Teufels Wanste saßen.

Jobson machte einen Versuch, und konnte durch keine Drohungen einen solchen wiederausgespieenen Negerknaben zum Reden bringen. Nach Verfluß seiner stummen Zeit kam eben dieser Bursche willig zu den Engländern.

*) Es ist also eben das für die Knaben, was der Mumbo Jumbo der Negern für die Weiber ist. (Wovon wir noch weiter unten sprechen werden.) Popanze sind noch überall Mode; nur Schade, daß bei uns sich nicht allein Knaben und Weiber vor Popanzen fürchten.

Der Horeh hat sich bei allen jungen Negern furchtbar gemacht, und selbst sich damals bei den Engländern von der Faktorei von Setiko in solcher Respekt gesezt, daß sie vor seinem Brüllen ängstlich flohen.

Jobson hatte Gelegenheit den Herrn Horeh persönlich kennen zu lernen. Er wurde auch einst um Mitternacht mit seinem Gebrülle begrüßt, und sogleich beschloß er mit einem andern Engländer bewaffnet dem Schalle nachzugehen, und den Poltergeist aufzusuchen. Ein Marbute, der sein Vorhaben merkte, rieth ihm sehr ängstlich davon ab, weil ihn der Geist leicht in den Fluß führen könnte. Jobson beharrte aber auf seinem Entschlusse, und fand einen Negern mit niedergebüktem Kopfe stehen, der schon ganz heischer war von seinem Gaukelspiel. Jobson rief darauf dem Marbuten zu: Da ist einer von euern Teufeln! — Der Marbute lachte und gieng fort.

Dennoch glaubt Jobson diese Negern hätten eine Gemeinschaft mit dem Teufel, weil ein Portugiese ihn beredet hatte, er habe die Ankunft der Engländer von einem weissagenden Horeh erfahren. —

Jobson gieng von Batto nach Settiko. Dies war die größte Stadt, die er in diesem Lande sah. Sie ist rund gebaut, hat von Norden nach Süden etwa eine halbe Stunde in der Breite, und liegt beinahe eine Meile nordwärts von der Gambia

weg. Nahe dabei hatten die Britten eine Faktorei
angelegt, welche von den Negern Tobabo Kon-
da oder des weissen Mannes Stadt genannt
wurde.

Der Beherrscher von Settiko war damals ein
Marbute, der Hohepriester oder Pabst seiner Glau-
bensgenossen, der während Jobsons Anwesenheit
starb. Seine Heiligkeit wurde sehr splendid begraben; von allen Seiten eilte das Volk mit Geschenken herbei; fürchterlich war das Geheul, das um das
Leichenhaus erschallte; jeder der anwesenden Marbuten hielt eine Rede bei dem Grabe des Verstorbenen, und am Ende gab es da auch Reliquien zu
erhaschen.

Von da kehrte nun Jobson nach Kassan zurük, wo das Schiff Sion seiner wartete; der
grösste Theil der Besazzung dieses Schiffes war unterdessen gestorben. Auch hatte sich zu Kassan
eine grosse Veränderung zugetragen. Der König
von Salum hatte, als Oberlehnsherr den vorigen
König von Kassan (eigentlich Unterpani) abgesezt, aus dem Grunde weil er von einer Beischlä-
ferin geboren war, und den rechtmäsigen Sohn des
lezten Königs auf den Thron gebracht. Der abgesezte
Negermonarch war nun mit seiner Habe und mit
seinen Weibern über den Fluß hinüber gezogen.

Jobson verließ im Mai 1621. die Gambia,
und kehrte glüklich wieder nach England zurük.

IV.

Des Claude Jannequin, Herrn von Rochefort Reise nach dem Senegal. *)

Im Jahre 1637.

Claude Jannequin, Herr von Rochefort, ein junger französischer Edelmann, und der erste Franzos, der eine Reise auf dem Senegal that, fühlte immer einen unwiderstehlichen Trieb in sich, fremde Länder und Völker zu sehen. Er war in dem Gefolge eines französischen Gesandten in England gewesen; doch diese Reise befriedigte seinen rastlosen Geist nicht; er suchte Gelegenheit in entlegenere Länder zu kommen, und fand sie nach seiner Rückkunft in Frankreich.

Er gieng einst Morgens zu Dieppe an der Schiffslände spazieren, er sah daselbst ein Segelfertiges

---

*) Das oben (Seite 14.) über diese Reisebeschreibung gefällte Urtheil wird auch in der Vorerinnerung zu derselben, im II. Bd. der allg. Hist. d. R. S. 284. und 287. bestätigt. Jannequin war kein Lügner, aber deswegen noch kein guter Reisebeschreiber; denn er führte kein genaues Tagebuch, sein Vortrag ist sehr unordentlich, und überhaupt fehlte es ihm an Aufgeklärtheit, an Einsichten, und an richtigem Beobachtungsgeiste.

tiges Schiff liegen; er erkundigte sich, wohin es bestimmt sei; die Antwort war: nach dem Senegal und dem grünen Vorgebirge. Dieß war ein elektrischer Stral für seine Reisebegierde. Sein Entschluß war sogleich gefaßt; er meldete sich bei dem Kapitän des Schiffes Herrn Lambert, bot ihm seine Dienste an, und wurde als Schiffsschreiber von ihm angenommen.

Am 5ten Novembers 1637. lief das Schiff von Dieppe aus, und bald darauf überfiel es ein schrecklicher Sturm, der ihm den Untergang drohte. Doch es entkam dieser Gefahr, und erreichte glücklich die KanarienInseln, von wo es nach dem weißen Vorgebirge segelte.

Für Jannequin war das Merkwürdigste auf dieser Fahrt, die wunderliche Seetaufe, als das Schiff den Wendezirkel des Krebses passirte. *)

Am weißen Vorgebirge verweilten unsre französische Seefahrer einige Zeit zu Jannequin's größten Verdrusse; denn sie litten Mangel an frischem Wasser, und in dem durchglühten Sande dieser dürren Küste war keine Quelle aufzufinden. Die armseeligen Bewohner dieser Wüste,**) Todten-

---

*) Diese wunderliche Sitte soll in der Folge noch gehörig beschrieben werden.

**) Meine Leser kennen schon die armseligen Azanaghis aus dem II. Bd. dieses Werks. Auch Brisson's Schilderung von den elenden Bewohnern dieser Wüste verdient, hier empfohlen zu werden.

gerippen ähnlicher, als beseelten Geschöpfen, flohen den Umgang mit den Fremdlingen, und kaum vermochten diese einige Fische von jenen zu erhandeln. Aber die Franzosen mußten hier verweilen, um sich eine Barke zu zimmern, mit welcher sie in den Senegal schiffen konnten, da die Barren seine Einfahrt versperren. Eine beschwerliche Arbeit in dem heißen, lockern Sande!

Endlich reißten sie von da ab, und kamen nach wenig Tagen an der Mündung des Senegals an. Hier legten sie ihr Schiff vor Anker und fuhren mit ihrer Barke in den Senegal hinein zu dem Negerdorfe Bijort, welches damals unter dem Befehle eines Oberhaupts der Negern, Johann Barre *) genannt stand.

Daselbst erbauten sich die neuen Ankömmlinge mit Hülfe der Negern ein Haus, um nicht unter freiem Himmel schlafen zu dürfen, welches bei dem starken Thau, der in diesen Gegenden fällt, äusserst ungesund ist.

Dies war ihre erste Beschäftigung. Alles war dabei in Thätigkeit. Einige brannten die Baksteine; Andere luden die Waren aus, berichtigten den Zoll, und fiengen den Tauschhandel an; wieder Andere fällten Holz im Walde zu einer kleinen

*) Er war der wohlbestallte Dollmetscher der französischen Handelsgesellschaft, und diese Würde blieb in seiner Familie erblich. Wir werden in der Folge noch von ihm sprechen.

Schlagbrükke in den Fluß, um die Häute aufzufangen, die den Strom herabgeschwemmt wurden; noch Andre mußten Wild jagen, um die Mannschaft mit Fleisch zu versorgen; und die Uebrigen arbeiteten unterdessen am Baue. Dieß leztere war ganz gewiß bei der grossen Hizze und Entfernung von frischen Quellen die härteste Arbeit.

Wenig Tage nach ihrer Ankunft erschienen zween Alkaden *) der Negern zu Pferde bei unsern Franzosen, als Abgesandte, der eine von dem Damel (König von Kajor) der andere von dem Brak (König von Hoval). Mit dem Damel hatte Hauptmann Lambert schon auf seiner ersten Reise Freundschaft gemacht, und sein Gesandter kam, die Franzosen seines Wohlwollens und Schuzzes zu versichern. Hingegen mit dem Brak hatte der Hauptmann Verdruß gehabt; er schikte daher einen Gesandten, um diesen zu bewillkommen und ihm eine Aussöhnung vorzuschlagen, zu welcher Lambert um so eher die Hände bot, da er des Handels und nicht des Streitens wegen hieher gekommen war. Doch durfte er sich mit seinem kleinen Häufchen vor der Zahl der Negern nicht fürchten; welches diese auch gar wohl wußten.

Der Hauptmann schikte dem Damel durch seinen Gesandten die gewöhnlichen Geschenke. Sie bestanden in eisernen Stangen, Leinwand, einigen

---

*) Alkaden (Kadhi) sind bei den Negern am Senegal die Oberhäupter der Dörfer, Richter u. s. w.

Ellen von rothem und blauem Frieß, Branntwein, Honig, silbernen Armbändern, Kämmen, Spiegeln, Messern, Knöpfen, Kristall und Papier. Zugleich ließ er den König bitten, er möchte seine Unterthanen zum Handel einladen.

Dem Brak ließ er melden, er sei zum Frieden ganz geneigt, und verlange nur eine Verminderung des Zolles von ihm, weil er erst kürzlich ein Schiff verloren habe. Der Brak war nachgiebig, um sich nicht der Geschenke beraubt zu sehen.

Unterdessen wurde das Gebäude der Franzosen unter mancherlei Beschwerlichkeiten; zu welchen auch die äusserst lästigen Mükken Maringoins gehören, glüklich vollendet. Der Mangel an europäischer Nahrung war eine andere Beschwerlichkeit für sie; denn sie mußten sich hier an die Kost der Negern gewöhnen.

Sie schifften dann mit ihrer Barke den Senegal hinauf bis Terrier Rouge *), und handelten von den Negern Häute, Elfenbein, Gummi, Straußfedern, Ambra und Gold ein.

Diese Fahrt gefiel ihnen sehr wohl. Die grünen, mit Bäumen dicht besezten Ufer des Senegals, die angenehmen Hügel, die schattichten Palmbäume, das Echo der düstern Wälder, das den Schall ihrer Trompeten so harmonisch wiederholte,

---

*) D. h. Rothe Höle, eine Gegend auf der Nordseite des Senegals, nicht weit von Podor.

und das freundschaftliche Betragen der Negern, die ihnen allen Beistand leisteten, sie mit Wildpret beschenkten, und mit der offensten Gastfreiheit empfiengen — dieß Alles entzückte unsre Reisende.

Nur Jannequin blieb immer mit den Negern unzufrieden, und schrieb ihre Freundlichkeit, weil er sie doch nicht läugnen konnte, auf Rechnung der Furcht.

Ueberhaupt ist der gute Mann sehr übel auf die Negern zu sprechen; und das aus dem triftigsten Grunde — weil sie nicht Kristen sind. Er erzählt Manches von ihnen, das sehr zu ihrem Lobe gereicht, und doch will er ihnen auch nicht Eine gute Eigenschaft zugestehen *). Er schimpft gewaltig auf ihren Aberglauben, auf ihre Verblendung, und doch ist er nicht weniger abergläubisch, nicht weniger verblendet als sie. Denn er hält die Priester der Negern für nichts geringeres als für Teufelsbanner, und ist einfältig genug, zu glauben und zu sagen, die jungen Negern könnten ohne Hülfe des Satans weder arabisch lesen noch schreiben lernen.

*) Ein Fehler, in welchen auch der Philosoph Meiners verfallen ist; nur mit dem Unterschied, daß der bevorurtheilte Jannequin dies aus Bigoterie, unser Philosoph aber aus Anhänglichkeit an seine Lieblingsidee von den verschiedenen Menschenstämmen gethan hat. Die kräftigste Widerlegung geben die Schilderungen der besten, einsichtsvollsten Reisebeschreiber. (U. B. S. 27. dieses Werks.)

Er hechelt in seinem heiligen Eifer die negrischen Griogris oder Zauberzettel *) durch, und gesteht doch ein, daß sie mit den Agnus Dei der Katholiken. — er war selbst eifriger Katholik — sehr viel Aehnlichkeit hätten, ja er glaubt selbst jene seien nur eine Nachahmung von diesen.

Sonderbar genug! —

Ein maurischer Ramalingo oder Oberhaupt wollte den Franzosen ein Pröbchen von seiner Tapferkeit und Geschiklichkeit zeigen. Er führte sie in einen Wald, wo sich öfter Löwen blikken liessen, stellte sie an Bäume, bestieg ein gutes Pferd, bewaffnet mit drei Wurfspießen und einem Dolche, und drang in das Dikkicht, wo er bald auf einen Löwen stieß, den er mit einem Wurfspieße in das Hintertheil verwundete. Der Löwe eilte nun auf den Mauern los, und dieser zog sich zurük bis zu den Franzosen, um sie zu Zeugen des Kampfes zu machen. Er kehrte nun mit seinem Pferde um, und warf dem Löwen noch einen Wurfspieß in den Leib. Dieser war nun ganz rasend; der Ramalingo stieg aber ab, gieng mit seinem Speer ihm entgegen, rannte ihm diesen glüklich in den Rachen, sprang dann behend über ihn hinüber, und schnitt ihm mit seinem Dolche die

Kehle

---

*) Wovon schon im II. Bande, Seite 213. gesprochen wurde. Bei der Beschreibung der Sitten und Meinungen der Negern werden wir Gelegenheit haben, diese abergläubische Gebräuche noch näher zu beleuchten.

Kehle ab. So siegte er über den König der Thiere, ohne eine andere Wunde, als einen kleinen, unbedeutenden Riz am Schenkel davongetragen zu haben. Er schnitt darauf dem Löwen einige Haare ab, und stekte sie als ein Siegeszeichen auf seinen Turban.

Bei dieser Gelegenheit beliebt es doch unserm Reisebeschreiber den Mauern und Negern persönliche Tapferkeit und körperliche Stärke zuzugestehen.

Die schlimme Jahrszeit — die Regenzeit trieb unsere Franzosen wieder von dem Senegal nach Hause.

Der Senegal läuft hoch an in dieser Jahrszeit, er überschwemmt die ganze umliegende Gegend — darum bauen die Negern ihre Häuser auf einen hohen Grund. — Der Regen verderbt die Häute in den Vorrathshäusern, und Menschen und Vieh werden von Würmern geplagt.*) — Ursachen genug für unsern Reisebeschreiber über dies sonst schöne, fruchtbare Land den Fluch auszusprechen, und die Europäer zu verdammen, die von der Gewinnsucht gespornt, in Länder reisen, in welchen (wie er sagt) nur Negern leben können.

*) Dies wird auch von Moore in seiner Reise nach Senegambien bestätigt. Die Luft ist um diese Zeit so feucht, daß die Schlüssel in den Taschen rosten.

Sie schifften also von der Senegalküste weg und steureten nach den Kapwerdischen Inseln, um Erfrischungen einzunehmen, weil Viele von der Equipage krank waren. Sie erreichten hierauf, doch mit einiger Mühe, die grosse Bai der dürren, unbewohnten Insel St. Vincent, wo sie französische Seeleute antrafen, den Ueberrest von der Besazzung eines Kauffahrers, der hier durch die Unvorsichtigkeit des Steuermanns gescheitert war.

Der Hauptmann desselben wollte auch hier einlaufen, um sein Schiff zu kalfatern, das einen Lek *) bekommen hatte; aber es ward auf die Felsen getrieben und ward ein Raub der Wellen. Die Equipage war auf den grossen Mast geklettert, und wurde, als dieser zersplittert hinstürzte, mit ihm auf die Felsen geschleudert, so daß nur drei Mann ihr Grab in den Wellen fanden. Hier waren nun

---

*) Ein Lek heißt in der Schiffersprache jeder Riß, Spalt oder Loch, die ein Schiff in der See bekömmt, wodurch dann das Wasser eindringt, und dem Schiffe den Untergang droht; man hilft sich in offner See dabei mit Auspumpen des Wassers und Verstopfung der Risse; sobald man aber ein Land erreichen kann, wird das Schiff ausgebessert, oder gekalfatert. Man räumt so viel nöthig ist aus, legt es auf die Seite, ergänzt das Schadhafte, verstopft die Fugen und Rizzen mit Werg, und überstreicht es mit Theer oder Schiffspech. Ein Schiff kann durch einen gewaltsamen Stoß, durch einen Schuß, oder durch Zerlechzung des Holzes einen Lek bekommen, oder lek werden.

diese Schiffbrüchlinge ohne Beistand, ohne Hilfsmittel, auf einer öden, unfruchtbaren Insel. Doch fanden sie Schildkröten, und da Einer von ihnen noch ein Feuerzeug gerettet hatte, so waren sie im Stande sich Essen zuzubereiten. Bald nachher erblikten sie ein Schiff, sie entdekten sich ihm durch Zeichen, und es schikte ein Boot an die Insel. Es war ein englisches Schiff, dessen Kapitän nicht alle diese Unglüklichen an Bord nehmen konnte, weil es ihm an Proviant gebrach; er erbot sich aber, die Hälfte mitzunehmen, und sie liessen das Loos entscheiden, wer von ihnen zu dieser glüklichern Hälfte gehören sollte, die das englische Schiff aus dieser Einöde rettete. Die Uebrigen mußten bis zur Ankunft des Hauptmann Lambert's zurükbleiben, der sie willig aufnahm, ob er gleich selbst keinen Ueberfluß an Lebensmitteln hatte. Er war zur rechten Zeit gekommen, seine Landsleute zu retten; denn sie litten schon Mangel an Allem. Die neu angekommene Schiffsequipage mußte sie mit Kleidern ihren Leib zu bedekken versorgen. Sie waren in dem mitleidswürdigsten Zustande.

Das Schiff segelte nun wieder ab, nachdem es ausgebessert und mit frischem Wasser versehen war. Aber ehe es noch Frankreichs Küsten erreichen konnte, nahm sein Proviantvorrath so sehr ab, daß die Equipage einer völligen Hungersnoth entgegen sehen mußte. Jeder Mann erhielt des Tags nur sechs Loth Brod, und dieses war schimmlicht, schlecht, kaum genießbar. Das Wasser war verdorben, der Branntwein beinahe ganz aufgegangen, und die armen Leute sahen schon wandelnden Todtengerippen ähnlich.

Endlich langten sie auf der Küste von Bretagne an, und landeten in der Bai von Ramoret.*) Der Hunger war bei ihnen schon so hoch gestiegen, daß die Soldaten und Matrosen Kleider und Hemden verkauften, als sie an das Land kamen, um sich nur wieder einmal satt essen zu können, und sich im Freudentaumel so sehr besoffen, daß sie kaum mehr an Bord kommen konnten.

Sie verweilten acht Tage in dieser Bai, theils um sich zu erfrischen, theils um noch mehrere Gesellschaft abzuwarten, weil Freibeuter von Dünkirchen den Kanal sehr unsicher machten.

Sobald sie sich verstärkt hatten schifften sie von da weg, und langten glüklich wieder im Jahre 1639 zu Dieppe an.

Dies ist das Merkwürdigste aus dieser Reisegeschichte, bis auf die Nachrichten von den Sitten der Negern, die auch in der Folge benüzt werden sollen.

*) Drei Stunden von Brest.

V.

Le Maire's Reise in die Senegalländer.

Im Jahre 1682.

Le Maire *) ein französischer Wundarzt, war an dem Hotel=Dieu zu Paris angestellt, als es Herrn Dancourt, der zum Generaldirektor des französischen Afrika ernannt war, gefiel, ihn auf seiner Reise in die Senegalländer mitzunehmen.

Sie giengen im April 1682. zu Brest an Bord des Kompagnieschiffes St. Katharina von 40. Kanonen, unter dem Kapitän Monsegur, und richteten ihre Fahrt nach den Kanarien=Inseln, bei welchen sie auch am 30sten genannten Monats anlangten.

Sie liefen in die Bai von Palma auf der Insel Kanaria oder Groskanaria, und begrüßten das Kastell mit fünf Kanonenschüssen, welche aber nicht beantwortet wurden, vermuthlich aus Mangel an Pulver.

---

*) Dieser französische Le Maire muß nicht mit dem Holländer Jakob Le Maire verwechselt werden, der im J. 1616. eine Reise um die Erde machte, und der Straße Le Maire bei der magellanischen Meerenge den Namen gab.

Unsere Franzosen wurden hier sehr wohl aufgenommen und verweilten einige Tage. *)

Le Maire ward seiner medizinischen Kenntnisse wegen sehr geehrt. Die Bernhardiner=Nonnen baten sich seine Besuche aus, und beschenkten ihn für seine Bemühungen; aber er vermochte nicht allen diesen guten Schwestern zu helfen, denn viele kränkelten nur aus Sehnsucht nach der Welt. — Er kurirte auch die Gattin eines sehr reichen Rechtsgelehrten, welche die unwissenden Aerzte dieser Insel ganz schief behandelt hatten. Eine ansehnliche Belohnung ward ihm dafür angeboten, aber er schlug sie aus, um der Ehre seiner Nazion willen. Der Rechtsgelehrte machte ihm grosse Versprechungen, um ihn zu bewegen, auf dieser Insel zu bleiben, er konnte sie aber nicht annehmen, weil er in Herrn Dancourt's Diensten stand.

Am fünften Mai schifften sie dann weiter, und erreichten nach wenig Tagen das weisse Vorgebirge, und die Insel Arguin. Sie wagten mit dreissig Mann eine Landung auf diese damals von den Franzosen verlassene Insel, um ein holländisches Schiff, die Stadt Hamburg genannt, das, ihren Nachrichten zu Folge hier liegen sollte, wegzunehmen; aber es war schon abgesegelt. Dafür

---

*) Die Nachrichten, welche Le Maire von diesen Inseln giebt, werden wir bei der Beschreibung der KanarienInseln benützen.

verbrannten sie ein halb ausgebautes holländisches Schiff auf der Werfte, und bemächtigten sich eines mit Schildkröten beladenen Bootes, dessen Besazzung, die aus einigen Mohren und Holländern bestand, sich durch Schwimmen an das Ufer rettete.

Die gemachte Beute von schmakhaften Schildkröten war den Franzosen sehr angenehm; sie fiengen auch in diesem fischreichen Meere manch, gutes Gericht für ihre Küche.

Sie fuhren nun weiter fort an der Küste, an der Senegalmündung vorbei, erreichten am 19. Mai das so angenehme, waldbekrönte grüne Vorgebirg, und ankerten am folgenden Tage in der Rheede von Goree.

Hier trat izt Herr Dancourt sein Amt als General-Direktor an, und fand der Arbeit genug, denn die, welche die Oberaufsicht führen sollten, hatten übel gewirthschaftet. Er bemühte sich zuerst den Handel mit den Negern wieder emporzubringen, und stellte deswegen das gute Vernehmen mit den Negerfürsten wieder her.

Er fand es auch nöthig, die einzelnen Niederlassungen der Franzosen auf dieser Küste zu bereisen, und machte den Anfang mit der St. Ludwigsinsel. Der widrigen Winde dieser Jahrszeit wegen mußten sie aber die Reise von Goree dahin zu Lande machen; doch schikte er ein Schiff auch zur See dahin ab.

Le Maire begleitete Herrn Dancourt auf dieser beschwerlichen Reise. Sie traten sie am 6. December 1682. an, und stiegen zu Rufisko an's Land. Hier konnten sie zu ihrem Transport nur ein einziges Pferd und sechs Esel bekommen. Das Pferd ward Herrn Dancourt zu Theil, und von den Eseln wurden zwei mit den nöthigen Lebensmitteln bepakt. So sehr sie alle Bequemlichkeiten entbehren mußten, so war ihnen doch die Hizze das Unerträglichste. Sie reißten deswegen nur bei Nacht, und ruhten am Tage im Schatten. Die erste Nacht kamen sie in ein Negerdorf, wo sie nichts zu essen fanden, doch wurden sie von den Einwohnern sehr wohl aufgenommen. — Nach einer sechstägigen Reise kamen sie endlich zu Bijurt, an der Mündung des Senegals an. Hier fanden sie, daß die Negerweiber den Handel mit den Europäern besorgten, aber bloß um dadurch Gelegenheit zu Ausschweifungen mit den weisen Matrosen zu finden.

Von Bijurt schifften sie nach der St. Ludwigs-Insel hinüber, wo sie am 13. Dezembers ankamen.

Fünfzehn Jahre vorher — erzählt hier Le Maire, nachdem er Einiges von diesem Lande und dem Senegal gesagt hat — machten die Franzosen einen Versuch, bei hohem Wasser von der Ludwigs-Insel auf dem Senegal hinauf zu schiffen. Sie kamen 200. Meilen weit hinauf, hatten aber so viel Ungemach auf dieſer Reiſe auszuſtehen, daß von den 30. Perſonen, aus welchen die Reiſegeſellſchaft beſtand, nur fünfe wieder zurükkamen. So mißlang dieſer erſte Verſuch.

Von dem damaligen Handel der Franzoſen am Senegal giebt uns Le Maire hier folgende Nachricht:

Von den Mauern oder Arabern ward Gummi; von den Negern Häute, Elfenbein, Sklaven, und bisweilen etwas Ambra eingehandelt. Die Waaren, die dagegen vertauſcht wurden, ſind: Leinwand, Baumwolle, Kupfer, Zinn, Branntwein und Glaskorallen. Bei dieſem Handel wurden 800. Prozent gewonnen; denn man bezahlte damals den beßten Sklaven mit 8. Livres (2. Rthlr. ſächſiſch) und verkaufte ihn wieder für 100. Thaler. Oft konnte man auch einen guten Sklaven für 4. bis 5. Quart Branntwein einhandeln. *) —

Am 10. Januar 1683. kehrte Le Maire mit Herrn Dancourt zu Waſſer nach Goree zurük,

---

*) Dieſe Preiſe ſind jezt weit höher und der Gewinn iſt nicht mehr ſo beträchtlich. Die Engländer und Franzoſen haben einander aus Eiferſucht geſteigert. — Nach Demanet (II. B. S. 188. u. f.) koſtet jezt ein ſtarker, junger Sklave am Senegal wenigſtens 64. Livres (18. Rthlr.) und an der Gambia 158. Livres (42. Rthlr.) Ankauf.

von wo er aber bald wieder nach der Ludwigs-Insel reißte.

―――――――

Dieß ist für uns izt das Merkwürdigste aus Le Maire's Reisegeschichte. Seine Bemerkungen über die Senegalländer und die Negern sollen, so wie die Nachrichten aller übrigen Reisebeschreiber, in der weiteren Beschreibung, benuzt werden.

II.

Andreas Brue's,
vormaligen General-Direktors der französischen
Senegal-Gesellschaft,

Sieben Reisen
durch Senegambien.

In den Jahren 1697. 1698. 1700. 1714. und 1715.

Herr Andreas Brue, ein Franzos, und ein Mann von tiefen Einsichten und grossen Verdiensten hat sich in zweien Malen eilf Jahre lang als General-Direktor der französischen Senegal-Gesellschaft in diesem Theile von Afrika aufgehalten, und die meisten Gegenden von Senegambien selbst durchreiset.

Er kam zuerst im Jahre 1697. dahin, und traf die Geschäfte im verworrensten Zustande an; er half ihnen durch seine unermüdete Sorgfalt bald wieder empor. Da er aber von der Gesellschaft nicht gehörig unterstüzt wurde, so konnte er sich keines günstigen Erfolgs erfreuen, und gieng aus Unzufriedenheit im Jahre 1702. wieder nach Europa zurük.

Unterdessen war eine neue Senegal-Gesellschaft entstanden, die, als ihr General-Direktor Mustelier gestorben war, im Jahre 1711. den Herrn Brue wieder zu dieser Stelle ernannte. Er schlug sie aber aus, weil seine eigene Angelegenheiten seine Gegenwart in Frankreich erforderten, und empfahl dafür den Herrn Richebourg damaligen Statthalter von Goree.

Als aber dieser im Jahre 1713. das Unglük hatte an der Mündung des Senegals zu ertrinken, so erneuerte die Gesellschaft ihren Antrag an Brue, und, überzeugt, daß er allein der Mann sei, ihre Geschäfte wieder zu beleben, drang sie so lang in ihn, bis er die General-Direkzion wieder übernahm. Er reißte im Jahr 1714. zum zweiten Male nach Senegambien.

Unterdessen hatte die französischmississipische Gesellschaft die Rechte der fünften Senegal-Gesellschaft an sich gekauft. Brue wurde von derselben in seiner Würde bestätigt, und blieb General-Direktor bis ins Jahr 1720, da ihn seine eigene Angelegenheiten nöthigten, nach Frankreich zurükzukehren.

Brue hat sich um den Senegal-Handel sowol als um die Erdkunde grosse Verdienste erworben. Er bemühte sich, das gute Vernehmen mit den Negerfürsten zu unterhalten, ohne den Europäern den Respekt zu vergeben, und vergaß nie das Ansehn und die Ehre seiner Landsleute zu behaupten, so wie er auch immer auf den Vortheil der Gesellschaft bedacht war.

Mit dem Damel oder König von Kajor, damals Latir-Sal Saukabe hatte er viele Streitigkeiten, viele Verdrüßlichkeiten, aus welchen er sich immer glüklich wieder loswikelte. Den Drohungen dieses Negertirannen sezte er festen Troz, seinen unverschämten Forderungen ein kaltes Nein

entgegen. So war der Damel bald sein Freund, bald sein Feind; bald erwies ihm dieser grillenhaf=
te Despot alle Ehrenbezeugungen, bald behandelte er ihn als Feind, endlich nahm er ihn gar einmal gefangen. Nur Geschenke konnten den eigennüzzi=
gen Damel befriedigen. Der ungerechte Negerfürst ward für seine Bosheiten gezüchtigt. Brue sperrte die Handlung, und die Unterthanen des Damel drohten sich zu empören; dieser mußte dann nachgeben und mit den Franzosen einen Frieden schließen. Er endigte sein tirannisches Leben im Jahre 1702. nach Brue's erster Abreise, und seine beide Söhne theilten sich in seine Länder. Der älteste Mar Jssa=Sal bekam das Königreich Ka=
jor und ward also Damel; der jüngere Qua Komba wurde Tin oder König von Baol.

Aber nicht alle Negerfürsten waren so niederträch=
tig; sie liebten und schäzten alle den rechtschaffenen Brue. Selbst Lingher die Mutter des Damels, ein braves Weib, schenkte dem General=Direktor ihre Freundschaft, und nannte ihn ihren Sohn. — Die Negern alle ehrten ihn.

Auch in Frankreich wurden die grosse Dienste dieses Mannes nicht verkannt.

Seine Tagebücher und schriftliche Nachrichten von Senegambien hat er dem Pater Labat zur Ausarbeitung und Bekanntmachung übergeben, welche dieser in seine Beschreibung des westlichen Afrikas aufgenommen hat, worinn sie die Haupt=

stelle einnehmen. Sie sind das Vollständigste und Beßte was wir über Senegambien besizzen. *)

Die interessanten Tagebücher von seinen verschiedenen Reisen durch einzelne Theile von Senegambien liefre ich hier in gedrängten Auszügen. Seine übrige Bemerkungen und Nachrichten werden in die nachfolgende allgemeine Beschreibung der Länder und Völker von Senegambien aufgenommen.

I.

---

*) Um so dreister, und toller ist die Behauptung des ungenannten Verfassers der Description de la Nigritic, daß Labat's Afrique occidentale aus lauter Lügen zusammengesezt sei, und daß Labat seine Nachrichten nur von unwissenden Matrosen eingesammelt habe. — Dieß ist der einzige Schriftsteller, der je noch Labat's Glaubwürdigkeit herabwürdigen, oder seine geographischen Schriften für unbrauchbar erklären wollte. Aber er wollte sich auf keine Beschreibung etwas zu gut thun; er behauptet dreist man habe vor ihm keine gute Nachrichten von Senegambien gehabt; er kennt folglich keinen Ridanson, Liedsey, Demanet, u. s. w. Eine unverzeihliche Unwissenheit!

I.

Brue's Reise zu Land, von Goree nach dem Senegal *).

Im Jahre 1697.

Nicht lange nach seiner Ankunft zu Goree nöthigten dringende Geschäfte den Herrn Brue nach dem Senegal zu reisen; es war gegen das Ende des Jahres 1697. und folglich in einer Jahrszeit, in welcher es schwer ist, diese Reise zu Wasser zu machen **); er entschloß sich also sie zu Land, durch das Gebiet des Damels oder Königs von Kajor, zu machen, ob er gleich kurz vorher einen heftigen Streit mit diesem eigennützigen Negerfürsten gehabt hatte.

Er ließ diesem vorher sein Vorhaben melden, und schiffte dann von Goree nach Rufisko hinüber.

Dies Rufisko, eigentlich Rio fresko (Frisch-Wasserfluß) von den Portugiesen genannt, von den Franzosen in Rufisque verwandelt, bei den Holländern Fischersdorf — ist ein Negerdorf, das am

---

*) Diese erste Reise des Herrn Brue ist nicht unter den sechs Reisen begriffen, welche S. 15. genannt sind; mit dieser haben wir sieben Reisen von A. Brue.
**) M. s. oben Seite 119.

Gesch. der Reisen. 3ter Band.

Meere, an der Mündung eines frischen Baches zwischen Palmbäumen liegt, deren kühler Schatten die ganze Gegend erquikt. Die Aussicht ist malerisch *).

Das ganze Dorf besteht aus etwa zweihundert Häusern. Ein Alkadi oder Richter und Statthalter — denn er verwaltet beide Aemter — ein Jerafo, sein Adjunkt, und andere Beamte des Damels wohnen hier, des Zolls, des Ankergelds und der Handelsgeschäfte wegen. An trefflichen Lebensmitteln ist da ein reicher Ueberfluß. Aber Klima und Luft werden nicht gerühmt. Ersteres ist so heiß, daß die von dem durchglühten Sande zurükprallende Sonnenstralen den Europäern die Gesichtshaut abschälen und die Schuhsolen verbrennen. Letztere wird durch die zahllose Menge der auf dem Sande verfaulenden Fische verpestet; denn die Negern essen die Fische nicht eher, als bis sie in die Fäulniß übergehen; sie legen sie deswegen auf den Sand, der ihnen zugleich einen Salpetergeschmak geben soll, welchen dies Volk sehr liebt. Auch besteht die Nahrung der Einwohner von Rufisko beinahe allein in Fischen. Sie sind übrigens wolgewachsen und schön gebildet. Die Weiber tragen ihre Haare auf dem Scheitel zusammen gebunden, mit durchgestekten Stükchen Holz, welche, nach ihrer Meinung sie vor der Sonnenwärme schüz-

---

*) Das Kupfer Nr. 23. im II. B. der Allg. Hist. d. R. stellt die Aussicht von Rufisko vor.

zen. Sie sind alle sehr frech und unverschämt; die kleinsten Mädchen bieten sich den Fremden an, welchen auch die Männer ihre Weiber vermiethen. Ueberhaupt herrscht hier jene unzüchtige Zügellosigkeit, die sich gewöhnlich in Seehäven und Handelspläzzen einnistet, die von vielen Fremden besucht werden.

Als Brue in diesem Dorfe ankam, war schon Alles zu seinem Empfange bereit. Der Alkadi und eine Mulattinn Signora Ratti, Agentinn des Königs, empfiengen ihn und führten ihn mit seinem Gefolge, das aus etwa 30 Personen bestand, in das Königs Haus, das zu dem Ende mit Teppichen war ausgeschmükt worden. Beide schliefen mit dem Generaldirektor in Einem Zimmer, welches ihn nicht wenig befremdete.

Am folgenden Tage sezte er seine Reise weiter fort; es wurde aber ziemlich späte bis er alle für ihn, sein Gefolge und sein Gepäkke nöthige Pferde und Kameele beisammen hatte, und er konnte deswegen diesen Tag nicht weiter kommen, als bis zu dem Hause des Kondi's, eines der vornehmsten Staatsbedienten des Damels. Dieser angesehene Herr kam dem französischen Generaldirektor mit etwa fünf und zwanzig Pferden entgegen, und führte ihn dann in sein Haus, wo er ihn mit Kuskus *), einem frischgeschlachteten Ochsen, Hünern,

---

*) Reiß- oder Mais-Kuchen.

Enten und mit einer reichen Menge Milch bewirthete. Brue übernachtete hier, und der Kondi räumte ihm und seinem Gefolge sein ganzes Haus ein.

Am folgenden Tage kam er sechs Meilen weiter, durch eine sandichte, doch bewohnte Landstrekke. Er hielt mit seinem Gefolge an einem kleinen Salzsee Mittagmal. Dieser See hängt mit dem Meere zusammen *), ist sehr fischreich und wird der See der Serären genannt, weil einige Stämme dieses Negervolkes daherum wohnen.

Am dritten Tage kam Brue in ein Dorf dieser Serären; sie empfiengen ihn äusserst freundschaftlich, und bewirtheten ihn mit Kuskus, Bananas **), Fischen und dergleichen ***).

Abends erreichte unsere ganze Reisegesellschaft wieder ein Dorf von Ualoffern bewohnt, in welchem ein berühmter heiliger Marbute, einer der angesehensten Negerpriester residirte. Der heilige Mann — mit allem zu seiner Rolle erforderlichen Pfaffenstolze, mit aller nöthigen Einbildung von dem

---

*) Labat hält diesen See für eine Sonderbarkeit, weil ein Bach von süssem Wasser hineinfällt; durch den Zusaz aber, daß der See mit dem Meere zusammenhänge verschwindet diese ganze Seltsamkeit.
**) Eine Art grosser Feigen, auch Plantanen genannt.
***) Brue's Bemerkungen über die Sitten der Serären werden in der Folge noch zu den Völkerschilderungen benüzt werden.

Glanze seiner Heiligkeit begabt — erwartete (vermuthlich fehlte es ihm an Macht, an gutem Willen wol nicht, es zu fordern) einen Besuch und Geschenke von dem Generaldirektor. Der liebe Mann betrog sich. Brue hatte keinen Appetit zum Pantoffelkusse; noch wollte er seinen Stolz mit dem Pfaffenstolz abwägen. Er gieng nicht zu ihm. Doch entledigten sich der Alkade von Rufisko und die erwähnte Signora Ratti dieser heiligen Pflicht, und die Neugierde reizte auch einige Franzosen mit zu gehen. Sie mußten alle vor dem Negerpabste niederknieen. Der Heilige faßte darauf die Signora bei der rechten Hand, spie in dieselbe, und rieb ihr mit ihrer eignen Hand den Speichel auf Stirn, Augen, Nase, Mund und Ohren, wobei er arabische Gebete hermurmelte. Nach dieser ekelhaften Zeremonie nahm er die Geschenke an, und beurlaubte die Gesellschaft mit der tröstlichen Versicherung, daß sie eine glükliche Reise haben würden.

Die Signora wurde nach ihrer Rükkunft bei der übrigen Reisegesellschaft gewaltig gefoppt, und die Speichelschmiererei gab Stoff zu manchen Nekkereien.

Der Oberste des Dorfes war gefälliger und minder aufgeblasen, als der alte Marbute. Er machte zuerst dem Generaldirektor seine Aufwartung, und schikte ihm einen Ochsen, nebst Geflügel, Kuskus, Milch, Palmwein und einem Elefanten-Rüssel. Er entschuldigte sich, daß er ihm nicht ein ganzes Viertel von dem Thiere ſchikte, aber — ſezte er hinzu — der Elefant iſt noch nicht genießbar, er iſt erſt vor zwei Tagen erlegt worden. — Nämlich die Negern halten dies Fleiſch nicht eher für gut, als bis es fault und Würmer hat.— Da die Franzoſen den Negern ſagten, ſie äſſen das Fleiſch nicht gerne, wenn es alt wäre, und zögen das friſche vor, ſo ſchikte ſogleich das Oberhaupt Leute ab, um gute Stükke von dem Hintertheil des Elefanten zu holen. Gekocht, mit einer guten Brühe war dies Fleiſch auch eßbar; minder ſchmakhaft iſt es gebraten. Der Rüſſel iſt das beßte am Ganzen und wird für einen Lekkerbiſſen gehalten.

Brue beſchenkte die Negern dafür mit Branntwein, und ſie gaben ihm noch dieſen Abend einen Ball, der bis gegen Morgen dauerte, und den Generaldirektor um die Nachtruhe brachte. Er hoffte gegen Tag ſchlafen zu können, da ſtörte ihn aber das Geſchnatter der Negerkinder, die ſich um die Hütte des Marbuten verſammelten und ihre auswendig gelernte Sprüche aus dem Koran laut herplapperten.

Am folgenden Tage reiste die Geſellſchaft weiter. Der Zug gieng nur langſam fort, und Herr Brue jagte unter Wegs. Er fand Spuren von Elefanten, und wirklich trafen ſie auch bald auf einen Trupp von achtzehn oder zwanzigen, die theils ſich auf die Erde gelagert hatten, theils Aeſte von den Bäumen brachen, um das Laub und die jungen

Zweige zu verzehren. Die Gesellschaft zog nur einen Pistolenschuß weit an ihnen vorbei, aber die Elefanten achteten ihrer nicht; dies machte Einige aus dem Gefolge so kühn, daß sie einige Schüsse auf diese Thiere wagten; doch auch die Kugeln störten sie nicht; sie waren zu schwach, ihnen einigen Schaden zu thun *).

Am Abende kam die Reisegesellschaft bei einem Maierhofe der Signora Ratti an, wo sie sehr wol bewirthet wurde.

Erst am folgenden Morgen um acht Uhr erreichten sie Makaja **) ein Negerdorf, nur eine Viertelstunde von erstgenanntem Maierhofe entfernt, in welchem Dorfe, oder Städtchen, wenn man will, der Damel einen Palast oder Wohnhaus hatte, in dem er bisweilen und wirklich damals residirte und den Generaldirektor erwartete.

Brue eilte sogleich in den Palast, der eigentlich bei den Negerfürsten nur ein umzäunter Haufe von mehrern Hütten ist; dieser war von 40 bis 50 bewaffneten Negern bewachet. Sobald der Gene-

---

*) Es war eine grosse, tollkühne Unvorsichtigkeit der Franzosen, auf die Elefanten zu schiessen. Wann die Elefanten in einiger Anzahl beisammen sind, so greifen sie nicht leicht einen Menschen an, ausser sie müssen gereizt werden; dann aber sind sie furchtbar; ihr Zorn ist schröklich, und ihr Lauf so schnell, daß sie das beste Pferd einholen.

**) Eben das obengenannte Makas. (S. 46.)

ralbirektor sich ihm näherte, schallten ihm die lauten Lobgesänge einer grossen Anzahl von Guirioten *) entgegen, die seinen Ruhm hoch prießen. Zwei der höchsten Staatsbedienten des Damels, der Jagaraf (vermuthlich der Hofmarschall) und der Bukenet (wahrscheinlich der Schazmeister) empfiengen ihn, und führten ihn zu dem Könige. Der Eintritt in den Palast ward dem Herrn Brue sehr sauer, denn die Pforte war so niedrig, und er so groß und dik, daß er, in dem wahren Sinne des Wortes, hineinkriechen mußte. Er sah mehrere Gebäude. Der König erwartete ihn in dem Kalde oder Audienzsaal, der zwar bedekt, aber auf allen Seiten offen war. Er lag darinn auf einem Faulbette, daß ihm die französisch=afrikanische Gesellschaft geschenkt hatte. Er reichte dem Generaldirektor die Hand, als er zu ihm hineintrat, umarmte ihn, und dankte ihm, daß er um seinetwillen diesen Umweg gemacht habe; denn Makaja liegt abseits von der Strasse. — Brue erwiederte diese Höflichkeitsbezeugungen, und überreichte dem König die ihm von der Gesellschaft bestimmten Geschenke, nebst zwei Fäßchen Branntwein; diese waren ihm äusserst angenehm; denn

---

*) Die Guirioten oder Kirioten der Negern sind ungefähr eben das, was einst unsre Meistersänger waren, Dichter und Musiker zugleich. Bei den Negern werden sie als halb unehrlich angesehen. Wir werden noch mehr von ihnen hören.

er war dem Trunke sehr ergeben. Er befahl auch sogleich seinem Bukenet, die gemietheten Pferde und Kameele der Franzosen nach Rufisko zurükzuschikken, und die ganze Reisegesellschaft während ihres dasigen Aufenthalts auf königliche Kosten zu bewirthen.

Der Generaldirektor machte hierauf den Weibern des Damels *) seine Aufwartung — es waren ihrer sechzehn — und beschenkte sie. Dafür trugen sie auch Sorge, daß es ihm und seinen Begleitern nie an Lebensmitteln gebrach; denn wann der König betrunken war, und er war es solange er Branntwein hatte, so waren sie in diesem Punkte sich selbst überlassen.

Vier Tage verflossen, von dem Tage der ersten Audienz und der Uebergabe des Branntweins an, ehe Brue den immer besoffenen Negermonarchen in einem Zustande treffen konnte, in welchem etwas Vernünftiges mit ihm zu sprechen war, und der Branntwein war auch schon beinahe aufgezehrt. Der Generaldirektor fieng dann an mit ihm zu handeln; sobald aber dieser Trunkenbold gegen einige Sklaven und Elefantenzähne, nebst andern

---

*) Nach andern Reisebeschreibern ist das grössere Harem oder Weiberhaus des Königs zu Embul, wo er auch oft residirt. Man vergleiche damit Kadamosto's Nachrichten, im II. B. d. G. d. m. R. S. 194. u. ff. — Die Vielweiberei ist unter den Negern eingeführt.

Waaren auch Branntwein eingehandelt hatte, so brach er den fernern Tausch sogleich ab, um wieder zu zechen. Er verschob das Weitere auf den folgenden Tag *), ließ seine Weiber herbei holen, befahl ihnen zu tanzen, und nöthigte Herrn Brue mitzutanzen.

Der Damel hielt sich für einen sehr grossen und mächtigen Monarchen, weil er zwei Königreiche — Kajor und Baol besaß, und mit selbstzufriednem Stolze — denn er zweifelte, ob ein europäischer Monarch ihm gleich kommen könnte— fragte er den Generaldirektor: Wie der König von Frankreich gekleidet wäre; wie viele Weiber, wie viele Schiffe, wie viele Soldaten, wie viele Schlösser und Einkünfte er hätte, und ob seine Hofkavaliers auch so hübsch außstaffirt wären, wie die seinigen? —

Es kostete Herrn Brue viele Mühe das eigenliebige Negerfürstchen glauben zu machen, daß der König von Frankreich Hunderte von Kriegsschiffen, zwölftausend Mann Leibwache, Hunderttausende von Soldaten und über hundert Millionen Thaler Einkünfte besizze.

Diese Zahlen betäubten den armen, halbnak-

---

*) Also auch da hieß es: Seria in craftinum — wie bei jenen griechischen Zechern.

ten Negerkönig. Er erstaunte aber bald noch mehr. Er fragte:

„Und wie viele Weiber hat Dein König?„ —

— „Nur Eine Gemahlinn *),„ — erwiederte Brue.

„Nur Eine?„ — Wiederholte der Damel verwunderungsvoll. — „Was macht er denn, wenn diese Eine krank ist, oder in den Wochen liegt?„

—„Er wartet bis sie wieder gesund wird.„ —

„Hm, sagte der Damel Kopfschüttelnd, da ist Euer grosse Monarch, wie ihr Ihn nennt, klüger als er seyn sollte!„

Der Damel behandelte den Herrn Brue sehr gut; da aber dieser zu lange aufgezogen wurde, so ward er am Ende ungeduldig, und reiste unvermuthet mit seinem Gefolge zu Fuß ab. Die Sklaven mußten das Gepäkke tragen. Der Damel hatte immer gezögert, dem Generaldirektor die versprochenen Pferde und Kameele zu verschaffen, und glaubte nicht, daß Brue ohne diese abreisen könnte. Da er aber nun das Gegentheil erfuhr — der Jagaraf war der französischen Reisegesellschaft nicht weit von Makaja begegnet, und hatte sie

---

*) Und keine Kebsweiber? — Es war Ludwig XIV. von welchem Brue sprach!!! —

vergebens zur Rükkehr bereden wollen — so schikte er eben den Jagaraf mit Bedienten, Pferden und Kameelen den ohne Abschied abgereisten Franzosen in vollem Galoppe nach. Sie waren froh darüber, denn der Weg war sehr schlecht; sie bedienten sich also dieses nachgekommenen Beistandes und der Jagaraf begleitete sie den ganzen Tag.

Am Abend kamen sie in ein Dorf, wo der genannte Minister des Damels, um für die Küche der Reisegesellschaft zu sorgen, alsbald die Königlichen Bedienten ausschikte, den nächsten beßten Ochsen von der Heerde wegzunehmen. Sie brachten eine Kuh mit ihrem Kalbe. Der Eigenthümer beklagte sich sehr darüber; Brue befriedigte ihn aber mit einigen Flaschen Branntwein, und die Gesellschaft erquikte sich an dem trefflichen Fleische.

Den folgenden Tag sezten sie früh ihren Weg weiter fort, und stiessen um Mittag auf eine Heerde Kühe, deren Milch ihnen angenehme Labung gab, um so mehr, da sie auf dem Wege von Makaja bis dahin nur schlechtes Wasser genossen hatten. Nachdem sie ein wenig gerastet hatten, zogen sie ihre Strasse weiter, und erreichten Abends ein Dorf, das einem Verwandten des Königs gehörte. Dieser Prinz hatte nicht sobald ihre Ankunft erfahren, als er ihnen mit zwanzig Pferden entgegen kam. Er selbst ritt ein schönes, grosses spanisches Pferd, das ihn fünfzehn Sklaven gekostet hatte. Er bewirthete die Franzosen sehr gastfrei.

Die folgende Tagreise war länger, als die bisherigen; aber der Weg gieng durch ein schönes, wolangebautes Land, das vorzüglich stark mit Tabak angepflanzt war. Die Negern rauchen, aber schnupfen ihn nicht.

Abends kamen sie endlich in Bijurt an, wo sie von den vornehmsten Einwohnern sehr wol empfangen, und sogleich mit einem Ochsen bewirthet wurden.

Die königlichen Bedienten wurden beschenkt und mit ihren Pferden und Kameelen zurükgeschikt, und Brue erreichte am Tage nach seiner Ankunft in leztgenanntem Orte die St. Ludwigs- oder Senegal-Insel, nachdem er zwölf Tage auf der Reise zugebracht hatte, obgleich der Weg nur etwa dreißig Meilen betrifft; dennoch kam er noch frühe an, denn die zu gleicher Zeit von Goree abgesegelten Schiffe, erreichten den Senegal vierzehn Tage später.

II.
Brue's erste Reise auf dem Senegal.

Im Jahre 1698.

Der schlechte Zustand der französischen Faktoreien am Senegal, und die daraus entstandene Unordnung in den Handelsgeschäften, nöthigten Herrn Brue, eine Reise zur Besichtigung aller der von dem Departement der St. Ludwigsinsel abhängenden Handelslogen und Komtoire zu unternehmen. Zugleich war seine Absicht, das gute Vernehmen mit den Negerfürsten am Senegal wieder herzustellen.

Am 28sten Julius 1698. *) gieng er mit seiner

---

*) In der allg. Historie der Reisen II. B. S. 341. ist hier ein wichtiger Fehler in der Zeitrechnung. Diese Reise wird noch in das Jahr 1697. gesezt, und dabei in der Anmerkung gesagt: „In dem Originale stehet 1698. vermuthlich aus Versehen!" — Ist aber dieser grobe Irrthum auch ein Versehen? Einige Blätter vorher steht: Brue kam im August 1697. als Generaldirektor nach Senegambien. Gegen das Ende des Jahres 1697. machte er die Reise von Rufisko nach dem Senegal. Wie kann er also schon im Julius 1697. diese Reise auf dem Senegal gethan haben? — O Kompilatoren! — Die zweite Reise auf dem Senegal, die der Generaldirektor Brue im

kleinen Flotte, die aus drei Barken und einigen kleinen Booten bestand, von der Senegalinsel ab, den Strom aufwärts. Er hatte sich mit allen erforderlichen Nothwendigkeiten und Bequemlichkeiten zu dieser Reise versehen, und darum auch Kajuten auf seine Barken bauen lassen, wodurch er sich gegen die größte Beschwerlichkeit dieser Reise schüzte. Er schikte eine der Barken mit zwei Kähnen voran, um dem Siratik, König der Julier seine Ankunft und seine Absicht, ihm die lange zurükgehaltene Zölle zu bezahlen, zu melden. Dieser Vortrab der kleinen Flotte sollte dann bis Galam voranschiffen, und dort den Generaldirektor erwarten.

Dieser segelte unterdessen langsam nach. Der Senegal war izt durchaus schiffbar, denn es war am Ende der Regenzeit, und Brue benüzte diesen Vortheil zur genauen Betrachtung der Ufer des Stromes, und zum freundschaftlichen Umgange mit den Negern, mit welchen er handelte, und deren Oberhäuptern er Geschenke machte.

Die Fahrt auf dem noch hochangelaufenen Senegal war izt sehr angenehm. Bäume und Wiesen prangten in dem schönsten Grün; das waldichte und buschichte Ufer war mit bunten Vögeln, mit mun-

---

Monat August des darauffolgenden. Jahres unternahm, muß also in das Jahr, 1699. gesezt werden.

tern Eichhörnchen, und ſchäkernden Affen angefüllt, deren Spiele die Reiſenden ergözten. Alles
vereinte ſich, das reizende Gemälde zu vollenden.

Entzükt über alle dieſe Annehmlichkeiten fuhr
nun Brue mit ſeinem Gefolge den Strom weiter
hinauf.

Sie kamen zuerſt an die kleine Inſel Mena-
ge *), welche alljährlich von dem Senegal über-
ſchwemmt wird; doch dieſes erhöht ihre Fruchtbar-
keit, und die Negern, welchen dieſer Umſtand nicht
unbemerkt entſchlüpfte, haben deswegen Reißpflan-
zungen auf derſelben angelegt, die ſehr viel ein-
bringen.

Dann erreichten ſie die groſſe, über dreißig
Meilen lange Elfenbein-Inſel (Morfil) die wegen des ſtarken Elfenbeinhandels ſo genannt ward;
auch giebt es ſelbſt viele Elefanten auf derſelben,
die man oft zu Heerden von vierzig bis fünfzigen
mit einander gehen ſieht, und die in den reichen,
fruchtbaren Pflanzungen der Negern oft die größten Verwüſtungen anrichten. Sie werden auch
deshalb eifrigſt verfolgt, um ſo mehr, da die
Schwarzen nach ihrem Fleiſche ſo lüſtern ſind.

Bei

---

*) Sie iſt auf unſern General-Karten nicht angemerkt,
weil ſie zu klein iſt. Nach den Spezialkarten liegt
ſie im Senegal ſüdwärts vom See Kajor, weſtwärts
von der Elfenbeininſel, unter dem 17° 8′ Nr. Br.
und 3. Gr. der Länge von Ferro.

Bei dem Dorfe Laly, auf der Nordseite, bei dem Plazze Terrier Rouge (rothe Höle) genannt, fangen die Ufer des Senegals an, äusserst anmuthig zu werden; sie sind fette Marschländer, wo schönes Vieh zur Weide geht, das nur durch die wolthätige Ueberschwemmung davon vertrieben wird. Hier kam der Sarba oder das Oberhaupt von Hovalalde, eines Negerdorfs am Senegal, auf der Elfenbeininsel, dem Herrn Brue entgegen. Er war ein Freund der Franzosen; er hatte kürzlich erst die Mannschaft einer französischen Barke, die von einem heftigen Wirbelwind, oder wie man es da nennet, von einem Puschot *) war umgestürzt und versenkt worden, thätige Hilfe und Beistand geleistet, und brachte izt dem Herrn Brue ein Geschenk. Dieser erwiederte es, und stattete dem menschenfreundlichen Neger für das gütige Betragen gegen jene Franzosen seinen wärmsten Dank ab. Dieser Sarba war sehr reich an Vieh und sehr verliebt ... in den mörderischen Branntwein; durch diesen war Alles von ihm zu erhalten; er gab gerne für ein Nössel (Maaß) dieses seines Lieblingsgetränkes einen fetten Ochsen hin, und die Franzosen ermangelten nicht, diesen Vortheil

---

*) Der Senegal fließt da in grosser Breite, die Ufer sind ganz flach, und der Sturm hat um so mehr Gewalt über die Fahrzeuge. Auch entsteht dann jene Art Wirbelwind, Puschot genannt, der Alles, was er ergreift, umstürzt.

Gesch. der Reisen. 3ter Band.   K

zum Wucher zu benüzzen; sie bedauerten nur, daß sie hier kein Waarenlager hatten, um dem lüsternen Sarba seine ganze Heerde in Branntweinflaschen verwandeln zu können; denn sie gewannen dabei reine 10,000. Prozent *). — Das war ohne Zweifel auch Folge ihrer Erkänntlichkeit für die geleisteten Dienste!

Hiebei wird angemerkt, daß die Negern nie ein Faß oder Flasche annehmen, das nicht ganz voll ist, und daß sie eine ganz volle Flasche einer Tonne vorziehen, die nur um die Höhe eines Zolls leer ist. Daß die Ursache dieser Sonderbarkeit Stolz oder Einfalt seyn müsse, wie mein Gewährsmann Labat, vermuthet, scheint mir sehr unwahrscheinlich. Ich finde weder diesen albernen Hochmuth, noch diese kindische Dummheit bei den Negern am Senegal, und glaube eher irgend ein Vorurtheil oder einen uns noch unbekannten Aberglauben für den Grund derselben halten zu dürfen **).

Eine andre Sonderbarkeit, die unsrer französ=

----

*) Hier ist keine Null zuviel. Brue rechnet hier das Nössel Branntwein zu 20 Sous oder 1 Livre (17 2/3 Kreuzer rhein.) und wenn ein Stük Rind daselbst auch nur zu 100. Liv. (45 fl. 50 Kr.) angenommen wird, so würden mit 100. Livres gewonnen — reine 9,900. Livres.

**) Wir wissen ja schon, und werden es noch mehr hören, wie abergläubisch die Negern sind.

fischen Reisegesellschaft in der Gegend von Hova=
lalde auffiel, war die grosse Menge von Ruba=
los oder Fischervögeln *), die man auf dem Se=
negal herumfliegen sieht, und die ihre Nester so
zahlreich an die Spizzen der über das Wasser hän=
genden Baumäste — um den Affen zu entgehen
— bauen, daß die Negern diese grosse Reihen
von Nestern Vögeldörfer nennen.

Zwölf Meilen über Hovalalde geht quer durch
den Senegal eine Reihe Klippen, von den Franzosen
Platon de Donghel genannt, die der Schiffahrt
hinderlich ist, aber leicht durch Sprengung
der Felsen weggeräumt werden könnte. Brue
kam, da der Fluß izt hoch angelaufen war, leicht
über diese Klippen weg. Etwas weiter hinauf
liegt eine Insel im Senegal, die ihrer Höhe wegen
den Ueberschwemmungen nicht ausgesezt ist. Auf
derselben war in früheren Zeiten eine kleine franzö=
sische Niederlassung, die der Senegalgesellschaft
Hirse, zahmes Vieh, Thierhäute und Elfenbein
lieferte. Brue ließ in dieser Gegend einen Faktor
mit einigen Laptoten zurük, um da Handel zu
treiben.

Die Faktoreien am Senegal — so merkt unser
Autor hier an — können den verlangten Nuzzen

---

*) Wir werden diesen Vogel und seine Besonderheiten
in dem Abschnitte von der Naturgeschichte dieser
Länder noch etwas weitläufiger beschreiben.

nicht bringen, da die Bedienten der Gesellschaft gewöhnlich einverstanden sind, sie zu betrügen. Es wäre daher vortheilhafter wenn man ordentliche Kolonien daselbst anlegte. —

Als Brue die über 25 Meilen lange und gegen drei Meilen breite Insel Bilbas, die der Senegal bildet, erreicht hatte, kam ein Bote von dem Si=ratik, oder König der Fulier zu ihm, um ihn zu bewillkommen, und ihm das Verlangen zu melden, das der König hatte, ihn zu sehen, oder verteutscht, die Begierde, den versprochenen Tribut zu em=pfangen.

Der Handel, den die Bewohner der Insel Bilbas treiben, besteht in Elfenbein, von wel=chem damals zehn Pfund 6 Sols (nicht ganz 2 Ggr.) — in Häuten, von welchem das Stük 40 Sols (12 Ggr.) — in Schafen und Ziegen, von welchen das Stük 3 Sols (nicht ganz 1 Ggr.) galt, und so verhältnißmässig die übrigen Lebens=mittel. Die Negern machen gerne Geschenke, sie erwarten aber Gegengeschenke von grösserm Werthe dafür, und so kosten die Lebensmittel, die sie den Europäern zum Geschenke bringen, oft wol dreimal soviel, als wenn man sie nach dem gewöhnlichen Marktpreiße gekauft hätte.

Brue schiffte noch weiter den Senegal hinauf bis zu dem Dorfe Kahaide*), dessen Oberhaupt

---

*) Am Senegal, da wo er den Arm aufnimmt, der nach unsern Karten aus dem Moraste Gumel kömmt.

ihm mit Weib und Kindern und mit zwanzig bewaffneten und mit Grisgris behangenen Reutern entgegen kam. Er selbst ritt ein schönes Pferd; sein Weib und seine Töchter mit ihren Mädgen ritten auf grossen, fetten Eseln hintennach. Diese Negerinnen waren in feine Pagnes *) von Baumwollenzeugen gekleidet..

Das Dorf Rahaide war ehmals der lezte Ort gewesen, wohin die französische Handlung am Senegal sich erstrekte; auch hatten die Franzosen damals eine Faktorei daselbst.

Ein wenig über Rahaide liegt eine kleine, fruchtbare Insel im Senegal. Sie ist mit Baumwollensträuchen bedekt, auch gerathen Tabak und alle Arten von Hülsenfrüchten auf derselben, und sie ist den Ueberschwemmungen nicht ausgesezt. Deswegen wäre sie zu einer europäischen Kolonie sehr zu empfehlen, wenn nur nicht die Nähe eines negerischen Hofes — die einer Niederlassung der unaufhörlichen Erpressungen wegen immer sehr nachtheilig ist — und die Gefahr, bei der Austroknung des Flusses, den Streifereien der Araber Preiß gegeben zu seyn, diesem Entwurfe zu viele Schwierigkeiten erwekte **).

───────────────

*) Diesen Namen haben die Negern von den Portugiesen entlehnt, und nun bedeutet er in der Negersprache das Tuch, das die Negern zur Bedekkung der Schamtheile um sich wikkeln.

**) Die aber doch durch eine hübsch garnirte Forteresse zu heben wären? —

Zu Rabaide kam schon wieder eine Bote vom Siratik zu Herrn Brue und brachte die Bitte von seinem Monarchen, der Generaldirektor möchte doch seine Reise beschleunigen.

Brue fuhr deswegen sogleich nach dem grossen Dorfe Ghiorel, welches der vorzüglichste Haven und Stapelort des Königs der Fulier ist. Bei seiner Ankunft daselbst ließ er zur Kundmachung derselben drei Kanonen abfeuern, und kaum hatte er Anker geworfen, so kam auch schon das Oberhaupt des Dorfes, ein Vetter des Siratik und Freund der Franzosen, den Generaldirektor zu empfangen. Er schikte auch sogleich einen Boten an den Siratik ab, um diesem die glükliche Ankunft des Herrn Brue zu melden.

Abends kam ein Sohn des Siratik, Namens Bukar Sire, welchem das Land zwischen Ghiorel und der K. Residenz Gumel gehört; er versicherte den französischen Generaldirektor, daß der König, sein Vater, ihn mit Sehnsucht erwarte, da er soviel Rühmliches von ihm gehört habe. Zugleich überreichte er ihm ein Geschenk von einer zwei Loth schweren, sehr gut gearbeiteten goldnen Büchse, und von zwei fetten Ochsen. Dieses wurde, wie billig, erwiedert, und beim Abschiede ward der Negerprinz mit Kanonenschüssen beehrt. Brue ließ izt auch einen Faktor an's Land gehen, um den Handel zu betreiben, der izt so vortheilhaft war, daß die Barken bald ihre volle Ladung hatten.

Sobald der Siratik von Brue's Ankunft benachrichtigt war, schikte er seinen Bukenet oder Hofmarschall *) und seinen Kamalingo oder General-Feldmarschall ihm entgegen. Der Bukenet war ein wolgebildeter ehrwürdiger Greis und dabei ein munterer, höflicher, kluger Mann, von den Negern ward er Baba Mile (Vater Mile) genannt; er nahm den Tribut oder vielmehr die Jahrsgeschenke für seinen Herrn in Empfang, welche bestanden in baumwollenen Zeugen, etwas Scharlachtuch, Serche, Korallen, Bernstein **), Stangeneisen, kupfernen Kesseln, Zucker, Branntwein, Spezereien, einigen silbernen Platten, holländischen Silbermünzen, zweien Schmukschachteln, und einem scharlachenen Kleide mit silbernen Knöpfen, Treffen und Schleifen besezt. Diesen wurden auch, doch minder kostbarn Geschenke für die Gemalinnen des Königs und für den Bukenet

---

*) So steht in meinem Original. Oben wurde der Titel Bukenet durch Schazmeister übersezt, und diese Dollmetschung scheint wirklich richtiger zu seyn.

**) Nur ein kleines Beispiel von der Geschiklichkeit des teutschen Uebersezers der allg. Hist. d. Reisen. Hier steht im Original Ambre jaune (bekanntlich Bernstein) er übersezte flugs: Gelber Ambra. (Ambre gris, ist der eigentliche Ambra). Ferner, einige Zeilen weiter steht: Ein Scharlachkleid mit Brandébourgs (nichts anders als eine Art ungarischer Schleifen) — er übersezte flugs: Ein Kleid nach brandenburgischer Mode! —

selbst beigefügt. Der Kamalingo, gewöhnlich der muthmaßliche Thronerbe, empfieng ebenfalls die ihm gebührenden Geschenke. Alle diese Schenkungen zusammen mochten 15 bis 1800 Livres (688 bis 825 Gulden rhein. oder 375 bis 450 Thaler sächsisch) Ankauf gekostet haben. — Brue erhielt dagegen drei fette Ochsen, und die Einladung nach Hof, wozu auch schon Kameele und Pferde bereit waren.

Am folgenden Tage stieg der Generaldirektor unter dem Donner seiner Kanonen an's Land, und begann die Reise nach der Residenz des Siratik. Sein Gefolge bestand aus sechs Faktoren, zwei Trompetern, zwei Hoboisten, einigen Bedienten und zwölf wolbewaffneten Laptoten, oder freigelassenen Negern. Ein Theil dieses Gefolges machte den Vortrab, der andere den Nachtrab aus. So gieng der Zug durch ein fruchtbares ebenes Land, das sehr wol angebaut und mit Negerdörfern reichlich bedekt war. Hie und da wechselten auch hochstämmige Wälder mit den Aekkern ab. Nahe bei dem Dorfe Bukar zeigten sich grosse Wiesen, die zum Theile überschwemmt waren; die troknen Plätze waren daher sosehr mit grossem und kleinem Viehe bedekt, daß die Reisegesellschaft kaum genug Raum finden konnte, um hindurchzukommen.

Mit Einbruch der Nacht erreichten sie Bukar, welches Dorf der Hauptort und die Residenz des (vermuthlich daher benannten) Prinzen Bukar

Sire ist. Dieser Negerprinz empfieng Herrn
Brue am Eingange des Dorfes mit einem Gefolge
von 30 Reutern. Er kam ihm in vollem Galopp
entgegen gesprengt, schwang seine Lanze und mach=
te eine Bewegung, als ob er ihn durchbohren wollte.
Brue ahmte diese Posse nach, in dem er ihm seine
Pistole mit gespanntem Hahn vorhielt. Als sie
aber näher zusammen kamen, legten sie die Waffen
ab, stiegen von den Pferden, und umarmten ein=
ander. Der Prinz führte hierauf Herrn Brue
in das für diesen zubereitete Haus, das in dem
Umfange des Harems stand; er verließ ihn, sobald
er ihm seine Wohnung angewiesen hatte, und
Brue wurde sodann zu der ersten Gemalinn des
Prinzen in die Audienz geführt. Sie war ein jun=
ges, artiges, wolgebildetes Weibchen; ihre Ge=
sichtszüge waren regelmässig, ihre Augen groß und
lebhaft, ihr Mund klein, ihre Zähne weiß wie
Elfenbein, und die Olivenfarbe ihrer Wangen
wurde durch aufgelegtes Roth erhöhet. Sie be=
gegnete dem französischen Generaldirektor sehr höf=
lich. Dieser stattete dann auch bei den übrigen
Weibern des Prinzen seinen Besuch ab, und kehrte
nachher zu Bukar Sire zurük, wo er bis zum
Nachtessen verweilte. Dieses genoß er in seiner
Wohnung; er hatte sich von seinen Leuten eine
Malzeit nach europäischem Geschmakke zurichten las=
sen; da ihm aber des Prinzen Gemalinnen ver=
schiedene Gerichte von Kuskus und Sanglet (Mais=
mehl), und Früchte und Milch im Ueberflusse ge=

schikt hatten, so hielt er es für Schuldigkeit auch von diesen zu kosten. Gegen das Ende der Malzeit kam auch der Prinz, sezte sich zu Herrn Brue, speiste etwas Konfekt, trank einige Gläser Wein und Branntwein, und rauchte Tabak, bis man ihm meldete, daß der Folgar oder Ball zubereitet sei'. —

Dieser Ball begann nun. Er bestand aus allen jungen Leuten des Dorfes, welche tanzten und sangen. Um die Tanzenden herum lagen Polster, auf welche die älteren Leute sich sezten, und sich mit Gesprächen über allerlei Gegenstände unterhielten. Dies nennen sie Kalder oder Diskurse, und bei diesen Unterredungen hat ein aufmerksamer Beobachter Gelegenheit die natürlichen Fähigkeiten dieser Negern zu bewundern, die mit einem trefflichen Gedächtnisse vielen Scharfsinn verbinden, und durch ihre edle Art sich auszudrükken verrathen, daß es ihnen nicht an Anlagen, nur an Bildung fehle. Dies ist aber freilich nicht von allen, und besonders nur von den höheren Volksklassen zu verstehen, die wirklich viele Einsichten besizzen.

Dieser Folgar warb in der Mitte des Dorfes gehalten, dauerte aber nur zwei Stunden, weil ein Regen einfiel, der Jeden nöthigte sein Obdach zu suchen.

Am folgenden Morgen ließ sich der Prinz nach Brue's Befinden erkundigen und kam bald darauf selbst zu ihm; er ließ Kuskus und Milch auftragen, und frühstükte mit ihm, wider die Gewohnheit des Landes. Darauf traten sie die Reise nach Hof an. Der Prinz begleitete den Generaldirektor mit vierzig Reutern von seiner Leibwache. Die Strasse, die sie zogen war mit einer Menge Volkes angefüllt, das die Europäer sehen und ihre Musik hören wollte.

Eine kleine Meile von Gumel kam der Kamalingo, bewaffnet und mit Grisgris überhangen, von zwanzig Reutern begleitet dem Herrn Brue entgegen, um ihn im Namen des Königs zu bewillkommen. Diese Höflichkeit wurde von den Franzosen durch eine Salve aus dem kleinen Gewehre erwiedert. Der Zug gieng nun weiter fort, durch das Dorf Gumel nach dem königlichen Palaste, welcher eine Viertelmeile hinter dem Dorfe liegt *).

Dieser königliche Palast — wenn es erlaubt ist das Wort so zu mißbrauchen — besteht aus einer grossen Menge Hütten, die mit geflochtenem Schilfe eingefaßt, und mit einem lebendigen Hage von Schwarzdorn umgeben sind. Dieser Zaun ist die einzige Befestigungsart der Negern; doch ist sie hinreichend, um die wilden Thiere abzuhalten.

---

*) Nach Adansons Karte ist Agnam jezt die Residenz des Königs der Fulier. Wir haben schon oben die Bemerkung gemacht, daß die Negermonarchen mehrere Residenzen haben, und ihre Wohnungen oft wechseln.

Vor dem Palaste kamen dem Herrn Brue noch die vornehmsten Hofbedienten entgegen, so daß izt sein ganzes Gefolge aus nahe an dreihundert Reutern bestand. Alle stiegen vor dem ersten Thore des Palastes ab; nur Brue, der Prinz Bukar Sire und der Kamalingo ritten bis an den Audienzsaal.

Hier saß der Siratik oder König der Fulier auf einem Bette, um ihn her saßen einige von seinen Weibern und Töchtern auf Polstern. Er stand bei dem Eintritte des Generaldirektors auf, entblößte sein Haupt, gieng diesem einige Schritte entgegen, reichte ihm die Hand, und ließ ihn dann niedersizzen.

Hierauf erklärte Brue dem Könige durch einen Dollmetscher:

„Er sei gekommen im Namen der französischen Handelsgesellschaft die alte Freundschaft und Verbindung mit dem mächtigen Könige der Fulier zu erneuern, und diesen zu versichern, daß jene immer bereit sei, ihn aus allen Kräften zu unterstüzzen, und seinen Unterthanen alle die grossen Vortheile geniessen zu lassen, die aus dem Handel fliessen u. s. w."

Er schloß endlich mit der Versicherung seiner eigenen Ehrerbietung und Dienstwilligkeit.

Der Negermonarch hörte dies Alles mit innigem Vergnügen an, drükte jezuweilen dem Generalbirektor die Hand, legte sie auf seine Brust, und die Weiber und Höflinge wiederholten öfter die Worte: „Das ist Recht! Es sind gute Leute! Es sind unsere Freunde!„ —

Der König aber antwortete:

„Er nehme die Anerbietungen des Herrn Brue mit Vergnügen an; er danke ihm, daß er eine so weite Reise gemacht habe, ihn zu besuchen; er hege eine wahre Freundschaft für die Gesellschaft und besonders für ihren wakkern Generaldirektor, von welchem er soviel Gutes gehört habe; er wolle in dieser Rüksicht alle Ursachen zu Beschwerden, die ihm einige Diener der Gesellschaft gegeben haben, vergessen, und den Franzosen alle Vortheile, die sie wünschen, zugestehen, ja er wolle ihnen sogar, da er eine so gute Meinung von ihnen habe, die Erlaubniß ertheilen, in allen seinen Herrschaften Faktoreien, und zur Beschüzzung derselben Vestungen anzulegen. Endlich versicherte er sie seines Schuzzes und seiner Gewogenheit„ — u. s. w.

Brue war sehr darüber erfreut. Die Vergünstigung, Forts anzulegen übertraf seine Erwartung. Denn sogern die Negern den Europäern erlauben Handelsniederlassungen in ihren Ländern zu errichten, so sehr sträuben sie sich gewöhnlich gegen den Vestungsbau, da die Erfahrung sie gelehrt hat, daß Nachgiebigkeit hierinn ihnen über kurz oder lang zum größten Nachtheile gereicht, und daß diese unter dem Vorwande der Beschüzzung des Handels erbaute Vestungen am Ende die Geissel ihres Landes werden. Sie sind durch die Mißhandlungen, die sie von Portugiesen und Holländern erdulden mußten, sobald diese Vestungen hatten, auch gegen andere Nazionen mistrauisch worden.

Der Generaldirektor hatte also Ursache genug, zufrieden zu seyn, Ursache genug dem guten Negerkönige zu danken. Er überreichte diesem dann auch die Geschenke, die er in seinem eigenen Namen für ihn bestimmt hatte. Sie bestanden in reichen Stoffen feiner indischer Zeuge, einem silbernen Degen, einem Paar schönausgearbeiteter Pistolen, einigen Brenngläsern, Ferngläsern und anderen Seltenheiten. Dies Geschenk machte dem König um so grössere Freude, da er es nicht erwartet hatte. Er überhäufte ihn auch dafür mit Liebkosungen, und zum Beweise seiner Freundschaft ließ er ihn aus seiner eigenen Tabakspfeife rauchen.

Dieser König der Fulier — so schildert ihn Brue — war damals ungefähr 56 Jahre alt. Er war von mittlerer Grösse, mehr braun, als schwarz von Farbe; seine Bart = und Haupthaare fiengen an grau zu werden. Seine Gesichtsbildung war angenehm, seine Minen freundlich und lebhaft. Eine schöne Habichtsnase, ein wolgebildeter kleiner Mund mit weissen Zähnen, und kleine Augen — dies waren die Haupttheile seiner Physiognomie.

Seine Kleidung war ganz einfach. Ueber den Beinkleidern trug er ein schwarzes baumwollenes Hemde; eine Müzze von gleichem Zeug und Farbe bedekte seinen Kopf; an den Füssen trug er Halbstiefeln von rothem spanischem Leder, und auf der Brust hieng ein rother sammtner Beutel, in welchem er seinen Koran hatte, denn er war ein sehr eifriger Muhammedaner.

Nach geendigter Audienz begleitete der Siratik den Herrn Brue bis an die Thüre des Saals, wo zween der vornehmsten Hofbedienten diesen erwarteten, um ihn zu den Königinnen und Prinzessinnen zur Audienz zu führen. Auch gegen diese bewieß er eine Freigebigkeit, welche ihm Liebe erwekte. Eine dieser Damen hatte bemerkt, daß der Generaldirektor während der Audienz oft seine Blikke auf ihrer siebzehnjährigen Tochter verweilen ließ. Sie schloß daraus, er müsse in diese verliebt seyn, und schlug sogleich dem Könige vor diese reizende Negerprinzessinn dem edelmüthigen Fremdlinge zum Weibe zu geben. Der König ergriff diesen Vorschlag mit grosser Freude, und bot dem Herrn Brue die erste Würde in seinem Königreiche und eine Menge Sklaven an. Der Generaldirektor — man denke sich sein Erstaunen über dieses Anerbieten — konnte die abschlägige Antwort, die er geben mußte, mit nichts anderm entschuldigen, als daß er versicherte, er seie schon verheurathet, und seine Religion erlaube ihm nicht, mehr als Ein Weib zu nehmen. Dies war für die Negerinnen sehr unerwartet; sie wunderten sich über diese europäische Sitte, und priesen die Europäerinnen glüklich, die eines Mannes Liebe nicht mit andern Weibern theilen dürfen; doch reizte sie die Neugierde zu fragen: Wie er denn so lange von seinem Weibe entfernt seyn könnte, und ob er auch von ihrer Treue während seiner Abwesenheit versichert seie? —

Diese Negerinnen legten ihm noch tausenderlei Fragen über Frankreich und französische Sitten vor. Sie unterhielten sich solange mit ihm, daß es sehr späte ward, bis Brue in seine Wohnung zurükkehrte. Da traf er izt drei vornehme königliche Bediente an, die ihm ihre Aufwartung machen wollten; es war der Amadi Arde, Königl. Oberhofmeister, und zween Statthalter von Provinzen, Lam Ghionde Bulu und Lam Ghionde Honte *). Sie waren in roth und weiß gestreifte

Zeuge

---

*) Das Wörtchen Lam scheint hier eine Ehrenstelle, so wie Statthalter oder Vizekönig anzudeuten, vielleicht kömmt es von dem fulischen Worte Lahambe (König) oder von Loamso (Hauptmann) her. Der Siratik (Kaiser) der Julier hat mehrere kleinere Könige und Fürsten zu Vasallen, wie auch Brue anmerkt. Der Lam Tor, dessen Königreich nach Gatterer (Kurzer Begriff der Geographie, S. 631.) ein von dem Julierlande abgesonderter Staat

Zeuge gekleidet, und alle so eifrige Muhammedaner, daß sie den ihnen vom Generaldirektor zum Willkomm angebotenen Branntwein nicht trinken wollten. Er machte ihnen dagegen andre kleine Geschenke, worüber sie sehr zufrieden von ihm schieden. Bald darauf brachten ihm die Königl. Bedienten die ihm von den Negerdamen bestimmten Speisen zur Abendmalzeit in grossen hölzernen Schüsseln und Kürbisflaschen. Aus Ehrerbietung ließ er nun sein eigenes Essen stehen, und verzehrte die negerischen Speisen. Der König schikte ihm auch noch einen jungen Sklaven zum Geschenke.

Am folgenden Morgen frühe kam der Prinz um den Herrn Brue zur Musterung der königlichen Reuterei abzuholen. Diese bestand aus siebenhundert Pferden. Die Reuter waren hübsch gewachsene und gut ausgerüstete Leute. Der Hauptseh-

---

seyn soll, ist also doch wol nichts anders, als einer der Lam oder Vasallen des Siratik, deren Brue (Anmerkungen über das Land der Julier, bei Labat, III. S. 170. u. ff.) sechzehn zählt, worunter auch ein Lanktor genannt wird, der ohne Zweifel mit unserm Lam-Tor oder Lama von Tor (so wie Brue auch einen Lama von Bosse nennt) ganz einerlei ist. Nur auf einer einzigen Spezialkarte (Allg. Hist. d. R. II. B. Nr. 22.) die aber sonst auch gar nicht richtig ist, konnte ich den Lam-Tor finden. Auf der Adansonschen Karte steht er nicht. Dies bestätigt ohne Zweifel meine obige Meinung.

ler, den ihre Pferde haben, ist, daß sie kein Gebiß leiden.— Sie machten allerlei Schwenkungen und Waffenübungen mit vieler Geschiklichkeit, aber mit weniger Ordnung. Dies dauerte drei volle Stunden *). Nachher kehrte der König wieder in seinen Palast zurük, um Gericht zu halten. Brue begleitete ihn, und da er begierig war die Justizpflege der Negern kennen zu lernen, so ward ihm mit Erlaubniß des Königs eine Stelle angewiesen, wo er Zeuge von den Verhandlungen im Audienzsaale seyn konnte. Er sah mit Erstaunen wie einfach, wie so ganz ohne die in Europa üblichen Weitschweifigkeiten, sonst Formalitäten genannt, und wie so ächt patriarchalisch die Streitigkeiten geschlichtet wurden. Zehn bis zwölf der höchsten und ältesten Staatsbedienten waren um den König versammelt; diese verhörten die Parteien, welche nachher wieder abtreten mußten, um dem Könige Zeit zu lassen, sich mit seinen Dienern über die Entscheidung zu berathschlagen. Sobald dieses geendigt war, wurden die Parteien wieder hineingerufen, das Urtheil wurde ihnen bekannt gemacht und auf der Stelle vollzogen. — Da war kein Advokat, welcher Richter und Parteien verwirrte; denn diese leztere trugen ihre Sache selbst vor; da wurde nicht über spizfindige Gesezze debattirt; denn die natürliche Billigkeit war des Richters einzige Richt-

---

*) Der Negermonarch hat also auch diese Ergözlichkeit, und die Neigung dazu, mit unsern Fürsten gemein?

schnur; auch wurde da kein juridischer Unsinn aufgeduldiges Papier gekleks̀et, um die Silber- und Goldmünzen der Streitenden in langfüſſige Buchſtaben zu verwandeln; denn alles wurde mündlich verhandelt, und was noch das Schönſte iſt — die liebe Gerechtigkeit wurde nicht wie bei uns für Geld gehandhabt. Nur der dritte Theil der Strafgelder oder der ſtrittigen Effekten gehörte jedes Mal dem König. Dies ſieht freilich auch ſo einer Bezahlung ähnlich; aber wir wollen dieſe Gerichtstaxe dem guten Negerkönig nicht mißgönnen, und bedenken, daß es doch immer beſſer iſt nur den dritten Theil zu verlieren, als nach einem in beßter Form gewonnenen Prozeſſe die Koſten bezahlen zu müſſen, und ſein Vermögen nach einem halben Jahrhunderte voll Verdrüßlichkeiten von den ſo billigen Kanzleigebühren aufgefreſſen zu ſehen.

Es ſind aber doch nur rohe, unwiſſende, ungeſittete Negern — dieſe Fulier — und wir — wir ſind dagegen hocherleuchtete Europäer!

Ferner merkt der Generaldirektor hier an, daß in peinlichen Prozeſſen ſehr ſelten dem Verbrecher die Lebensſtrafe zuerkannt wird, denn dieſe findet gewöhnlich nur bei Hochverrath und Mordthaten Statt; andere Verbrechen werden mit Sklaverei und Einziehung des Vermögens beſtraft; geringere mit Geldbuſſen. In Schuldſachen wird gewöhnlich der Schuldner, wenn er inſolvent iſt, mit ſeiner

Familie und Gütern für Rechnung der Kreditoren verkauft, und der dritte Theil fällt dem Könige zu.

Da sind doch vermuthlich Bankrutte selten?

Zufrieden mit dieser — für einen eigenliebigen Europäer freilich nicht sehr angenehmen — Erfahrung, kehrte Brue in seine Wohnung zum Mittagsmale zurük. Die Damen hatten ihn wieder mit Speisen ihrer Art beschenkt, und er schikte ihnen dagegen nach europäischer Art verfertigte Pasteten und Torten, welche von den Negerinnen sehr gut gefunden und Abends wieder mit einem Nachtessen vergolten wurden.

Am folgenden Tage entschloß sich der König — da die am Wasser so häufigen Mükken ihm allzubeschwerlich zu werden anfiengen — seine Residenz tiefer in das Land hinein zu verlegen. Man pakte also eiligst auf. Noch vorher ließ er den französischen Generaldirektor kommen, versicherte ihn öffentlich vor allen seinen Höflingen seiner Freundschaft und seines Schuzzes, ertheilte ihm die Freiheit, diejenigen seiner Unterthanen, die einen im Lande angesessenen Franzosen mißhandeln würden, ohne weitern Prozeß am Leben zu strafen, schenkte ihm mehrere Sklaven, versprach ihm deren eine beträchtlichere Anzahl zum Kaufe zu liefern, verordnete die nöthige Unterstüzzung an Pferden und Kameelen zu seiner Rükreise, und nahm mit einer warmen Umarmung von ihm Abschied. Brue beurlaubte sich sodann auch von den Damen und

Höflingen, und zog seine Strasse; doch verweilte er sich an dem Wege, den der König mit seinem Gefolge nehmen wollte, um auch diesen Zug zu sehen, den er uns auf folgende Art beschreibt:

Den Vortrab machte ein Trupp von 160. Reutern, die mit kleinen Trommeln, elfenbeinernen Trompeten, und einer Art von Kesselpauken Lärms genug machten, ohne die Ohren der Zuhörer zu schonen. Dann kamen die Königinnen und Prinzessinnen mit ihrem weiblichen Hofstaate. Diese Damen waren in grosse Weidenkörbe gepakt, deren je zwei einem Kameele aufgeladen waren. Die Kameele und die Körbe waren mit feinen baumwollnen Tapeten bedekt, und leztere mit Sonnenschirmen versehen. Man erblikte nur die Köpfe der Negerdamen. Jedes Kameel ward von zweien Männern geführt, die zugleich die Körbe halten mußten. Die weiblichen Bedienten ritten auf Eseln hinten und nebenher, unterhielten die Damen mit Plaudereien, und bedienten sie im erforderlichen Falle. Die Frauenzimmer grüßten den Generaldirektor sehr höflich, als sie bei ihm vorüberzogen. Nach ihnen kam eine lange Reihe von Kameelen, Ochsen und Eseln die mit dem Gepäkke des Hofes belastet waren, welchen ein Trupp von 300 Reutern zur Bedekkung diente. Auf diese folgten die königlichen Trommelschläger, Trompeter und Pauker mit einem Trupp von 200 wolberittenen, gut gekleideten und bewaffneten Reutern, welche vor dem Könige selbst herzogen. Dieser saß zu Pferde, mit Degen und Wehrgehänge nach französischer Art. Er trug einen Kastorhut mit goldner Tresse und weissem Federbusch, den er von Herrn Brue empfangen hatte. Am Sattel hieng ein Paar Pistolen und in einer Hand hielt er einen Wurfspieß. Er begrüßte den Generaldirektor durch Abnehmung des Huts, reichte und drükte ihm freundschaftlich die Hand, und nahm nochmals von ihm Abschied. Nach dem König kamen 4 bis 500 Reuter, vier in einem Gliede; in den vordersten Reihen waren die ersten Hofbedienten. Alle begrüßten den Herrn Brue sehr höflich, und er erwiederte ihren Gruß mit seiner Musik und mit einer Salve seiner Flintenschüzzen. Die negerische Kavallerie war mit Säbeln, Wurfspiessen, Bogen und Köcher bewaffnet. Jeder Reuter trug einen farbigen Gürtel um den Leib. Hierauf kam wieder ein Troß Lastthiere mit Geräthschaften beladen, und ein Trupp von etwa 200 Reutern schloß den ganzen Zug *).

---

*) Die Aehnlichkeit dieses Zugs mit den Reisen der Morgenländer, auch die Aehnlichkeit der Lebensart dieser Negern mit den patriarchalischen Sitten der Vorzeit, und noch izt mancher Nomadenvölker wird auch meinen Lesern auffallen. Ich erinnerte mich dabei an Jakobs Zug aus Mesopotamien nach Kanaan. (I. B. Mos. 31.) Dort heißt es auch: (v. 17.) „Jakob lud seine Kinder und Weiber auf Kameele." — Noch

Brue nahm nun den Rükweg. Er begegnete bald der Prinzeſſinn BukarSire, Schwiegertochter des Königs, welche ſich mit ihrem Gefolge zu dem Zuge des Hofes begab. Sie ſaß nebſt einer ihrer Töchter auf einem Kameele (gleich den vorigen) und hatte auſſer mehreren weiblichen Bedienten, die theils auf Eſeln ritten, theils zu Fuß giengen, eine Bedekkung von hundert Reutern und mehrere mit Gepäk beladene Kameele bei ſich. Sie ließ Halt machen, um die Komplimente des Generaldirektors anzunehmen, die ſie mit vieler Höflichkeit erwiederte. Dann ſezten beide Theile ihre Reiſe weiter fort.

Zwei Stunden darauf ſtieß ihr Gemahl, der Prinz Bukar Sire, mit zehn Reutern auf Herrn Brue, welchem jener ſogleich berichtete, er ſei gekommen ihn auf Befehl ſeines Vaters ſicher bis zu ſeinen Schiffen zu geleiten.

Abends erreichten ſie das Dorf Bukar, wo der Prinz den Generaldirektor wieder wie das erſte Mal bewirthete, und ihm einen groſſen Ball gab, der fünf Stunden lang dauerte.

Am folgenden Tage veranſtaltete der Prinz eine groſſe Jagd, auf welcher viel Wild erlegt wur-

ist ziehen ſo die Harems der Orientaler. Die Frauenzimmer ſizzen in ganz bedekten Kiſten oder Schachteln auf Kameelen. Da die Julier ohne Zweifel arabiſcher Abkunft ſind, ſo laſſen ſich ſolche Aehnlichkeiten leicht erklären.

be, und am britten Tage Abends kam die französische Reisegesellschaft nach Ghiorel, zu den Schiffen zurük. Brue bewirthete den Prinzen und sein Gefolge an Bord, und schied dann, unter dem Donner der Kanonen und wechselseitigen Freundschaftsversicherungen, von diesen Negern.

Brue traf bei seiner Rükkunft einen sonderbaren Handel an, der während seiner Abwesenheit war getrieben worden. Die Weiber von Ghiorek waren nämlich auf den sonderbaren Einfall gerathen, (ohne Zuthun der Franzosen? —) das Wasser, das aus dem Boden der Barke heraufgepumpt wurde, besässe eine spezifische Kraft gegen allerlei Uebel, als Augen= Ohren= und Zahnschmerzen, und alle wollten von diesem garstigen Wasser haben. Der Schiffs=Wundarzt Beranger mit Namen — die Geschichte nennt ihn, um ihn auch bei der Nachwelt zu brandmarken — hatte zur Ehre seiner Kunst, dies Vorurtheil trefflich zu benüzzen gewußt, und einen ordentlichen Tauschhandel mit diesem Wasser errichtet. Er empfieng Milch und Früchte dafür, und war schmuzzig genug, einst, als ihm ein Weib nicht das verlangte Maaß Milch geben wollte, mit aller Gleichgültigkeit und Kaltblütigkeit einer eigennüzigen Seele das aufgeschöpfte Wasser wieder in die Pumpe zurükzugießen, als ob es von wirklichem Werthe wäre. Der Elende! Doch es giebt auch der Berangers noch viele in Europa! ———

Verbot etwa Brue diesen niedrigen Handel bei seiner Rükkehr, und bestrafte er, aufgebracht über den Betrug, der einem Volke gespielt wurde, das ihn so liebreich behandelte, den Betrüger? —

Mein Gewährsmann schweigt, und ich glaube diese Frage nicht bejahen zu dürfen, da Brue selbst auch eigennüzzig genug war, den Aberglauben der Wilden zu seinem Vortheile zu benüzzen.

Er hatte von der Mündung des Senegals hübsche glatte, silberfarbene Muscheln mitgebracht, die er Anfangs den Negern als Trinkgeld für kleine Dienstleistungen schenkte. Er sah aber bald, daß die weiter vom Meere entfernten Julier einigen Werth darauf sezten, indem sie diese Muscheln, die sie vorher wol nicht kannten, in allerlei Formen schnitten, Karaktere darauf gruben, und sie als Grisgris und als Puz am Halse trugen. Die Marbuten ermangelten nicht, den Begriff von diesen Kleinigkeiten zu erhöhen, als von Dingen, die schon darum einen hohen Werth besizzen müßten, weil sie so weit herkämen, und Brue entschloß sich sogleich diesen Nuzzen mit den betrügerischen Pfaffen zu theilen. Er war nicht mehr so freigebig mit diesen Muscheln — das Vorurtheil gab ihnen eine ähnliche Kraft, wie dem Schiffspumpwasser — und er zog einen beträchtlichen Gewinn aus denselben *).

---

*) Wir werden das: Auri sacra fames quid non mortalia pectora cogis? — noch oft mit Unwillen über

Der Handel gieng überhaupt sehr gut. Zu Ghiorel ward eine Faktorei angelegt, die mit Vortheil handelte; auch kamen bald die nach Galam vorausgeschikten Barken mit einer reichen Ladung von Sklaven, Gold und Baumwolle wieder zurük. Sie waren nur bis Layde, an die Gränzen von Galam gekommen, und schifften nicht weiter, weil sie daselbst schon allen gehofften Vortheil fanden. Um aber die Reise nach Galam nicht länger zu verschieben, schikte der Generaldirektor die zurükgekommenen Barken nach der Senegalinsel, eine neue Ladung zu holen, mit welchen er dann selbst die Fahrt nach Galam unternehmen wollte.

Während er auf die Rükkunft derselben zu Ghiorel wartete, lud ihn der Ramalingo oder General des Siratik auf einen Besuch zu sich ein, und Brue fand es der Politik gemäß, dem Wunsche dieses angesehenen Mannes zu willfahren. Er reisete also nach Loka, dem Wohnorte des Negergenerals, einem grossen Dorfe, drei Meilen nordwärts von Ghiorel. Der Weg dahin führte ihn durch eine volkreiche, wolangebaute Gegend, in welcher er mehrere Dörfer sah. Der Palast oder die Wohnung des Ramalingo lag auf einer Anhöhe, etwa 500 Schritte von dem Dorfe. Sie bestand aus einer Menge von Häusern oder viel-

---

die Europäer ausrufen. Denn die Geschichte europäischer Reisen, ist nur selten auch Geschichte europäischer Grosthaten.

mehr kleinen niedrigen Hütten. Ein niedriger Wall war die äusserste Einfassung derselben; auf zweien Seiten waren Bäume gepflanzt. Das Ganze sah einem grossen Meierhofe mit vielen Ställen und Wirthschaftsgebäuden ähnlich. In dem Innern waren drei abgesonderte Höfe. Der erste war mit Schilf und Dornhekken eingezäunt; er enthielt die Ställe; der zweite umfaßte die Wohnungen des Kamalingo, seiner Weiber und Bedienten und die Vorrathshäuser; der dritte grosse Hof war hinter diesem zweiten, in welchen auch Brue einquartiert wurde.

Der Kamalingo bemühte sich eifrigst, den französischen Generaldirektor recht gut zu unterhalten, und ließ es während seines Aufenthalts an nichts ermangeln, um ihm diesen angenehm zu machen, und Brue erwiederte diese Höflichkeiten. Er machte besonders den Weibern des Negergenerals ein grosses Vergnügen mit seiner Musik. Sie konnten gar nicht satt werden, sie anzuhören *).

Brue machte hiebei eine Bemerkung. Nämlich daß die Negerdamen in Gegenwart ihres Herrn und Gemals, wenn er sie in Brue's Gesellschaft

---

*) Alle rohe, halbwilde Völker lieben Musik, besonders lärmende Musik. (Iselin, Gesch. d. Menschheit, I. B. I. B. 14. Abschn.) Die Negern gehören in diese Klasse. Sie lieben Musik und Tanz mit Leidenschaft. Von der Beschäffenheit beider wird in der Folge gesprochen.

brachte, immer ihre Gesichter verdekten. Dies thaten sie aber nicht, wenn der Kamalingo abwesend war.

Er kehrte hierauf nach Ghiorel zurük, wo die Barken auch mit der neuen Ladung wieder ankamen; da sie ihm aber die Nachricht von der Ankunft einiger Schiffe an der Mündung des Senegals überbrachten, so sah er sich darum genöthigt, nach dem St. Ludwigsfort zu eilen, und an seiner Statt die Reise nach Galam durch Faktore machen zu lassen *).

Er kam in sieben Tagen von Ghiorel nach der Senegal=Insel. Zu seiner Hinreise, den Stromaufwärts hatte er dagegen vierzig Tage gebraucht; denn bei einer solchen Fahrt gegen den Strom ist der Wind selten günstig und die Schiffe müssen von den Laptoten fortgezogen werden, weil die Bäume am Ufer den Gebrauch der Pferde zum Schiffziehen unmöglich machen. Strom abwärts geht es aber sehr geschwinde, der Lauf des Senegals ist schnell, man bedarf der Hülfe des Windes und des Ziehens nicht, und kann sowol bei Tag, als bei Nacht fahren. —

---

*) Barbot läßt in seiner Reise nach Guinea vermuthen, der Ritter Desmarchais sei mit unter dieser nach Galam reisenden Gesellschaft gewesen. Es ist aber unwarscheinlich; da dieses Umstands weder in den Reisen des Desmarchais noch des Brue gedacht wird.

So schloß sich Brue's erste Reise auf dem Senegal. Er hatte zum Theil seine Absicht erreicht — denn er hatte einen Freundschaftsbund mit dem Siratik errichtet, und den Grund zu einem einträglichen Handel gelegt. Aber den Handel der Mohren oder Araber mit den Juliern abzuschneiden, und die Vortheile desselben den Franzosen zu versichern; dies hatte er noch nicht vermocht; er hoffte es aber durch die Anlegung mehrerer Faktoreien im Julierlande, und durch niedrigere Preiße, als die der mohrischen Kaufleute waren, bald zu bewirken. —

III.
Brue's zweite Reise auf dem Senegal.

Im Jahre 1699.

Brue hatte sein Projekt einer Reise nach Galam noch nicht aufgegeben. Er versprach sich sehr viel davon, um so mehr da vor ihm noch keiner dies Wagstük unternommen hatte. Einzelne Kähne waren zwar bis an die Gränzen gekommen, aber nie war ein vester Handel mit diesem reichen Lande errichtet worden. Brue wollte eine Faktorei in Galam haben, und um dies zu bewerkstelligen, unternahm er diese Reise.

Er gieng also in genanntem Jahre mit zwei Barken, einer grossen Schaluppe und einigen Kähnen unter Segel, und fuhr den Senegal aufwärts. Seine Schiffe waren mit hinlänglichem Vorrathe von Lebensmitteln und Waaren versehen; auch hatte er die geschiktesten Leute bei sich.

Es war der 26ste Julius als er von der Senegal-Insel wegschiffte; am folgenden Morgen erreichte er schon mit günstigem Winde die wüste Insel, wo er Vorrath von gesalzenem Rindfleisch einnahm und dann seine Reise weiter fortsezte, bis er zu Maka, dem Sizze des kleinen Braks, anlangte, wo er seine Anker fallen ließ. Er ließ diesem Prinzen seine Empfehlung melden, und diefer besuchte ihn sogleich zu Pferde, und machte ihm verbindliche Vorwürfe darüber, daß er nicht gekommen wäre, um sich bei ihm, als einem seiner besten Freunde einige Tage zu verweilen. Brue entschuldigte sich, und nachdem er ihm die gewöhnlichen Gebühren überreicht hatte, gieng er wieder unter Segel.

Von hier an bis nach Hovalalde ist das Ufer am Senegal voller Thäler und Hölen, welche Löwen und Elefanten zum Aufenthalte dienen; diese leztere sind weder scheu noch böse, sie fürchten die Menschen nicht, und beleidigen sie auch nicht, wenn sie nicht von diesen angegriffen werden. Jene Thäler sind mit hohen Dornbüschen angefüllt, welche hellgebe starkriechende Blumen tragen, und einen angenehmen Schatten anbieten würden, wenn nicht die grossen Heere der so beschwerlichen rothen Ameisen dem Wanderer den Genuß dieser Wohlthat verbbten. Das einzige und leichteste Hülfsmittel gegen den schmerzhaften Biß dieser Insekten ist das kalte Wasser, womit man die Wunde wascht.

Die grosse Mühe, die Fahrzeuge den Fluß hinaufzuziehen, bewog den Generaldirektor zu Enghiaba auf der Insel Bilbas liegen zu bleiben, bis der Wind wieder günstiger wurde. Das Oberhaupt des Dorfes kam sogleich an Bord und lud ihn zu sich ein; der Generaldirektor nahm die Einladung auch an. Er landete, gieng in das Dorf und belustigte sich unter Wegs mit der Jagd. Er erstaunte über die Menge Affen die er hier sah. Sie fallen den Negern sehr beschwerlich, indem sie ihre Pflanzungen verheeren, und was sie nicht rauben können zu Grund richten. Sie werden darum auch sehr verfolgt, und die Negern können nicht begreifen, warum die Europäer solche schädliche Thiere so gerne kaufen. Deswegen brachte auch einst ein Neger eine Razze zum Verkaufe in die Faktorei; denn er glaubte die Europäer kauften nur alle schädliche Thiere zusammen. — Die Schwarzen essen die Affen sehr gerne, und halten sie für Lekkerbissen; die Franzosen konnten sich aber nicht dazu entschliessen, sie zu kosten.

Am 9ten August kam Brue zu Ghiorel an, wo er erfuhr, daß seine vorausgeschikte Barke schon seit sechs Tagen vorbeigesegelt wäre. Er begab sich von da wieder zu dem Siratik, welchem er den Tribut überbrachte und drei Tage bei ihm verweilte. Die Holländer hatten seit Bruc's erstem Besuche bei diesem Könige alle Mittel versucht, ihm die Freundschaft des Negermonarchen zu entziehen. Sie hatten diesem allerlei kostbare Geschenke gemacht; aber ohne ihren Entzwek zu erreichen.

Der Siratik blieb dem Generaldirektor gewogen. Er ersuchte ihn diesmal, ihm einige seiner mit Feuergewehr bewaffneten Laptoten zur Verfolgung eines grimmigen Löwen zu leihen, der in

dieser

dieser Gegend die grösten Verwüstungen anrichtete. Brue willfahrte ihm; der Löwe ward verfolgt und endlich durch eine Kugel erlegt, nachdem er zwei Menschen zerrissen und einen dritten gefährlich verwundet hatte. Er wurde im Triumphe nach des Königs Palaste getragen, und zum Lohne wurde dem Generaldirektor seine Haut zugetheilt. Dieses Thier war von der Grösse eines zweijährigen Füllens; so groß hatte man in dieser Gegend noch keinen Löwen gesehen.

Brue kehrte nach Ghiorel zurük, von wo er am 15ten August den Senegal weiter hinauf fuhr bis nach Embakane, einem Dorfe an den Gränzen des Königreichs Galam, wo er am 21. desselben Monats anlangte. Auf dieser Fahrt erblikten die Franzosen einen grossen Heuschrekkenzug, der wie eine Wolke die Sonne verfinsterte und so zahlreich war, daß beinahe zwei Stunden verflossen bis er ganz über den Fluß hinüber geflogen war. Diese schädliche Thiere bedekten die Schiffe mit ihrem Unrath, und mehrere derselben fielen herunter. Sie waren von grüner Farbe, länger und dikker als ein kleiner Mannsfinger, und hatten zwei scharfe Zähne. Der Wind trieb diese Verderbenschwangere Wolke in die Wüsteneien nordwärts des Senegals, wo dies Ungeziefer vermuthlich umkam; denn Brue erfuhr nicht, daß sie irgendwo Schaden gestiftet hätten.

Der Generaldirektor schiffte weiter nach Bitel; eh' er aber dahin gelangte, begegnete ihm seine vorausgeschikte Barke, deren Anführer ihm berichtete, daß er nur bis Konan gekommen wäre, weil die Drohungen des Prinzen Sambaboa *) ihn verhindert hätten weiter zu schiffen.

Dieser Prinz war aus gegründeten Ursachen auf die Franzosen böse. Den ersten Grund dazu gab ihm ein Faktor der französischen Handelsgesellschaft, welchem er vor einer zweifelhaften Schlacht seinen ganzen Schaz von tausend Thalern an Gelde — für einen Negerprinzen warlich keine Kleinigkeit! — anvertraute, und welcher dann

―――――――――――――――――――

*) Prinz Sambaboa war ein Neffe des Siratik Sire, Königs von Fulien, und nach den Landesgesezzen sein Kamalingo und sein Thronerbe. Der Siratik beraubte ihn aber dieser Würde, um sie seinem Sohne zu übertragen; er wollte sogar den edeln, großmüthigen, tapfern Sambaboa (so schildern ihn die Reisebeschreiber) gefangen sezzen. Dieser entkam aber und zog sich mit seinem Anhange, der sehr zahlreich war, an die Gränzen des Königreichs, und suchte auf jede Art den Ausbruch eines Bürgerkriegs zu vermeiden; doch sezte er sich kühn seinen Verfolgern entgegen und lieferte ihnen blutige Schlachten. Da er aber sah, daß dadurch das Land, das er als sein Erbtheil betrachtete, nur verwüstet würde, so gieng er mit seinen Truppen in das Königreich Galam, unterwarf sich dem Schuzze des Beherrschers desselben, erbat sich von demselben ein Stük Landes zum Aufenthalte, welches ihm der König von Galam aus Furcht auch einräumte, und wartete so, bis sein

mit dieser Beute entfloh. So lohnte dieser ehrliche Mann das Zutrauen des Prinzen! — Dies geschah im Jahre 1680. — Den andern Grund gab ihm selbst der Vorsteher der Senegalgesellschaft, **Chambonneau**, welcher bald darauf der Prinzessin **Wurangha**, Schwester des Königs von Hoval und Gemahlinn des Sambaboa zur Flucht behülflich war, und sie zu ihrem Bruder brachte, weil sie sich über den Kaltsinn ihres Gemahls beschwerte. Der Prinz konnte also wol nicht ein Freund der Franzosen seyn *).

---

alter Oheim starb. Dreißig Jahre dauerten die Widerwärtigkeiten dieses Negerprinzen. Als aber sein Oheim im J. 1702. starb, so nahm er ohne Widerstand das Königreich in Besiz. Er vertrieb alsbald die Mauren, die unter seinem Oheime so viele Gewalt erlangt hatten, und starb im J. 1707. nach der Vermuthung der Franzosen, von den Mauren vergiftet, oder wie der Aberglaube der Negern es nennet, behext. (Labat, II. S. 195. u. ff.)

*) Im J. 1700. söhnte Brue diesen Prinzen wieder mit den Franzosen aus; er schifte einen Gesandten an ihn mit Geschenken, und ließ ihn versichern, daß die Gesellschaft an dem Verbrechen ihres Faktors keinen Antheil gehabt habe, daß er diesen dem Prinzen zur Strafe überliefern wollte, sobald er dessen habhaft würde, und daß er bereit sei, ihm die Prinzessinn Wurangha zurükzuschaffen, wenn er es verlange. Der Prinz nahm die Aussöhnung an, und erwiederte: „Er wäre zufrieden, eine Frau los zu seyn, die

Der Generaldirektor ließ sich aber durch die Drohungen desselben nicht schrökken, sondern sezte dennoch seine Reise fort. Zu Bitel glaubte er das Vaterland alles Federviehs gefunden zu haben; denn hier war der reichste Ueberfluß von allerlei Arten von Geflügeln; die Hüner waren sehr groß und für einen Bogen Papier war jedes Stük feil.

Am 26ten August kamen die Schiffe zu Ghilde *) an, welches das erste Dorf des Königreichs Galam ist. Seine Einwohner sind Sarakolets; ihr Oberhaupt kam an das Ufer, um den Generaldirektor zu empfangen, und ein Geschenk von ihm zu erbetteln; er stand aber bald von seiner Forderung ab, als er sah, daß derselbe nicht landen wollte **). Er gieng sogar selbst an Bord, überbrachte den Franzosen ein Geschenk, und wünschte ihnen zu ihrer Ankunft Glük. Vermuthlich sah

---

ihn nicht liebte, und seie versichert, es werde der Gesellschaft eben so lieb seyn, einen schlechten Kerl verloren zu haben, der ihr Schande machte. Uebrigens wollte er mit den Franzosen in Freundschaft leben.„

*) Unter 40° 57′ N. Br.

**) Zur Erklärung muß hier angemerkt werden, daß Sandigha, der Vorgänger dieses Oberhaupts der Sarakolets, im J. 1689. sich bei den Franzosen für den König von Galam ausgegeben und als solcher die jährlichen Geschenke eingenommen hatte. Dies dauerte bis Bruc Generaldirektor ward; dieser entdekte den Betrug und schaffte diesen Tribut ab.

er die Grundlosigkeit seiner Ansprüche und seine Ohnmacht, sie mit Gewalt auszuführen, selbst ein.

Der Generaldirektor fuhr von da weiter bis gen Tuabo, wo er die ersten rothen Affen fand, welche von den Negern Patas genannt, und, wie ihnen der Marbute versicherte, für eine besondere Art Menschen gehalten werden, die aus Furcht vor Arbeit und Sklaverei nicht redeten *). Es sind närrische Thiere diese Affen, und ihre Possen sind eben so seltsam, als ihre hochrothe Farbe schön und lebhaft ist. Die Neugierde, die vorüberfahrende Fremdlinge zu sehen, trieb sie, als unsere Franzosen den Senegal hinauffuhren, auf die äussersten Spizzen der Bäume, wo sie allerlei Grimassen machten und mit einander zu schwazzen schienen; das seltsamste war, daß immer diejenigen, welche die Schiffe schon gesehen hatten, den andern wieder Plaz machten und sie vorrükken liessen. Einige dieser närrischen Thiere wurden endlich so dreiste daß sie dürre Reiser auf die Schiffe herab warfen; als ihnen aber mit Flintenschüssen geantwortet wurde, erschraken sie zwar

---

*) Mehrere andere Negervölker und unwissende Wilde glauben dies von den Orang-Utangs. Soll uns dies wundern, wenn wir bedenken, daß selbst europäische Gelehrte und Naturforscher diese Affenart unter die Klasse der Menschen versezzen wollten? Dies that Moscati, selbst der grosse Linne, und Andere. (Man sehe: Linne's Natursystem I. B. Blumenbach's Handb. der Naturgesch. Steeb über den Menschen, u. s. w.)

so sehr, daß sie ein lautes Geschrei erhoben, doch sezten sie sich zur Wehre, und warfen Steine und Koth auf die Schiffenden hin, bald aber sahen sie ein, daß die Parteien zu ungleich waren, und entfernten sich.

Von Embakane bis Tuabo sind die Ufer des Senegals mit Dorngesträuchen bewachsen, welche dem Epheu ähnlich sind, das Schiffziehen sehr beschwerlich machen und ihrer scharfen Stacheln wegen von den Franzosen Teufelsbüsche genannt werden.

Der Generaldirektor beredete den erwähnten Marbuten, weil er der verschiedenen Sprachen dieses Landes kundig war, ihn auf seiner Reise zu begleiten. Er erfuhr auch von ihm daß erst kürzlich in diesem Königreiche Galam eine schnelle Staatsveränderung vorgefallen sei, in welcher der König Tonka Maka vom Throne gestoßen und einer seiner Anverwandten Namens Tonka Bukari auf denselben erhoben worden sei. Brue stellte sich dabei aus politischer Vorsicht, als glaube er diese Nachricht nicht; denn er befürchtete, in die Nothwendigkeit zu kommen, beiden Negerkönigen, dem abgesezten und seinem Nachfolger, Tribut bezahlen zu müssen.

Zu Ghiam wohin er nun gelangte, erfuhr er die Bestätigung dieser Nachricht. Daselbst besuchte ihn auch ein seltsamer Mann, der sich den Bienenkönig nannte, weil er die Kunst besaß, die Bienen so zu zähmen und abzurichten, so daß sie ihm wie ihrem Hirten nachfolgten, und ohne ihn zu stechen, seinen ganzen Leib bedekten *).

Schlangen auf der Erde, und Krokodille in dem Wasser sind hier zur Plage der Einwohner nur allzu häufig. Der Wundarzt des Generaldirektors schlug eine der ersteren todt, welche neun Fuß lang war und vier Fuß im Durchschnitt ihrer Dikke hatte. Die Negern dieses Landes wagen es nicht, Schlangen zu tödten, weil sie befürchten die Anverwandten der getödteten möchten den verübten Mord rächen. — Die Krokodille welche sich hier in dem Senegal aufhalten sind furchtbarer, weil sie gröser und kühner sind, als in andern Gegenden. Die freien Negerbedienten des Generaldirektors fiengen hier eines dieser Ungeheuer, welches fünf und zwanzig Fuß lang war. Die Einwohner dieses Dorfs freuten sich sehr darüber; denn sie glaubten dieses grosse Krokodill sei der Vater aller übrigen gewesen, und hofften der Tod desselben würde Furcht und Schrekken unter allen Ungeheuern dieses Flusses verbreiten.

Zu Ghiam kamen nun zween Negern zum Generaldirektor um ihm die Versicherung zu bringen Tonka Bukari seie wirklich der rechtmässige König von Galam und erwarte also den ihm gebührenden Tribut. Brue antwortete darauf, es

---

*) Wir haben ganz ähnliche Beispiele von der Zähmung und Abrichtung der Bienen schon in Europa gesehen.

wäre seine Absicht nicht, diesem Prinzen den Tribut zu verweigern, wenn er wirklich den Thron besäße, er wolle sich aber durch seine eigene Augen davon überzeugen, und deswegen eine Reise nach Hof machen. So fertigte er die schwarzen Abgesandten ab. Bald aber erschien ein neuer bei dem Generaldirektor, und kündigte diesem an, der König befände sich in dem nächsten Dorfe und erwarte unverzüglich die Entrichtung der Gebühren, widrigenfalls er den Franzosen den Krieg erklären und sie verhindern werde, den Strom weiter hinauf zu fahren. Brue wiederholte seine Antwort, und sezte hinzu, er achte die Drohungen des Tonka Bukari nicht, er wolle ihm zum Trozze den Strom hinaufschiffen, und wenn man die Waffen gegen ihn ergreifen würde, dann wolle er das ganze Land verheeren.

Der Botschafter zog ab, und Brue legte sich in der Mitte des Stroms vor Anker, um vor den Pfeilen der Negern sicher zu seyn. Bald darauf hörte er einen schröklichen Lärm und Geschrei am Lande und erfuhr durch einen Neger, Tonka Bukari sei mit seiner Armee und mit bewaffneten Kähnen im Anzuge. Der Generaldirektor fürchtete sich zwar nicht, doch wollte er nicht den Angriff thun, und beschloß, sich nur zu vertheidigen, wenn er angefallen würde. Um den Negern Respekt einzuflößen ließ er nun, seine Trommeln und Trompeten erschallen und einige blinde Kanonen schüffe thun, welches auch die erwünschte Wirkung hatte.

Am folgenden Tage gieng er in aller Frühe mit gutem Winde unter Segel, und kam in wenigen Stunden nach Xafere, woselbst er sogleich das Oberhaupt und den Priester des Dorfes zu sich kommen ließ, um von ihnen zu erfahren, wie es jezt mit der Regierung des Königreichs beschaffen sei. Beide versicherten ihn, daß Tonka Bukari wirklich im Besizze des Thrones sei, und daß es keinen Anschein habe, daß Tonka Maka jemals wieder sich des Reichs werde bemächtigen können, weil die Bagherio oder Grossen des Landes sich vereinigt hätten, den neuerwählten König bei seiner Würde zu schüzzen. Der Generaldirektor entschloß sich also dem Tonka Bukari den gewöhnlichen Tribut zu bezahlen. Er segelte dem zu Folge nach dem Dorfe Burnaghi *), wo dieser neue König sich aufhielt.

Sobald der Generaldirektor daselbst angelangt war schikte er einen seiner Faktore, Namens Perere, welcher die Mandingoische Sprache vollkommen verstand und redete, an's Land, um als sein Abgesandter dem neuen Könige zu seiner Erhöhung Glük zu wünschen, ihm die Freundschaft der französischen Handels=Kompagnie anzubieten und ihm den Tribut zu überbringen.

*) Unter 14° 9′ N. Br.

Dieſer begab ſich alſo zu dem Negermonarchen und begehrte Audienz bei demſelben. Sie wurde ihm zugeſtanden; aber die königlichen Bedienten verlangten, daß er durch eine Gitterwand mit dem Könige ſprechen und alſo denſelben nicht perſönlich zu Geſicht bekommen ſollte *). Damit war aber der franzöſiſche Geſandte nicht zufrieden, ſondern drang auf eine mündliche Audienz, welche ihm endlich auch zugeſagt wurde. Der König erſchien zu Pferde, von mehreren Weibern umgeben, die ſein Lob beſangen **). Nach einigen Wendungen ſtieg er ab und ſezte ſich auf ein Küſſen unter einen Baum. Perere ſezte ſich zu ihm hin, bekomplimentirte ihn in mandingoiſcher Sprache und überreichte den Tribut. Der König antwortete in der Sprache der Sarakolets, welche in dieſem Lande die gewöhnlichſte iſt, verſprach den Generaldirektor zu beſuchen, und ſchien mit den Franzoſen ſehr wohl zufrieden zu ſeyn.

Perere kehrte hierauf zu den Schiffen zurük, welche an eben dieſem Tage verſchiedene heftige Stürme ausgeſtanden hatten. Die Negerbedienten des Generaldirektors behaupteten, die Zauberzettel des abgeſezten Königs Tonka Maka ſeien ganz alleine Schuld daran, und dieſer habe ſich

---

*) Hofetikette bei einem halbnakten Negerkönige! —
**) Alſo auch beſoldete Schmeichler? — Hofdichter, Hofzeitungsſchreiber, Hoftrompeter! — Wem fällt da nicht das: C'eſt tout comme chez nous — bei?

dadurch an Brue rächen wollen, weil er seinem unrechtmässigen Nachfolger eine Ehre erwiesen hätte, welche ihm nicht gebührte *).

Am folgenden Tage schikte der König den Franzosen ein Geschenk von Ochsen und Geflügel. Er selbst kam am dritten Tage mit einem grossen Gefolge an das Ufer, von wo der Generaldirektor ihn auf sein Schiff abholen ließ. Er empfieng ihn mit bedektem Haupte; sie reichten einander die Hände und begaben sich, nur von den Dollmetschern begleitet in die Kajute, wo sie sehr vertraut mit einander umgiengen. Brue sezte dem König Schokolade vor, ein Getränke, welches dieser noch gar nicht kannte, das er sich aber recht wohl schmekken ließ, nachdem man ihn versichert hatte, daß weder Wein noch Schweinenfett darunter sei. Denn er war ein sehr eifriger Muhammedaner; doch trank er Branntwein und aß Konfekt. Bei dem Abschiede fragte er nach dem Geschenke, der Generaldirektor versprach es bei seinem Gegenbesuch selbst zu überbringen.

Am Abend desselben Tages stattete Brue seinen Besuch bei dem Könige ab. Er stieg von seinen Offizieren, Musikanten und einem Theil seiner bewaffneten Mannschaft begleitet an's Ufer, wohin der König ihm ein Pferd entgegen schikte,

───────────────

*) Der Negerpöbel denkt also wie der weisse Europäerpöbel! Dieser abgesezte König sollte Andern durch Zauberei schaden, aber sich nicht selbst helfen können?

obgleich der königliche Palast nur etwa zweihundert Schritte von dem Flusse entfernt lag. Dieser königliche Palast war von den Hütten der übrigen Negern, durch nichts als durch eine drei Fuß hohe Erhöhung, und durch seine Grundlage von unpolirten Marmorstükken verschieden. Die Thüre dieses Gebäudes war so niedrig, daß der Generaldirektor sich bükken mußte, um hineinzukommen. An dieser Thüre erwartete ihn der neue König, welchem Brue nach den ersten Komplimenten das Geschenk überreichte, das in einer karmoisinfarbenen seidenen Schärpe mit silbernen und goldenen Franzen bestand. Seine negerische Majestät empfiengen es mit sichtbarer Freude; dennoch wurde es durch kein Gegenschenk erwiedert, woran die Armuth dieses neuen Königs Schuld war. Vermuthlich wird er sich nach und nach mit Hülfe seines monarchischen Ansehens schon in bessern Stand gesezt haben.

Der Generaldirekeor nahm dann wieder Abschied von dem Könige, gieng mit günstigem Winde unter Segel, und erreichte in wenigen Stunden das lebhafte, volkreiche Negerdorf Tafalisga, wo er eine kleine von Erde erbaute Moschee und einen Marmorfelsen fand. Erstere soll nach dem Vorgeben der Negerpriester nach dem Muster der Kaaba zu Mekka aufgeführt seyn; lezterer bestand ganz aus rothem Marmor mit hellweissen Adern. Brue schlug einige Stükke davon zur Probe ab.

Die Schiffe giengen nun weiter den Strom hinauf und ankerten Abends bei Buba Segalle, der Residenz des abgesezten Königs Tonka Maka, welchem der Generaldirektor sogleich seine Empfehlung melden und ein kleines Geschenk überreichen ließ. Er nahm es an, ohne darüber, daß die Franzosen seinen Nebenbuhler für den rechtmäßigen König erkannt hatten, sein Mißvergnügen merken zu lassen. Doch schikte er seinen Sohn zu dem Generaldirektor an Bord und ließ ihm sagen, die Franzosen seien betrogen worden. Er seie der rechtmässige König und wolle den kleinen Haufen von Aufrührern bald wieder zum Gehorsam bringen. Der junge Prinz rieth auch dem Herrn Brue, seinem Vater den gewöhnlichen Tribut unverweigert zu entrichten, weil dieser ihm sonst die Handlung verbieten und den Rükweg abschneiden würde.

Der Generaldirektor ward durch diese Drohungen sehr aufgebracht und antwortete dem Prinzen, er wolle nun keinen Tribut bezahlen, und werde nach seinem Gefallen Handlung treiben, und wenn sein Vater sich gelüsten liesse, die mindeste Feindseligkeit gegen ihn auszuüben, so wolle er sein Dorf in Brand stekken, und ihn selbst als Sklave nach Amerika schikken. Diese mit Ernst und Nachdruk ausgesprochene Drohung machte Eindruk auf den Negerprinzen, und er gab nun wieder gute Worte; er sprach von der Achtung, die sein Vater für die

Franzosen hege und von seiner Liebe zum Frieden; aber Alles zielte nur darauf ab, von den Franzosen ein Geschenk zu erpressen, welches der Generaldirektor hartnäkkig verweigerte. Endlich entfernte sich der Prinz wieder, weil er sah daß hier nichts auszurichten war, und die Franzosen schifften sogleich den Strom weiter hinauf bis nach Dramanet, wo sie am ersten September anlangten.

Dramanet ist eine grosse volkreiche Negerstadt, an dem südlichen Ufer des Senegals, deren Einwohner auf vier tausend Seelen geschäzt werden; sie sind größtentheils Marbuten, die größten und rechtschaffensten Handelsleute unter den muhammedanischen Negern; sie handeln bis nach Tombut, von wo sie Gold und Sklaven holen, welche Bambarra-Sklaven genannt werden. Diese Kaufleute handeln auch mit den Europäern, welchen sie ihr Gold überlassen; zum Nachtheil der Franzosen bringen sie aber das meiste derselben den Engländern an der Gambia.

Sobald die französischen Schiffe bei dieser Stadt Anker geworfen hatten, kam der Vornehmste dieses Ortes zu dem Generaldirektor, um ihm einen Besuch abzustatten; er erkannte in dem Faktor Perere einen seiner alten Bekannten und freute sich sehr darüber. Auf diesen folgte ein anderer angesehener Mann. Beide ersuchten den Generaldirektor, seine Handlung hier zu eröffnen, und versprachen ihm Gold, Sklaven und Elfenbein in Menge zu liefern. Er erzählte ihnen die Drohungen des Tonka Maka, worüber sie lachten und ihn versicherten, daß er von diesem schwachen Monarchen gar nichts zu befürchten habe, so lang er sich zu Dramanet aufhalten würde, indem die Einwohner dieser Stadt mit ihren Bundsgenossen stark genug wären, beiden Königen von Galam die Spizze zu bieten. Der Generaldirektor eröffnete hierauf den Handel und bekam in Zeit von sechs Tagen 280 Sklaven, eine beträchtliche Menge Gold, aber nur wenig Elfenbein, weil die Marbuten sich sehr wenig mit der Elefantenjagd beschäftigen, und diese Thiere für unrein halten; doch wird oft sehr viel Elfenbein aus den inneren Gegenden dahin gebracht. Ueberhaupt ist hier die Handlung sehr vortheilhaft und eine Niederlassung daselbst, würde den Europäern vom größten Nuzzen seyn, weil man dadurch den hiesigen Handelsleuten die Mühe ersparen würde, ihre Waaren zu Lande nach der Gambia zu führen. Die Preiße waren zu Brue's Zeiten sehr niedrig; ein männlicher Sklave von 18 bis 30 Jahren und ohne Fehler galt in Waaren zwanzig Livres (5 Thlr. sächs.); die Unze Goldes galt einen halben Karolin, und das Pfund Elfenbein vier Sols (1 1/2 Ggr.). Die Handlung wird sehr regelmässig geführt; das Oberhaupt der Stadt bestimmt mit Zuziehung zweier oder dreier der vornehmsten Kaufleute die Waarenpreiße, nach welchen die übrigen sich zu richten gezwungen sind.

Die Marbuten besizzen auſſer Dramanet noch mehrere Dörfer in dieſer Gegend; ſie machen einen beſondern Freiſtaat unter ſich aus, von welchem Konyur *) die Hauptſtadt ſeyn ſoll, ein Ort, der von Steinen gebaut, und mit Ziegeln gedekt iſt, wo die vornehmſten Kaufleute des Landes wohnen. Sie ſind den benachbarten Königen nicht unterworfen, ſondern werden von dieſen wegen ihrer Macht und der vermeintlichen Zauberkräfte ihrer heiligen Zettel ſehr gefürchtet. Sie wohnen nur auf der Südſeite des Senegals; das nördliche mit Latanienbäume beſezte Ufer iſt ganz unbewohnt, weil die Mohren öfters bis hieher ſtreifen, und nur durch den Senegal in ihren Verheerungen aufgehalten werden.

Kaum hatte der Generaldirektor an dieſem Orte ſeine Handlung eröffnet, ſo erhielt er die Nachricht, daß Tonka Maka mit ſeinem Heere gegen ihn im Anzuge wäre. Der Befehlshaber von Dramanet brachte ihm ſelbſt dieſe Nachricht, aber mit ihr zugleich die tröſtliche Verſicherung, daß ſein ganzes Volk bereit ſei, bis auf den lezten Mann für ihn zu ſtreiten, und daß er bereits die Einwohner der ganzen Gegend umher zur Vertheidigung der Franzoſen aufgeboten habe. Brue machte gleichfalls Vertheidigungsanſtalten, er rief
die

---

*) Vermutblich die auf den Karten gewöhnlich Kaignu genannte Stadt.

diejenigen von seinen Leuten welche am Lande waren auf die Schiffe zurük, er ließ das Gewehr bereit halten und machte sich in allem auf einen Angriff gefaßt. Am Abend desselbigen Tages erschien endlich Tonka Maka mit seiner Armee, welche aus etwa dreihundert Mann bestand. Mit diesem furchtbaren Heere blieb er vor Dramanet stehen, führte mit den Einwohnern einen heftigen Wortwechsel, und zog endlich ganz gelassen wieder ab. Er hatte gefunden, daß es nicht rathsam sey, sich mit diesen Leuten einzulassen, um so mehr da an eben diesem Abend tausend Mann Hilfstruppen zu den Bewohnern von Dramanet gestossen waren. Er hatte sich also weislich zurükgezogen, und in der Entfernung einer Stunde von dieser Stadt sein Lager aufgeschlagen.

Dennoch ließ er sich in einer Anwandlung von Kühnheit beifallen, am folgenden Tage in aller Frühe dem Generaldirektor einen Abgesandten zu schikken, welcher mit trozzigen Worten den Tribut verlangte, und bei der Verweigerung desselben die Franzosen mit Krieg bedrohte. Brue verlachte diesen Antrag, und ließ dem abgesezten Könige zurük melden, er sei zum Gefechte bereit. Bald aber kam eben dieser Bote, es war ein Marbute, wieder, und meldete: Tonka Maka wolle nicht mit den Franzosen hadern, sondern ziehe sich zurük. Dies geschah auch an eben demselben Tage, und die Handlung ward wieder ungestört fortgesezt. Brue beschenkte nun die vornehmsten Marbuten voll Dankbarkeit für die ihm so nüzliche Freundschaft dieser redlichen Leute; er war jezt überzeugt, daß man sich auf sie verlassen konnte; deswegen war er geneigt hier eine Faktorei anzulegen, und er führte wirklich auch diesen Entwurf aus. Er wollte eine Insel des Senegals zu dieser Niederlassung wählen; aber die vornehmsten Marbuten wiederriethen es ihm, weil der Fluß im Sommer zu seicht wäre. Er zog daher eine Stelle am südlichen Ufer des Senegals zwischen Dramanet und Mankanet vor, deren Lage die Niederlassung sowohl vor der Ueberschwemmung sicherte als auch die Bevestigung derselben erleichterte. Der Grundriß ward sogleich entworfen und die Ausführung einem geschikten Manne anvertraut.

Unterdessen als die Handlung zu Dramanet durch einen Faktor geführt wurde, hatte der Generaldirektor einen Offizier mit zweien Marbuten ausgeschikt, um den Fluß Saleme zu erforschen; er selbst nahm sich vor, während dieser Zeit den Senegal bis zum Wasserfall des Felsen Felu hinaufzuschiffen, und die in dieser Gegend am Senegal liegenden Städte zu besichtigen.

Dies Vorhaben wurde ausgeführt. Brue fuhr den Strom hinauf bis etwa anderthalb Meilen von dem genannten Wasserfalle, den er zu besichtigen ans Ufer stieg.

Das Land fängt hier an höher zu werden, eine rauhe Bergkette zieht sich durch dasselbe hin, und durchschneidet bei dem Dorfe Felu den Senegal, der sich hier über schroffe Klippen herabstürzen muß. Der Fall des Wassers beträgt eine Höhe von vierzig Faden, und hemmt dadurch die Schiffahrt.

Der Generaldirektor wollte zwar noch weiter hinauf, bis zu dem grossen Wasserfalle von Govina reisen, aber das schnelle Sinken des Stromes verhinderte ihn daran. Das Wasser fiel mit Einemmale achtzehn Fuß in einer Zeit von 24 Stunden; so daß die französischen Schiffe nicht mehr über die Klippen von Donghel hätten zurükkehren können, wäre nicht der Fluß wieder durch einen Plazregen etwas angeschwellt worden. Dies nöthigte den Generaldirektor schnell nach Dramanet zurükzukehren; doch verweilte er eine kurze Zeit bei der Insel Raignu, welche ihm zu einer Niederlassung sehr wohlgefiel, da sie in der Nachbarschaft von der grossen Stadt Ganghiuru *) liegt, durch welche die Karawanen mit den Banbarrasklaven zu ziehen pflegen; doch war ihm auch dieser Ort etwas zu entfernt von dem Flusse Faleme, und er begnügte sich mit der Erbauung des Forts bei Dramanet.

Nach seiner Rükkunft an diesem leztern Orte, fand er, daß der Faktor Perere unterdessen Gold

---

*) Ohne Zweifel die sonst auch von den Europäern Kaignu genannte Negerstadt.

und Elfenbein und eine grosse Anzahl junger und
munterer Sklaven eingehandelt hatte, deren äus=
serste Magerkeit aber das Mitleiden Aller erwekte;
sie hatten in ihrem Vaterlande eine grosse Hungers=
noth ausgestanden und eine Menge derselben war
den Sklavenhändlern auf dem Wege gestorben;
auch starben den Franzosen noch mehrere weg,
weil sie der ordentlichen Speisen nicht mehr ge=
wöhnt waren; diejenigen aber welche davon kamen
wurden die stärksten Leute.

Der Generaldirektor war äusserst unzufrieden,
daß er nicht weiter, als bis zu dem Wasserfall Felu
hatte kommen können; denn er war sehr begierig
die für so goldreich ausgeschrieenen Länder des
inneren Nigriziens und besonders das weitberühmte
Tombut näher kennen zu lernen. Er erkundigte
sich bei allen Kaufleuten nach diesem leztern. Sie
berichteten ihm, die Stadt Tombut liege nicht
an dem Senegal oder Niger, sondern fünf Tagrei=
sen von demselben entfernt *), sie gebrauchten
zwei und dreißig Tagreisen von Felu bis nach je=
ner berühmten Stadt ; auch sagten'sie ihm, es
käme alle Jahre eine grosse Karawane von weissen
Leuten mit Feuergewehr bewaffnet dahin und ver=
tauschten ihre Waaren vorzüglich gegen Gold; die
Waaren welche sie dahin brächten, wären ungefähr
eben dieselben, welche die Franzosen nach dem Se=
negal führen ; dagegen tauschten sie alljährlich

---

*) Man sehe Rennels Karte.

3000 Zentner Datteln, 12,000 Zentner Senes=
blätter, für etwa 15,000 Thlr. Straußfedern,
800 bis 1000 Stük Sklaven und 1000 Mark
(250 Pf.) Goldes ein. Eine Rükladung die am Wer=
the gegen 200,000 Thlr. beträgt, wovon wenig=
stens die Hälfte reiner Gewinn ist.

Brue bedauerte es sehr, daß er dies Land
nicht genauer erforschen konnte, und wünschte mit
Hilfe der Mandingoischen Kaufleute einige von sei=
nen Leuten dahin schikken zu können. Doch dies
blieb ein leerer Wunsch.

Zu Dramanet besuchte der Kamalingo des
Tonka Bukari den Generaldirektor, um ihm
seine Dienste anzubieten, zugleich aber auch ein
Geschenk zu erbetteln, welches dieser willig hin=
gab.

Die ganze Reisegesellschaft kehrte nun nach der
Senegalinsel zurük. Auf dem Wege schoß einer
der Franzosen einen sonderbaren Vogel, von der
Grösse eines indischen Hahns, mit schwarzen Fe=
dern, einem breiten und krummen Schnabel, und
starken Klauen an den Füssen; er flog bei Nacht=
zeit und wenn er seine Flügel auseinander breitet,
scheint es, als habe er ihrer viere; daher nannten
ihn die Franzosen den Vogel mit vier Flügeln.

Der Generaldirektor war glüklich wieder in der
Vestung St. Ludwig angekommen; aber das gold=

reiche Tombut konnte er nicht vergessen. Er trug lange den Gedanken bei sich, einige von seinen Leuten zur Entdekkung der Länder hinter Felu auszuschikken; doch konnte dieser Entwurf erst im Jahre 1719. ausgeführt werden. Der Erfolg entsprach aber seinen Erwartungen nicht.

Er erkor dazu die beherztesten und geschiktesten seiner Faktore, welchen er die Furcht vor den Beschwerlichkeiten dieser Reise und vor der üblen Beschaffenheit des Klima's der innerafrikanischen Länder, durch vernünftige Vorstellungen und Versprechungen benahm.

Diese Leute fuhren dann von einigen Negern begleitet, welche ihnen zu Wegweisern dienen mußten, nach dem Forte St. Joseph, welches diejenige Niederlassung war, die der Generaldirektor auf der erst beschriebenen Reise bei Dramanet angelegt hatte. Von da schifften sie weiter bis an den Wasserfall von Felu, wo sie aussteigen und ihre Kähne zurüklassen mußten. Nun giengen sie also zu Fuße an dem Gebirge hin, bis zu dem Dorfe Lontu. Der Senegal war hier sehr schön; doch auf der Südseite mehr bewohnt als an dem nördlichen Ufer. Sie erhielten hier einige schlechte Kähne und fuhren dann auf dem Flusse weiter hinauf, bis an den Wasserfall von Govina, welcher etwa dreißig Meilen von Lontu entfernt ist. Dieser Wasserfall ist beträchtlicher als der von Felu. Der Fluß ist hier ziemlich breit und stürzt sich mit

groſſem Getöſe über die Felſen herab, wobei er ei=
nen dikken Nebel verurſacht, in welchem die Son=
nenſtralen mehrere Regenbogen bilden *).

Nachdem die ausgeſchikten Faktore dies maje=
ſtätiſche Schauſpiel betrachtet hatten, ſuchten ſie
einen Weg, um über das Gebirge zu kommen,
das den Waſſerfall verurſacht; aber ihre ſchwarze
Wegweiſer weigerten ſich, ſie weiter zu begleiten, weil
ſie, wie ſie ſagten, mit dem Volke jenſeits des
Gebirgs in Zwiſtigkeit lebten, und auch ſeine
Sprache nicht verſtänden. Eine Entſchuldigung,
welche die Negern immer in Bereitſchaft haben,
wenn ſie die Europäer auf ihren Entdekkungen nicht
weiter führen wollen. Die Franzoſen mußten alſo
nach der Senegalinſel zurükkehren, ohne ihren Auf=
trag ausgeführt zu haben.

Dies war nicht der erſte und nicht der lezte
Verſuch der Europäer, das goldreiche Tombut
zu entdekken. Die Portugieſen waren die erſten,
welche dieſe Unternehmung wagen wollten; ſie fuh=
ren zu dem Ende bis Barakonda auf der Gam=
bia hinauf; aber die Felſen welche daſelbſt dieſen
Fluß unſchiffbar machen, vereitelten dies Vorha=
ben **). Gleiche Hinderniſſe ſezten ſich bisher

---

*) Wie der Staubbach in der Schweiz.
**) Sollte dies wirklich für den europäiſchen Golddurſt
  ein ſo unüberſteigliches Hinderniß ſeyn? — Man ſe=

den Unternehmungen der Engländer und Franzosen entgegen, und noch jezt ist dies afrikanische Eldorado von den Europäern nicht entdekt worden *).

Die Erdbeschreiber Leo und Marmol versichern zwar selbst in diesem berufenen Tombut gewesen zu seyn; aber ihre Nachrichten von demselben sind gar nicht befriedigend **). Alles was

---

he oben S. 92. wie weit schon Thompson gekommen; man erwäge die Anerbietungen des Negerkaufmanns Bukor Sano (S. 95.) und man wird sich wundern, daß diese Hindernisse seit dreien Jahrhunderten die goldgierigen Europäer von der Entdekkung dieses reiches Landes zurükgehalten haben sollen. (M. s. Zimmermanns Geograph. Gesch. d. M. III. B. S. 107. u. 108.)

**) Es ist noch nicht entdekt! Vielleicht ist diese von der Habsucht vernachläßigte Entdekkung der edeln Wißbegierde unserer Zeitgenossen aufbehalten. Die brittische Gesellschaft zur Beförderung der Entdekkung des innern Afrika hat im vorigen und in diesem Jahre wieder zwei Männer, von welchen die Erdkunde sich Vieles verspricht, den Major Houghton und Herrn Hodges zur Erforschung des innern Nigriziens ausgeschikt; beide suchen dies berüchtigte Goldland Tombut auf. Möchte es ihnen doch gelingen, diesen Sieg für die Geographie zu erkämpfen! — (Cuhns Samml. Vorr. zum III. B.)

*) Man sehe S. 161. im II. B. dieser Gesch. d. m. R. — Man kann die Nachrichten von Tombut in Dappers Afrika, S. 329. damit vergleichen. Bei der in der

wir von diesem Lande wissen beschränkt sich größtentheils auf die mündlichen Beschreibungen, welche die Europäer von den Negerkaufleuten eingesammelt haben.

Folge zu liefernden Beschreibung des innern Nigriziens werden alle dahin gehörige Nachrichten aus Leo, Marmol, und allen übrigen vorhandenen Quellen gesammelt werden.

IV.

Brue's Reise nach Albreda, an der Gambia, und von da zu Lande nach Kachao.

Im Jahre 1700.

Als Herr Brue im Jahre 1697. nach Senegambien kam, war das Jamesfort nebst allen übrigen Besizzungen der Engländer an der Gambia noch in den Händen der Franzosen. Dieser neue Generaldirektor, der alles hervorsuchte, das Interesse der französischen Handelsgesellschaft zu befördern, unternahm es auch, die zerrüttete Handlung auf der Gambia wieder herzustellen. Er schikte deswegen einen Faktor mit vierzehn Franzosen auf diesen Fluß, um die alten Faktoreien an demselben wieder in gehörigen Stand zu sezzen, und die Handlung wieder in Gang zu bringen. In dem Ryswiker Frieden wurden aber diese Niederlassungen an der Gambia den Engländern zurükgegeben, und den Franzosen blieb an diesem Flusse kein anderer Ort übrig, als die Faktorei von Albreda.

Im Jahre 1699. nahmen die Engländer wieder Besiz von dem Jamesfort und Corker ward ihr Statthalter daselbst. Im Anfange aber war die englische Handlung in diesen Gegenden in grosser Unordnung, weil man den einzelnen Kauf=

leuten zu viele Vortheile einräumte, wodurch auch der französischen Handlung ein grosser Schaden zugefügt wurde. Um dieses zu verhindern fuhr Herr Brue selbst nach dem Jamesfort, und besprach sich mit dem englischen Statthalter über die Mittel, diese Nachtheile zu heben. Er gieng von da nach Albreda, von wo aus er die Reise zu Land nach Kachao unternahm, welche wir hier kurz beschreiben wollen.

Vorher müssen wir noch zweier Umstände gedenken, die der Generaldirektor während seiner Anwesenheit zu Albreda bemerkte.

Der erste betrifft eine galante Negerinn, die in den Künsten der Koketterie und Buhlerei so erfahren und geübt war, als es eine europäische Heldinn dieser Art nur immer seyn kann; sie nannte sich Signora Belinguera, war groß, schön und wolgebildet, besaß viel Wiz und Verstand, und noch mehr Schlauheit, sprach und schrieb sehr gut französisch, englisch und portugiesisch und wußte sehr angenehm zu unterhalten; sie war die Tochter eines Königs und die Wittwe eines Portugiesen; sie besaß beträchtliche Reichthümer, ein schönes wol möblirtes Haus und viele Bediente. Sie hatte ihre Kunst, Männer zu bestrikken, schon an mehreren Europäern erprobt, und Manchem waren ihre Reize gefährlich worden. Damals hatte sie aber den Negerkönig von Barra in ihrem

Nezze und wußte ihre Gewalt über denselben sehr
wol zu benuzzen; darum bewarben sich die Euro=
päer um ihre Gunst. Auch Herr Brue machte
ihr aus solchen politischen Gründen seine Aufwar=
tung. Sie empfieng ihn in einem grossen Saale,
der nach portugiesischer Art auf drei Seiten Thüren
hatte und mit Vorhängen und Stülen versehen war.
Die Mittagsmalzeit die sie ihm vorsezte war nach
europäischem Geschmakke zubereitet, und auf eine
Tafel gesezt, die mit sauberm Leinenzeug bedekt
war. Treffliches Obst, fettes Geflügel und
schmakhafte Braten waren die vorzüglichsten Spei=
sen, und das Getränke bestand aus Palmwein und
Punsch. Die Negerdame trank aber über der
Mahlzeit nichts als Wasser, und zu Ende dersel=
ben etwas Punsch. Sie unterhielt die Gesellschaft
sehr angenehm, und an ihr lag die Schuld nicht,
wenn sie keine Eroberungen machte. Sie trug
ein feines Mannshembe mit goldnen Knöpfen an
Hals und Aermen, über dasselbe hatte sie nach
portugiesischer Mode einen Leibrok von Atlas, und
ihr Unterrok war aus einem feinen baumwollenen
Stükke vom grünen Vorgebirge, welches Pagne
Alte genannt wird. Ihr Hauptschmuk war auf
Art eines Turbans von weissem Nesseltuche mit
Gold besezt, der sich über der Stirne etwas in die
Höhe hob. Sie hatte eine Halsschnur von gold=
nen Kugeln mit andern von Ambra und Korallen
vermischt, und fast an allen ihren Fingern schöne
Ringe. Diese Kleidung und Zierrathen trugen

nicht wenig bei, ihr majestätisches und einnehmendes Ansehen zu verschönern. Bruc machte ihr ein schönes Geschenk, und war vergnügt, daß er bei einem so gefährlichen Frauenzimmer noch so wolfeil davon kam.

Der andere Umstand bezieht sich auf einen Negerpropheten. Dieser rühmte sich göttlicher Eingebungen, kraft welcher er alle Geheimnisse zu wissen behauptete; er sagte, er könnte unsichtbar herumgehen wo er nur hin wollte, und seine Stimme in einer sehr grossen Entfernung hören lassen. Seine Schüler und Mitgenossen bezeugten die Wahrheit seines Vorgebens durch tausend fabelhafte Erzählungen, so daß das gemeine Volk das überall leichtgläubig und zu Neuigkeiten geneigt ist, sich willig betrügen ließ. Seine Nachfolger gaben diesem Betrüger den Titel: Mamayenbuk oder grosser Friedensrichter. Er war immer von seinen Schülern begleitet, die bewaffnet waren und ihm grosse Ehrerbietung erwiesen. Niemand näherte sich ihm, ohne sich tief vor ihm zu bücken. Wenn er redete, so hörte jedermann mit Aufmerksamkeit und Stillschweigen zu. Man war nicht sicher, wenn man ihm widersprach oder die Wahrheit seiner Gesandtschaft in Zweifel zog.

Seine Gunst bei dem Pöbel hatte ihn so fürchterlich gemacht, daß er leicht die höchste Gewalt hätte erlangen können, wenn die Klugheit in seiner Aufführung seiner Verwegenheit und Unverschämtheit gleich gewesen wäre. — Das Volk kam haufenweise herbei, um sich unter seinen Schuz zu begeben; denn wem er einmal den Titel seines Kindes gegeben hatte, der war von der Gewalt des Königs und der Grossen befreit. Er zog unter dem Schalle einer kleinen Trommel herum. Er predigte und redete mit solchem Ansehen, und mit einem so gebieterischen Tone, daß das Volk bei seinen Befehlen zitterte, und ihm den unbedingtesten Gehorsam erwieß.

Brue reiste einst bei einem Walde vorbei, und wunderte sich, als er eine so grosse Menge Leute versammelt sah, die mit grosser Ehrerbietung das Gewand des Propheten, das an einem Baume hieng, anschauten. Die guten Leute glaubten, der Betrüger wäre unsichtbar selbst darinnen, ob es gleich offenbar leer war. Als der General näher ritt, um es in Augenschein zu nehmen, schrie ihm der Pöbel zu, er würde ganz gewiß auf der Stelle sterben, wenn er es berührte. Auch seine Laptoten von gleichem Aberglauben ergriffen, weinten, weil sie sahen, daß Bitten nichts helfen wollte, als ob sie ihn schon im Sarge sähen. Er aber ritt dem ohngeachtet hinzu, und schlug das Gewand mit dem Stabe, und zeigte ihnen, daß nichts darinnen wäre. Als der Betrüger hörte wie man seiner gespottet hätte, sagte er, er hätte den Generaldirektor deswegen nicht getödtet, weil er ihn liebte, und wüßte, daß er sich noch bekehren würde.

Brue hatte nachher die Neugierde den Wundermann zu sehen. Nach vielen Bitten und Geschenken kam er mit einem zahlreichen Gefolge in die Faktorei. Sein Rok aus Baumrinden gemacht, war so lang, daß er ihn auf der Erde nachschleppte, ob er ihn gleich über dem Kopf zusammen wikkelte, so daß man von ihm weiter nichts sehen konnte, als einen Theil seines Gesichts, und die Hände, die von seinen langen Aermeln beinahe bedekt waren. Brue that durch seinen Dollmetscher verschiedene Fragen an ihn. Er aber gab keine Antwort darauf, sondern tanzte eine Zeitlang nach dem Schalle seiner Trommel. Sein Gesicht und Hände waren sehr schwarz, und er schien etwa dreißig Jahre alt zu seyn.

Der Generaldirektor Brue begab sich nun von Albreda aus, auf die Reise nach Kachao, bei welcher nicht Neugierde, sondern der Wunsch die französische Handlung in diesen Gegenden emporzuheben, und sich durch den Augenschein von der damaligen Lage der Sachen zu überzeugen, die Triebfeder war.

Er trat die Reise an in Begleitung einiger Faktore, seines Wundarztes, seiner Bedienten, und mehrerer Laptoten, welche die Stelle der Lastthiere vertreten mußten.

Von Albreda gieng er, um über die Gambia

zu sezzen nach Jamesfort, wo er von dem britischen Befehlshaber sehr wol empfangen und mit Viktualien auf die Reise beschenkt wurde.

Von hier schiffte Brue in den Nebenfluß Vintain, (Bintam, auch St. Grigu von den Europäern genannt) und kehrte in der englischen Faktorei Vintain, an diesem Flusse ein.

Die Einfahrt desselben ist leicht, sein Bette tief, und seine Ufer sind sehr anmuthig; auf der rechten Seite sind sie mit waldichten Hügeln besäet, und auf der linken öffnet sich eine weite Aussicht über die schönsten Wiesen.

Die Negerstadt Vintain oder Bintam liegt nicht weit von der Faktorei an dem rechten (westlichen) Ufer des gleichnamigen Flusses auf einer waldichten Anhöhe. Viele Portugiesen wohnen hier, und haben da eine schöne Kirche. Die Vornehmsten derselben machten in ihren Zeremonienkleidern dem Generaldirektor, bei seiner Ankunft in dieser Stadt, ihre Aufwartung. Ganz schwarz gekleidet, mit langen schwarzen Mänteln, grossen Haudegen, langen Dolchen, breiten unaufgekrempten Hüten und langen Knebelbärten erschienen sie, und machten ihre abgemessene, steife Komplimente, mit altspanischer Ernsthaftigkeit. Darauf überreichten sie ihre Geschenke, welchen die Versicherungen ihrer Dienstwilligkeit nachfolgten. Auch der Alkair oder das Oberhaupt dieses Ortes besuchte den Generaldirektor, welcher ihn bewirthete,

thete, ihm mit Branntwein ein sehr angenehmes
Geschenke machte, und dann seine Gegenbesuche
ablegte.

Auf dem Rükwege nach der Faktorei besuchte
er die Gemahlin des englischen Hauptmanns Agis,
eine etwa 30 Jahre alte, hübsche, wolgewachsene
Mulattin, deren erster Gatte ein reicher Portu=
giese gewesen welcher ihr ein schönes Vermögen hin=
terlassen hatte. Ihr zweiter Mann war damals
abwesend, er war auf einer Reise die Gambia
hinauf, nach Barakonda begriffen *). Brue
fand sie in dem Vorhofe ihres schönen Hauses auf
einer Matraze sizzend und von schwarzen Mägden
umgeben, welche Baumwolle spannen. Sobald
die Dame den Besuch erblikte, ließ sie sich ein
Pagne zu ihrer Bedekkung geben, und gieng dann
dem Generaldirektor entgegen, welchem sie nebst
seiner Gesellschaft hölzerne Stühle anbot. Die
Spinnerinnen entfernten sich, und nur eine ihrer

---

*) Während seiner Abwesenheit war diese Mad. Agis
mit einem schwarzen Kinde niedergekommen, worü=
ber der Mann nach seiner Rükkunft so heftig ergrimm=
te, daß er dies in einem Mörser zerstampfte und den
Hunden vorwarf. Er hatte seine Frau im Verdachte
eines Liebesverständnisses mit dem Alkair von Bin=
tam. Der Zorn ihres Mannes und seine grausame
That schrökte sie so sehr, daß sie sich eine Zeitlang
vor ihm verborgen hielt. Der Zwist wurde aber bei=
gelegt, und sie kehrte nachher wieder zu ihm zurük.

Gesch. der Reisen. 3ter Band.   D

Tochter, welche beinahe ganz weiß war, und zwei schwarze Mägde, welche sich zur Bedienung hinter den Stul der Dame stellten, blieben da. Madam Agis bekomplimentirte die Gesellschaft, und ließ ihnen Kolanüsse anbieten. Sie sprach sehr gut portugiesisch und englisch, und verstand etwas französisch. Sie bot dem Generaldirektor zwei kleine metallene Kanonen, die sie von ihrem ersten Manne geerbt hatte, zu kaufen an, und lud ihn zum Mittagsmale ein. Brue weigerte sich um so weniger diese Einladung anzunehmen, da er gehört hatte, daß diese Dame sehr viel Verstand besaß, und bei dem sogenannten Kaiser von Jonia in grossem Kredit stand. —

Die Gegend um Bintam ist ausserordentlich reich an Honig und Wachs; die Ufer der Flüsse und Bäche sind mit Manglebäumen besezt, welche mit Bienen bedekt sind. Die Bewohner dieser Gegend sind Jelupen, doch gesitteter, als die im Innern wohnenden Stämme dieses Volks.

Der Generaldirektor blieb vier Tage lang zu Bintam, weil er daselbst eine Faktorei anlegen wollte; dieser Entwurf wurde aber erst nachher ausgeführt; denn der Kaiser von Jonia war damals abwesend, und dem Könige von Kumbo gegen seine aufrührische Unterthanen zu Hülfe gezogen.

Am fünften Tage reiste Brue weiter nach Jereja, wo er von den Engländern der dortigen Faktorei, von den Portugiesen und von dem Alkair sehr wol empfangen wurde. Am folgenden Tage machte er auch dem Könige dieses Landes seine Aufwartung. Der Palast desselben lag eine halbe Meile von der Stadt entfernt, und bestand aus so vielen Hütten, daß er einem Dorfe ähnlich war. Der König empfieng den Generaldirektor unter der Thüre; er war ein kleiner untersezter Mann von einer angenehmen Gesichtsbildung, und mit schönen weissen Zähnen. Seine Kleidung war von der Tracht der übrigen Negern nicht weiter verschieden, als daß er eine portugiesische Mützze auf dem Haupte, und in der Hand ein langes spanisches Schwert trug, auf welches er sich stüzte.

Der König bewillkommte den Herrn Brue, und führte ihn in einen Saal, wo sie sich auf hölzerne Stüle niedersezten, und vertraulich miteinander plauderten, bis das Mittagsmal bereitet, und die Tafel gedekt war. Sie giengen dann in das Speisezimmer, wo die Weiber des Königs ihrer warteten. Dem Generaldirektor ward an der Tafel die Stelle zwischen dem Könige und dessen ersten Gemalin angewiesen. Die aufwartenden Bedienten waren alle weiblichen Geschlechts. Die Speisen bestanden in frikassierten Hünern, Fleisch mit Reiß, Kuskus und Zwiebak; Palmwein war im Ueberflusse da, wozu der Generaldirektor noch Konfekt, Wein und Branntwein hatte bringen lassen; deswegen daurte die Schmaußerei zur Zufrie friedenheit Aller bis gegen Abend. Nach der Tafel wurden die Geschenke übergeben, mit welchen der König sehr wol zufrieden war.

Dieser Negerfürst ist ein grosser Liebhaber von dem Feuergewehr, ist selbst ein guter Schüzze und übt seine Unterthanen so fleissig in dem Gebrauche dieser Waffen, daß seinen Truppen nur gute Offiziere fehlen, um sie zu sehr brauchbaren Soldaten zu machen. Die Engländer haben dies mit ihrem Schaden erfahren. Einige Monate vor der Ankunft des Herrn Brue schikten sie nämlich bei einer über die Zölle entstandenen Streitigkeit eine wolbewaffnete und wolbemannte Schaluppe den Fluß hinauf nach Jereja. Der König hatte seine Leute in den Gebüschen längs dem Flusse hin in einen Hinterhalt gelegt, und bewillkommte die Engländer zwo Stunden lang mit einem so heftigen Feuer, daß sich keiner derselben auf dem Verdekke durfte sehen lassen. Die Schaluppe würde gewiß in den Grund geschossen worden seyn, wenn nicht gleich zu rechter Zeit die hohe Flut gekommen wäre, und die Engländer weggeführt hätte. Bald hernach ward zu des Königs Vortheile der Friede geschlossen, und er ward für das Pulver und Blei das er verschossen hatte reichlich bezahlt. —

Das Land ist ganz eben und ziemlich morastig, die Einwohner sind theils Portugiesen, theils Negern von den beiden Völkerschaften der Bagnonen und Felupen.

Am Tage nach dem Besuch bei dem Könige reißte der Generaldirektor von Jereja weg, mit Pferden, welche ihm dieser König aus Erkänntlichkeit hatte geben laſſen. Am Abende erreichte er mit ſeinem Gefolge Paska, ein groſſes Dorf der Bagnonen, deſſen Oberhaupt auf den Befehl des guten Negerkönigs ein groſſes Mal hatte bereiten laſſen, und überhaupt alle Anſtalten zu dem guten Empfange der franzöſiſchen Reiſegeſellſchaft getroffen hatte.

Das Land umher war ſehr fruchtbar und wol angebaut; die Lebensmittel waren von dem trefflichſten Geſchmakke. Die Franzoſen fanden hier eine Art von ſtarkem Bier Sarob genannt, welches ihnen nicht übel ſchmekte. Reiß, Hülſenfrüchte und Gartenfrüchte waren in groſſem Ueberfluſſe. Die Waſſermelonen erreichen hier ihre größte Vollkommenheit; man findet welche von 60 Pfund am Gewicht. Das Rindfleiſch iſt ſehr ſchmakhaft; das Schöpſenfleiſch aber iſt nur zu fett. Dieſe Lebensmittel ſind alle ſehr wolfeil.

Nicht weit von Paska begegnete den Franzoſen ein zahlreicher Zug von Negern und Negerinnen, welche kamen, um ihnen zur Bedekkung gegen die umherſtreifenden räuberiſchen Felupen zu dienen. Um eben dieſes wilde Volk im Zaum zu halten, unterhält der König von Jereja in dem Dorfe Paska hundert ſeiner mit Flinten bewaffneten Negern; auch iſt dieſer Ort mit ſechsfachen Reihen von Palisaden umgeben. Brue mußte einen ganzen Tag stille daselbst liegen, um frische Pferde zu bekommen, indem er die mitgebrachten nach Jereja zurükschikken mußte.

Diesen Aufenthalt benüzte Brue zur Besichtigung der Gegend. Er sah den Arbeiten der hier dem Akkerbau sehr fleißig obliegenden Negern zu; er durchstreifte alle Fluren umher. Den Fluß fand er hier nicht tief, aber ganz mit Krokodillen angefüllt. Er erblikte hier und da mehrere Piramiden von Erde, und hielt sie für Grabmäler; aber man berichtete ihm, daß es nichts als Ameisenhaufen seien. Sie waren von aussen ganz glatt und dicht geleimt, als ob sie mit Gips überzogen wären. — Das ganze Gebäude ist sehr stark und dauerhaft. Auch im Innern sind sie sehr künstlich gebaut; sie haben nur Einen Eingang, von welchem eine runde Treppe auf den Grund hinunter führt. Die Ameisen, welche sich solche Gebäude aufführen, sind weiß, von der Grösse eines Gerstenkorns und sehr schnell. Brue machte den Versuch und ließ eine Handvoll Reiß zu einem solchen Haufen hinwerfen, bei welchem man vorher nicht eine einzige Ameise sehen konnte; aber nun kam in einem Augenblikke eine ganze Legion heraus, welche in aller Geschwindigkeit den hingeworfenen Reiß in das Gebäude hineinschleppte, so daß kein Körnchen übrig blieb. Sobald dies geschehen war, sah man keine mehr; sie waren alle wieder verschwunden.

Die Fledermäuse sind in dieser Gegend so groß, wie die Tauben; sie haben lange spizzige Flügel, womit sie sich an die Bäume hängen. Die Negern essen sie; aber sie ziehen ihnen zuerst die Haut ab, welche sie für giftig halten.

Auf dieser Reise traf Brue auch auf einen Guirioten (Meistersänger), der eine mit gelben glänzenden Beeren bedekte, in Form eines Ochsenkopfes gestaltete, und wirklich auch mit zwei Hörnern gezierte Müzze auf dem Haupte trug. Er warf sich vor dem Generaldirektor, als dem Vornehmsten der Gesellschaft, auf die Kniee nieder, blikte ihn starr an, und gieng dann weiter, ohne ein Wort zu reden.

Das war sicher ein Genie! —

Am dritten Tage reiste endlich Brue mit seinem Gefolge weiter, und übernachtete eine Meile von Paska in der bequemen Wohnung eines von der Insel Kuba gebürtigen Spaniers Namens Don Juan Maldonado. Sein Haus war mit vierfachen Pallisaden umgeben, deren innerste Reihe mit acht Kanonen besezt war. Er stand bei den Negern in grossem Ansehn; keiner derselben zog jemals vorbei, ohne ihm seine Ergebenheit zu bezeugen, wofür jedem ein kleines Geschenke zu Theil wurde. Er war nicht nach europäischer Weise verheurathet, sondern hielt sich nach dem Gebrauche der Negern soviele Weiber, als ihm gelüstete. —
Seine Wohnung liegt in der angenehmsten Gegend,

zwischen Aeckern, Wiesen, und Wäldchen von Palmen und Polonbäumen *), und hat die reizendste Aussicht.

Hier sah Brue einen Neger in seinem Kahne stehend, mit der einen Hand rudern, und mit der andern den Bogen führen und Fische schießen. Auch fand er auf den Manglebäumen, welche den Fluß beschatten, fette, wohlschmekkende Vögel, die er mit den Krammetsvögeln vergleicht, und welche so deutlich Haha schrieen, daß man es für Menschenstimme halten konnte **).

Der Generaldirektor reiste mit seinem Gefolge am andern Morgen weiter durch das Land der Felupen ***), durch welches er zwei Tagreisen zurüklegen mußte. Nachts quartierte er sich jedes Mal bei den minder rohen Bagnonen ein, die hier unter den wilden Felupen leben. Die Weiber der Felupen hatten noch keinen Weißen gesehen, und konnten deswegen Brue's Farbe und Kleidung nicht genug bewundern; sie sammelten sich Schaa-

---

*) Die Polonbäume, auch Käsebäume genannt, gehören unter das Geschlecht der Palmen, und tragen eine Art feiner Wolle.

**) Vielleicht der Larus ridibundus oder Larus Articilla (Lachmeve) Linn.?

***) Die Nachrichten, welche Brue von den Felupen eingesammelt hat, werden auch bei der Völkerbeschreibung von Senegambien im folgenden Bande d. W. benützt.

renweise um ihn her und staunten ihn an. Was ihnen am wunderbarsten schien, war sein langes Haar; sie konnten nicht begreifen, daß es natürlich wäre.

Am dritten Tage erreichte endlich unsere Reisegesellschaft das Dorf Jamez *), zehn Meilen von Paſka. Es ist dies ein sehr lebhafter Ort, von Felupen und Portugiesen bewohnt, wo wöchentlich zwei Märkte gehalten werden. Das wichtigste Produkt dieser Gegend ist Honig und Wachs. Das Land ist schön, nur wird der Aufenthalt darinne durch die beschwerlichen Mükken sehr unangenehm gemacht. Die hier wohnenden Felupen leben in republikanischer Verfassung und werden von Aeltesten regiert.

Zu Jamez schikte Brue die mitgebrachten Pferde zurük, und miethete Kähne, um nach Kachao zu schiffen.

So fuhr er nun von da weg, und erreichte eine Meile weiter die Mündung des Flusses Kasamansa, in welchen er einlief und bei dem portugiesischen Forte, das auf der Südseite des Flusses liegt, vorbei schiffte, bis zu dem Dorfe Baito wo die Portugiesen ein bevestigtes Waarenlager hatten, dessen Besazzung aus 15 Mann bestand, deren aufgeschwollene Körper und blasse Gesichter

---

*) Sonst auch von den Reisebeschreibern Jam, und Dam genannt, liegt nicht weit vom rothen Vorgebirge.

die redendsten Beweise von der Ungesundheit des Ortes waren. Der Kommandant empfieng den Herrn Brue sehr höflich und lud ihn ein, bei ihm zu verweilen; dieser aber zog ein Dorf der Bagnonen vor, das an einem Flusse liegt, der bei Ghinghin vorbeifließt und in den Rachao fällt. Bald aber bereute er es, daß er die Anerbietung des portugiesischen Kommandanten nicht angenommen hatte; denn kaum war er einige hundert Schritte von Baito weg, so verirrte er sich in den Morästen und mußte vom Regen durchnässet in einer Negerhütte ein Obdach suchen, und sich mit den Speisen begnügen, die er mitgebracht hatte.

Am folgenden Morgen kam er in die Residenz des Königs der Bagnonen. Dieser Negerfürst war aber damals abwesend; doch sorgte dessen erster Minister dafür, daß Brue mit Pferden und Eseln versehen wurde, mit deren Hülfe er am Abend desselben Tages Ghinghin erreichte, welcher Ort nur vier Meilen von Baito liegt. Es ist ein volkreicher, von Bagnonen und Portugiesen bewohnter Ort in einer sehr anmuthigen Gegend, die an Fruchtbäumen und Bienenstökken, so wie an schädlichen Affen besonders reich ist.

Der Fluß von Ghinghin wird durch eine lange schmale Insel in zwei Aerme getheilt, welche sich unten wieder mit einander vereinigen, und in den Fluß Rachao fallen. Der breiteste dieser Arme ist wegen der Selupen sehr unsicher. Dies erfuhr ein französischer Hauptmann, der sich mit einer Schaluppe von 25 Mann und einigen kleinen Kanonen in diesen Arm wagte, um nach Ghinghin zu fahren. Zu seinem Glükke hielt er eine Schildwache auf dem Maste, welche gegen hundert Felupen in einem Hinterhalte entdekte. Sogleich entfernte sich der Hauptmann von dem Ufer und die Felupen, welche diese Beute nicht gerne fahren lassen wollten, eilten schwimmend und in Kähnen gegen das französische Schiff, und liessen nicht eher ab von demselben, als bis die meisten durch das Kanonen= und Flintenfeuer der Franzosen getödet waren. —

Die Flüsse dieser Gegenden sind sehr schön; ihre Ufer sind mit einer Art Zitronenbäumen besezt, deren Früchte rund sind, eine ganz dünne Schale, sehr viel Saft und keine Körner haben. Eine kleine Meile unterhalb des Ortes, wo der Fluß von Ghingbin sich mit dem Rachao vereinigt, liegt die portugiesische Stadt Rachao, wo das von dem Generaldirektor dahin beorderte Jachtschiff ihn erwarten sollte. Ehe er aber diese Stadt erreichte, traf er ein englisches Schiff an, dessen Befehlshaber ihn mit aller Höflichkeit an Bord nahm, und nach Rachao brachte, woselbst er das erwartete Jachtschiff, fand. Brue gieng sogleich an das Land, und stieg in der Wohnung des Don Manuel Perere eines portugiesischen Offiziers ab. Am folgenden Tage ließ er den Rapitan=Mor, ober Statthalter von Rachao, durch einen von seinen Offizieren begrüſſen, und von seiner Ankunft benachrichtigen. Der Statthalter kam noch ſelbigen Tag ihn zu beſuchen. Sein Name war Don Antonio de Barros, von Madera gebürtig, ein langer hagerer Mann von etwa ſechzig Jahren. Er bot ihm ſein Haus an, und überſchikte ihm noch an eben dem Tage ein anſehnliches Geſchenk von Erfriſchungen. Brue legte am folgenden Tage ſeinen Gegenbeſuch ab, und nach einem kurzen Aufenthalte zu Rachao ſegelte er auf dem Schiffe, das er zu dieſem Ende hieher beſchieden hatte, nach der Gambia zurük.

Rachao iſt eine portugieſiſche Stadt und Kolonie an der Südſeite des Fluſſes Rachao oder S. Domingo, zwanzig Seemeilen über der Mündung deſſelben, und iſt der vornehmſte Handelsplaz der Portugieſen in dieſen Gegenden. Die eingebornen Einwohner des Landes ſind die ſogenannten Papeln, groſſe Feinde der Portugieſen. Dieſes hat ſie genöthigt, die Stadt gegen die Landſeite mit einem ſtarken Walle, guten Palliſaden, und Kanonen zu verſehen. Die Stadt beſtehet aus zwei langen Gaſſen, durch welche andere in die Queere laufen. Nahe bei derſelben ſind Moräſte, und einige wenige mit Reis und Mais beſäete Flekke, die aber ſo klein ſind und ſo ſchlecht gebaut werden, daß die Einwohner ſich nicht davon erhalten können. Weil sie auch keine Meierhöfe und Wiesen haben, so ist das Rindfleisch selten und theuer. Einige Ziegen findet man hier, aber keine Schafe und Ochsen. Die Häuser bestehen blos aus Leim, der inn=wendig und auswendig geweisset ist. Sie sind zwar groß, aber nur einen Stok hoch. Während der Regenzeit bedekken sie dieselben mit Blättern von dem Latanienbaum *), und in der troknen Jahrszeit mit Zwilch, welches hinreichend ist, die Sonne und den Thau abzuhalten, der in dieser Erdgegend, und besonders hier, wo ein breiter Strom und ein so morastiges Land ist, sehr häufig fällt. Diese Abwechslung in ihren Dächern in der troknen Jahrszeit geschieht, um der Feuersge=fahr zu wehren, die sonst von der übermässigen Hizze, oder von Räubern, die sich hernach des Eigenthums der Nothleidenden bemächtigen, zu befürchten wäre. Die Portugiesen haben hier eine Kirche und ein Kapuzinerkloster. Die erstere wird durch einen Pater oder Pfarrherrn, und zwei oder drei sehr unwissende und schlecht besoldete Priester besorgt, die wenig zu thun haben. Das Kloster bestand im Jahre 1700 aus zwei Kapuzinern, die vom Könige von Portugal erhalten wurden. Es gehöret zu dem Sprengel des Bischofs von St. Jago **).

---

*) Eine Art Palmbaum, der sehr hoch wächst, und aus welchem die Negern am grünen Vorgebirge ei=nen Palmwein ziehen.

**) Die Hauptinsel des kapwerdischen Archipels.

Die Besazzung des Ortes besteht aus dreißig Mann unter einem Kapitänmajor, welcher Statthalter ist, und einen Lieutenant, einen Alfere oder Fähndrich, und einen Abjubanten unter sich hat. Der obgedachte Statthalter Don Antonio de Barros ist lange in diesem Posten geblieben. Die Besazzung wird alle drei Jahre abgewechselt, und besteht aus Missethätern, die aus Portugal verbannt wurden; diese arme Leute haben so schlechten Sold, daß sie sich kein Gewissen machen, bei Nacht Räuber und Mäuchelmörder zu werden. — Der König hat hier zu Zivilbedienten einen Oberaufseher, den sie Sindiguanto nennen, einen Zolleinnehmer Saitor genannt, einen Notar oder Sekretär und einige Schreiber.

Die Schiffe müssen bei dieser Stadt hier zehne von Hundert sowol bei der Einfahrt als Ausfahrt bezahlen.

Das Westende der Stadt wird durch ein dreiekkigtes Fort Kasaforte genannt vertheidigt. Eine von den Basteien richtet ihre Fronte gegen den Fluß. Es ist blos pallisadirt, und hat weder Graben, Glacis, noch bedekte Wege, ist schlecht versorgt, und könnte Europäern keine Gegenwehre thun.

Der Strom vor der Stadt ist drei Viertelmeilen breit, und tief genug, die grösten Schiffe zu tragen, wenn nur die gefährliche Sandbank in der Mündung nicht den Paß verlegte. Die Nordseite

seite des Flusses ist mit Manglebäumen angefüllt, und auf der andern Seite stehen die schönsten Bäume von Afrika, was die Stärke, Höhe und Reinigkeit des Holzes betrifft. Man könnte daraus schöne Kähne aus Einem Stükke hauen, die groß genug wären, zehn Tonnen *) und fünf und zwanzig bis dreißig Mann zu führen. Die Flut geht bis zwanzig Meilen über Kachao hinaus. Es regnet dabei hier so sehr, daß man diese Gegend das Kammerbekken von Afrika nennt, wie es Rouen von der Normandie genannt wird. Der Ort selbst liegt im eilften Grade Norderbreite.

Die Sorglosigkeit der daselbst wohnenden Portugiesen ist so groß, daß sie sich nicht die Mühe nehmen, Vögel oder Federvieh zu erziehen, so groß auch der Mangel an Lebensmitteln ist. Sie sind daher genöthigt, so oft sie etwas brauchen, wenn es auch nur etwas Wasser ist, einen Musketenschuß weit auffer ihrer Mauer zu gehen. Oefters müssen sie eine Bedekkung mitschikken, um ihre Sklaven gegen ihre Todfeinde, die Papeln, zu vertheidigen.

Von dieser Völkerschaft lebet eine gute Anzahl unter ihnen, die den fünften Theil dieser Stadt ausmachen, welcher deswegen Villaquinta heißt. Diese Papeln, ob sie gleich Gözzendiener sind,

*) Eine Tonne ist in der Schiffersprache ein Gewicht von 20 Zentnern oder 2000 Pfunden. Die Grösse der Schiffe wird nach Tonnen berechnet.

nehmen doch viele Gewohnheiten von den Portugiesen an; so wie die Portugiesen wieder ihnen vieles nachahmen, besonders in den wollüstigen Ausschweifungen, welchen sie sich mit der größten Schamlosigkeit überlassen, so daß der Visitator manchmal genöthigt ist, seine gewöhnliche Nachsicht gegen diese Art Sünden fahren zu lassen, und des Uebertreters .... Beutel zu strafen. Sie halten den Tag über nur eine Mahlzeit von Fleische, welche sie Jentar oder Mittagsmal nennen. Ihr Kassiar oder ihre Abendmahlzeit besteht allezeit aus Fastenspeisen, weil ihnen der Strom eine grosse Menge Fische darbietet; so wie er auch voller Allegators oder Krokodille ist. Alle ihre Malzeiten fangen sich mit Früchten an, von welchen hier viele Arten wild wachsen, als Guavas, Pomeranzen, Zitronen, Ignames, Manioks, Patatas, Kurbaris u. d. g.

Dies war der damalige Zustand von Kachao *).

---

*) Von der ärgerlichen Lebensart der Portugiesen in Kachao und in ihren andern afrikanischen Kolonien werden wir noch an einem andern Orte sprechen.

V.

Brue's Reise nach Bissao und den bissagotischen Inseln.

Im Jahre 1701.

Die Franzosen hatten schon lange grosse Vortheile aus der Handlung mit den Bissagotischen Inseln gezogen, ehe sie den Entschluß faßten, eine Niederlassung auf denselben zu errichten. Im Jahre 1685. zogen sie 800 Sklaven und bei 400 Zentner Wachs aus denselben; im folgenden Jahre führten sie 100 Sklaven von da aus, und im Jahr 1689. wurden innerhalb drei Monaten 300 Sklaven von ihnen daselbst eingehandelt.

Nachher gerieth dieser Handel so sehr in Verfall, daß bei Brue's Ankunft in Senegambien nicht ein einziger Neger mehr zu finden war, welcher auf besagten Inseln gewesen wäre. Dennoch war dieser Generaldirektor entschlossen, den Handel nach diesen Inseln und vorzüglich nach der Insel Bissao zum Nuzzen der Gesellschaft wieder empor zu heben, und zu diesem Entzwek eine Faktorei auf einer dieser Inseln anzulegen.

Zuerst ward die Insel Bourbon bei Bissao zu dieser Niederlassung ausersehen; man fand sie aber zu klein dazu, und man erwählte dafür die grosse Insel Bulam. Brue schikte deswegen im Anfange des Jahres 1699. drei Schiffe unter dem Kommando des Faktors Cartaing mit den zur Anlegung der Kolonie nöthigen Leuten dahin ab. Bald aber kam ein von diesem Befehlshaber abgeschiktes Boot mit dem Berichte zurük, daß die Insel Bulam zu einer solchen Niederlassung zu groß wäre, ob sie gleich unbewohnt war. Der Generaldirektor ertheilte dagegen Befehl auf der Insel Bissao eine Faktorei anzulegen. Cartaing gehorchte diesem Auftrage; er wurde von dem König von Bissao wol aufgenommen, und erhielt von ihm die Einräumung einiger Häuser zu Waarenlagern und freie Handlung. Cartaing kehrte aber zur grossen Bestürzung des Generaldirektors in eben diesem Jahre mit seinen Schiffen wieder zurük, weil der gröste Theil seiner Mannschaft gestorben war, und der Befehlshaber des portugiesischen Forts auf der Insel Bissao von den Waaren der Franzosen zehn Prozent Abgabe verlangte.

Deswegen faßte nun der Generaldirektor den Entschluß, selbst nach Bissao und den Bissagotischen Inseln zu reisen, und eine Begleitung mitzunehmen, welche den Portugiesen und den Negern Respekt einflössen mußte.

Es war im Jahre 1701. als Brue nach seiner Rükkunft von Kachao nach Albreda, von da aus die Fahrt bis nach Bissao mit zwei grossen und fünf kleinen Schiffen unternahm. Diese kleine Flotte kam glüklich bei der Insel Bissao an, bei deren südwestlicher Spizze sie auf ein dänisches Schiff stieß, welches sogleich ohne Widerstand weggenommen wurde; in der darauf folgenden Nacht sahen sie Lichter auf der See, daher der Generaldirektor urtheilte, daß andere Schmuggler *) an der Küste wären, und sie entdekten wirklich am nächsten Morgen zwei Schiffe windwärts der Flotte vor Anker. Der Generaldirektor hissete die Segel **), um sie näher zu untersuchen, und erkannte an ihren Flaggen, daß es Holländer wären. Die Prinzessin, das größte Schiff der kleinen französischen Flotte, zeigte ihre Flaggen, und feuerte auf das größte holländische ein Stük los, um solches heran zu bringen, wie sie aber fand, daß sich jenes zur Gegenwehr fertig machte; so gab sie ihm etwa achtzig Schüsse, welche die erwünschte Wirkung hatten. Unterdessen wurde das zweite holländische Schiff von dem zweiten französischen verfolgt; es vertheidigte sich muthig, aber endlich liessen es die Leute, wie alle Hoffnung zu entrinnen verloren war, auf den Grund laufen, und retteten sich im Boote. Die Negersklaven am Borde desselben ergriffen diese Gelegenheit, zerbra-

---

*) Schmuggler, auch Interloper werden in der Schiffahrt Schleichhändler genannt.

**) Hissen heißt in der Schiffersprache aufziehen.

chen ihre Fesseln, plünderten das Schiff und retteten sich mit der Flucht, indem sie ins Wasser sprangen und wegschwammen. Die französischen Boote konnten nicht zeitig genug ankommen, dieser Unordnung abzuhelfen; sie fanden das Schiff verlassen, und das Verdek mit Waaren bestreuet.

Die Negern der Insel kamen hierauf herbei, und griffen die Franzosen mit ihren Pfeilen an, als sie sahen daß das Schiff auf dem Troknen saß; sobald aber einige ihrer Kameraden von den Flintenschüssen hingestrekt wurden, zogen sie sich zurük, und mit der nächsten Flut kam das Schiff loß. Das größte von diesen Schiffen war die Anna, von zwei und zwanzig Kanonen, und das andere Peter und Johann von Flüsching von sechzehn Kanonen. Ihre Hauptleute Vandernotte und Jakob Renoque waren auf der Küste gestorben.

Am folgenden Tage ankerte die Flotte mit den Prisen bei dem portugiesischen Forte zu Bissao. Ob sie gleich ihre Flaggen zeigten, so daß sie nicht konnten verkannt werden, so ließ doch der Statthalter eine scharfgeladene Kanone auf sie abfeuern. Dies brachte den Befehlshaber des ersten Schiffes so sehr auf, daß er das Fort würde beschossen haben, wenn der Generaldirektor ihn nicht davon abgehalten hätte. Er schikte dagegen eine Schaluppe an das Fort, mit dem vesten Entschlusse diesen Plaz anzugreifen, wenn die Portugiesen auf dieselben feuern würde.

Die Schaluppe ankerte so nahe am Forte, daß der Statthalter, Don Rodrigo de Olivera de Alfonsa, ihr zurufen ließ: Woher sie käme? Sie sollte ihren Hauptmann ans Land schikken!— Dieses that der Offizier, und ward zum Statthalter geführt, der auf die Nachricht, daß sie Franzosen wären, fragte: ob sich Herr Cartaing am Borde befände? Darauf antwortete der Offizier: Herr Cartaing würde bald da seyn; ohne dem Statthalter zu melden, daß er schon auf der Flotte war. Der Portugiese antwortete stolz: Wenn er sich sehen liesse, so sollte er geschwinder zurükkehren, als er gekommen wäre; denn er wollte den Franzosen nicht erlauben, sich auf dieser Insel zu sezzen, auch keinem Franzosen ans Land zu gehen vergönnen; deswegen er dem Hauptmann ankündigte, daß er an Bord gehen, und nach seinen Geschäften weiter segeln sollte.

Der Hauptmann kehrte zurük, und ertheilte von diesen Pralereien der Portugiesen Nachricht; worauf der Generaldirektor am nächsten Morgen den Herrn Cartaing in einem mit bewehrten Leuten wolbesezten Boote abschikte, um den Statthalter in seinem Namen zu begrüssen, sich wegen des scharfen Stükschusses zu beschweren, und ihm zu berichten, daß der Generaldirektor gekommen wäre, sich auf der Insel vest zu sezzen. Cartaing fand den Statthalter gelaſſener. Er nahm ihn hoflich auf, und entſchuldigte ſich wegen des Schuſſes, beſtand aber darauf, daß er den Franzoſen auf keine Art die Freiheit, ſich hier niederzulaſſen verſtatten könnte; indem die Inſel innerhalb der Gränzen der portugieſiſch-afrikaniſchen Geſellſchaft wäre, und er ausdrüklichen Befehl vom Könige in Portugal habe, keinen Fremden ſich hier anſezzen zu laſſen. Er ſandte dieſen Abend ſeinen Alfere oder Fähndrich, mit eben dieſer Botſchaft und mit groſſen Dienſterbletungen an den Herrn Brue.

Dieſer antwortete: Er wundere ſich, wie der Statthalter, der ſich ſo lange in dieſen Gegenden aufgehalten, habe vergeſſen können, daß die Franzoſen allezeit nach Biſſao gehandelt, ſelbſt ehe die Portugieſen ein Fort hier gehabt, er müßte zwiſchen der franzöſiſchen Senegalgeſellſchaft und den Schmugglern einen Unterſchied machen; weil dieſe Geſellſchaft, vermöge ſchriftlicher Beweisgründe, ſich ein Recht zueignete, längs der ganzen Küſte von dem weiſſen Vorgebirge an bis nach Sierra Leona, mit Ausſchlieſſung aller andern Nazionen, zu handeln, wie er aus den Priſen ſehen könnte, welche die Flotte ſo eben gemacht hätte. Das Beßte was der Statthalter thun könnte, würde alſo ſeyn, in gutem Verſtändniſſe mit der franzöſiſchen Geſellſchaft zu leben, und ſeine Handlung fortzuſezzen, ohne daß er die ihrige hinderte, welches ihm und seinen Prinzipalen gar nicht nachtheilig seyn könnte.

Der Generaldirektor sah wol voraus, daß der portugiesische Statthalter alles, was er bei dem Könige vermochte, anwenden würde, um seine Entwürfe zu vereiteln; deswegen schikte er noch an demselben Tage den de la Rue und Cartaing als seine Abgesandte zu diesem Negerfürsten, um eine geheime Audienz für ihn bei demselben zu begehren. Der König empfieng diese Herren sehr höflich, und versprach ihnen, daß er in wenig Tagen an das Ufer kommen, und dann über diese Gelegenheit mit seinen Ministern Rath halten wolle.

Er kam auch wirklich bald darauf in seine Wohnung, Bissao genannt, nahe an der Küste, und ließ sogleich seine Ankunft dem Generaldirektor melden. Dieser begab sich dann in vollem Pompe zu dem Negermonarchen. Die ganze Flotte lösete ihre Kanonen, als Brue das Boot bestieg, das ihn an's Ufer sezzen mußte, und diese Salve ward bei seiner Landung wiederholt. Er gieng in feierlichem Zuge nach dem königlichen Palaste. Voran zog die Musik, zwei Trompeten und zwei Schalmeien, dann kam ein Hauptmann mit zwei Unteroffizieren, zwei Trommelschlägern, und fünf und zwanzig wolbewaffneten Soldaten. Diesen folgten die Faktore der Gesellschaft paarweise und auf sie kam Brue zwischen zweien Kapitäns, und dann die übrigen Offiziere mit den Livreebedienten.

Ein Haufen Matrosen mit ihren Messern bewaffnet schloß den Zug.

Der König erwartete diesen Zug auf einem hübschen Stule unter einem grossen Baume zwischen dem portugiesischen Forte und dem Franziskanerkloster. Er trug eine Weste von grünem Seidenzeuge, welche auf der Brust und an den Aermeln mit silbernen Franzen besezt war; statt der Beinkleider hatte er ein Stük feinen Kattun um die Hüften gewikkelt; den Kopf hatte er mit einer runden zukkerhutförmigen Müzze von Tuch bedekt, und um dieselbe war ein hänfener Strik, zum Zeichen seiner despotischen Gewalt über die Freiheit seiner Unterthanen gewunden. Vier von seinen Weibern sassen zu seinen Füssen; die Vornehmen seines Reichs standen in einiger Entfernung um ihn her, und hinter diesen hatten die Hofmusikanten ihre Stelle, die eine Art von Querpfeifen bliessen. Dem Könige gegenüber standen einige ledige Lehnstüle.

Sobald der Generaldirektor sich näherte, stand der Negermonarch auf und begrüßte ihn, indem er ihm zu wiederholten Malen freundlich die Hände drükte und ihn willkommen hieß; darauf sezten sie sich, und die französischen Offiziere nahmen die Stüle bei ihrem Oberbefehlshaber ein. Brue begann dann sein Kompliment, welches der oberste Dollmetscher der französischen Handelsgesellschaft, der zwischen seinen Gebietern und dem Negerkönige kniete, diesem sogleich getreulich übersezte.

Sein Innhalt war: „Der grosse Ruf von der Gerechtigkeit und Billigkeit seiner negerischen Majestät und der Ruhm seiner tapfer erfochtenen Siege habe sich nicht nur durch ganz Afrika sondern auch bis nach Europa verbreitet, und die französisch-afrikanische Handelsgesellschaft seie dadurch bewogen worden, seine Freundschaft zu suchen, und da sie von seiner gütigen Behandlung der Fremden, und seiner Begierde seine Staaten durch Verkehr mit Ausländern noch mehr emporzuheben seit der langen Zeit in welcher sie schon mit seinen Unterthanen einige Handlung trieb, die schönsten Beweise gesehen hätte, so wünschte sie die Erlaubnis zu erhalten, unter dem Schuzze seiner Majestät in Dero Landen eine Faktorei und Waarenlager errichten zu dürfen, wodurch dieser Handel noch mehr belebt werden könnte."

Der Negermonarch antwortete: „Er danke dem Generaldirektor für seinen freundschaftlichen Besuch, und wünsche selbst mit den Franzosen immer in gutem Vernehmen zu stehen; was aber die Anlegung einer Faktorei beträfe, so könne er sich, ohne den Rath seiner Götter darüber zu befragen, nicht dazu entschließen. Er wolle dies auf ihren Ausspruch ankommen lassen, den sie in Gegenwart des portugiesischen Statthalters sogleich thun sollten."

Dieſer ward alſo geholt; es ſchien ein mit ihm angeſtellter Handel zu ſeyn, denn er war augenbliklich da, begleitet von ſeinem Fähndrich und ſechs Negerſoldaten. Vorher gieng er aber noch in die Kirche, um ſeine Andacht zu verrichten *), ehe er unter den Baum zur Geſellſchaft kam.

Brue benützte noch dieſe kurze Zwiſchenzeit, um dem Könige die Vortheile anzupreißen, die ihm die Freundſchaft der Franzoſen bringen würde; dieſe Vorſtellungen ſchienen Eindruk zu machen.

Endlich kam der portugieſiſche Statthalter, begrüßte die Geſellſchaft, und ward von dem Negermonarchen ganz vertraut empfangen. Er ſezte ſich, und der König begann die Unterredung mit der Frage: „Ihr habt mir geſagt, die Franzoſen wären gekommen, um hier eine Veſtung zu erbauen. Iſt dies Eure eigene Erfindung oder könnt Ihr es beweiſen?„ — Eine Frage welche den portugieſiſchen Statthalter in Verwirrung brachte. Denn er konnte dies nicht beweiſen, und mußte in dieſem Fall den Zorn des Königs befürchten. Doch antwortete er, nachdem er ſich wieder ein wenig gefaßt hatte: „Daß die Franzoſen eine Faktorei auf der Inſel errichten wollten, ſei ja gewiß, und folglich ſei es auch ganz wahrſcheinlich, daß ſie dieſe zu ihrer Sicherheit beveſtigen würden, welches ſein Herr, der König von Portugal nicht zugeben könn-

---

*) Etwa auch um ſeinen Gott zu beſtechen? Oder um die Negern dies glauben zu machen? —

te, da es den mit seiner Majestät und Dero Vorfahren geschlossenen Vergleichen zuwider wäre.„

Der französische Generaldirektor erwiederte darauf: „Er suche keine neue Vergünstigung bei dem Könige von Bissao zu erhalten, da dieser Monarch schon seit langer Zeit mit der französischen Handelsgesellschaft in einem Freundschaftsbündniß stehe. Es sei daher ein widerrechtliches Verfahren der Portugiesen, daß sie im vorhergegangenen Jahre die Handelsunternehmungen der Franzosen auf dieser Insel gehindert hätten; um so mehr da sie gar nicht daran dächten, hier eine Vestung oder bevestigte Faktorei zu erbauen; sondern mit dem Schuzze des Negerkönigs zufrieden, ihre Waaren der Vorsorge desselben überlassen wollten. Uebrigens sei ja der König dieser Insel unumschränkter Beherrscher seiner Länder, und habe nicht nöthig, sich von Andern vorschreiben zu lassen.„

Diese Antwort und besonders der Schluß derselben schien dem Negerkönige sehr zu gefallen. Er stand sogleich auf, und sagte mit einem verdrüßlichen Gesichte zu dem portugiesischen Statthalter: „Er wundere sich, wie er sich erkühnen könne, ihm in seinen eigenen Herrschaften Gesezze vorzuschreiben; er lasse sich von Niemanden regieren, und wolle Jedem, der seinen Befehlen zu widersprechen sich unterstände, beweisen, daß er wisse was er zu thun habe!„

Bei diesen Worten nahm er den Generaldirektor bei der Hand und gieng mit ihm gegen dem Ufer zu. Drei Pfeifer zogen voran; die Vornehmen und Weiber des Königs folgten hintennach. Dieser Zug gieng bis zu einem grossen den Negern heiligen Baume, der die Gözzenbilder in sich verschloß, welche das zu befragende Orakel waren. Der Hofstaat des Negerkönigs schloß einen weiten Kreis um denselben, und nur der König mit seinen Weibern und einem Priester näherte sich ihm. Dieser Gözzenpriester war mit einer Art von bunter Hanswursten=Jakke, welche mit kleinen Glökchen behangen war, bekleidet *); er brachte dem König eine Kürbisflasche voll Palmwein; der König und seine Weiber hielten sie und wer von den Vornehmen noch Raum fand, reichte seine Hand dazu hin, und die welche nicht Raum dazu fanden, die Kürbisflasche mit tragen zu helfen unterstüzten die Ellenbogen der Andern. Darauf wandte sich der König selbst zu den Gözzenbildern, die in der Höhlung des Baumes stakken, wiederholte Bruc's Bitte, und fragte sie um Rath, was er dabei thun sollte?

Der Generaldirektor war der ihm günstigen Antwort zum voraus versichert; denn er hatte ins Geheim die Stellvertreter der Götter, die Priester, die Vornehmen, und die Weiber des Königs durch Geschenke bestochen. Kein Wunder, wenn auch ihm

―――――――
*) Eine auffallende Aehnlichkeit mit den sibirischen Schamanen! — Die Betrüger sind sich überall gleich.

hier die pythische Priesterinn zugerufen hätte: Sohn, du bist unwiderstehlich *)!

Der König besprengte mit einem Theile des Palmweins aus der Kürbisflasche den heiligen Baum, und goß den übrigen an den Fuß desselben aus. Hierauf opferte der Priester den Götzen einen Ochsen, dessen Blut in die nun leere Kürbisflasche aufgefangen, und von dem Könige wie der Palmwein an den Baum gesprützt wurde. Dann tauchte der Priester seine Finger hinein, und berührte damit die Hand des Generaldirektors; welches bei diesen Völkern eine eidliche Versicherung bedeutet.

Nun war diese Zeremonie zu Ende, und der König führte den Generaldirektor bei der Hand nach dem vorigen Audienzplazze zurük, wo sich alle wieder sezten und der König nach einer feierlichen Pause folgende Anrede an Herrn Brue hielt:

„Ihr seid willkommen, Ihr habt Erlaubniß eine Faktorei und ein Waarenlager zu erbauen, wo es Euch gefällt. Ich will Euch unterdessen meine Häuser dazu leihen, bis Ihr die Eurigen aufgeführt habt. Ich schliesse mit Euch und Eurem Volke ein ewiges Bündniß, und nehme Euch hiemit feierlich in meinen Schuz."

---

*) Wie die delphische Priesterinn dem Eroberer Alexander zurief, als er sie mit Gewalt zu dem Dreifuß schleppte. Brue war kein Alexander; darum zog er Geschenke der Gewalt vor.

Sobald der König ausgeredet hatte, erhoben seine Weiber, seine Hofbedienten, und alle Zuschauer ein lautes Freudengeschrei, welches Brue mit einer Salve aus seinem kleinen Geschüzze und aus den Kanonen der Flotte beantworten ließ. Er stand dann auf, und überreichte die Geschenke, welche für den König aus feinen Baumwollenzeugen, Branntwein, Korallen, Brenngläsern, Ferngläsern, Kristallen, einigen Paaren schöner Pistolen und einem silbernen Degen mit einem bordirten Degengehänge, welchen der Negerfürst sogleich anlegte, bestanden. Die Weiber desselben erhielten allerlei europäische Kleinigkeiten, und die übrigen alle wurden mit Branntwein bewirthet; wofür sie dankbarlich ein neues Freudengeschrei erhoben.

Bei dem Abschiede drükte der König dem Generaldirektor mehrere Male freundschaftlich die Hand, und ließ ihn durch seine Pfeifer und Einige seiner vornehmsten Bedienten zu den Schiffen begleiten. Der portugiesische Statthalter erwartete den Generaldirektor auf dem Rükwege, um ihm zu dem glüklichen Ausgange der Sache Glük zu wünschen, und alle seine Dienste anzubieten. Brue antwortete darauf mit gleicher Höflichkeit und sagte ihm, die Portugiesen und Franzosen sollten hier miteinander im Frieden leben und die Entscheidung ihrer Streitigkeiten ihren Monarchen in Europa überlassen; welches der portugiesische Statthalter auch versprach.

Nachher

Nachher speiste Brue bei ihm im Forte auf wiederholtes inständiges Ansuchen; bei welcher Gelegenheit sich ein für die Portugiesen verdrüßlicher Vorfall ereignete. Nämlich als der Statthalter den Generaldirektor mit dreizehen Kanonenschüssen begrüssen ließ, war zum Unglük eines von diesen Stükken mit einer Kugel geladen und zu niedrig gerichtet; so daß es die Steine an der Schießscharte zerschmetterte und damit einen Sohn des Königs in das dikke Bein und einen vornehmen Neger in den Arm verwundete. Die Negern glaubten, die Portugiesen hätten dies aus Bosheit gethan, und erregten deswegen einen grossen Lärm; so daß Brue Mühe hatte diese Sache wieder gütlich beizulegen.

Nach der Mittagsmalzeit gieng Brue mit dem portugiesischen Statthalter in das Barfüsserkloster, wo sie sehr wohl aufgenommen wurden, und von da kehrte dann der Generaldirektor wieder zu seinen Schiffen zurük.

Das portugiesische Fort zu Bissao war von keiner Wichtigkeit, und nur ein grosses Vierek, mit drei kleinen Bollwerken versehen; das vierte war nie angefangen worden; es hatte weder Graben, noch bedekten Weg noch Pallisaden. Die Kurtinen waren so niedrig, und so schlecht, daß man leicht darüber weggehen konnte. Es hatte zwanzig Kanonen, so klein wie Feldstükke, und zwanzig Flinten, ausser denen, die der Besazzung gehörten, welche aus fünfzehn Gromettas oder besoldeten Negern bestand, oder bestehen sollte. Nur der Statthalter, sein Lieutenant und sein Alfere waren Weiſſe; der Feldwebel, war ein alter schwarzer Kreol von St. Jago.

Bruc machte sogleich Anstalt, die ihm gegebene Erlaubniß zu benützen und eine Faktorei anzulegen. Schon am Tage nach seinem Besuch in dem portugiesischen Forte ließ er den Anfang zur Erbauung derselben machen, und alle seine Leute mußten mit Hand anlegen. Dabei miethete er Negern, welche die groben Arbeiten verrichten, Holz hauen und einen Graben sechs Fuß breit und eben so tief um das Gebäude herumziehen mußten. Er nahm hiebei die Nothwendigkeit eines Wasserbehälters zum Vorwande. Er sparte überhaupt nichts, den Bau zu beschleunigen, und dem Gebäude eine gewisse Vestigkeit zu geben. Ziegel und Baksteine hatte er zu dem Ende statt des Ballastes in den Schiffen mitgebracht. Das Haus konnte also sehr dauerhaft aufgeführt werden; doch um den Negern und Portugiesen allen Argwohn zu benehmen, ließ er die Mauern mit Leim überstreichen und weiß übertünchen. Zugleich hatte er verborgene Schießscharten anbringen lassen, mittelst welcher diese Faktorei gut vertheidigt werden konnte. Der Graben war auch mit einer doppelten Dornhekke umzäunt, um bei einem Ueberfall das schnelle Eindringen zu verwehren. So ward dieser Bau innerhalb eines Monats zu Stande gebracht, und die Faktorei war einiger Maßen bevestiget worden, ohne den Verdacht zu erregen, die ertheilte Erlaubniß überschritten zu haben. Dazu mußte auch der Branntwein helfen, mit welchem die Negerarbeiter bestochen wurden.

Während diese Faktorei auf der Insel Bissao erbauet wurde, unternahm der Generaldirektor Brue eine Reise nach der Insel Bulam, auf welcher er schon vorher hatte eine Kolonie anlegen wollen. Er fuhr mit zwei Booten dahin, welche mit Laptoten von Goree und mit Papeln besezt waren; auch hatte er einige Piloten zur Untersuchung der Küste bei sich.

Er segelte also zwischen der Hexeninsel und der Insel Bourbon durch, und an der von den Portugiesen sogenannten Insel Formosa (Hermosa, die Schöne) vorbei. Diese Insel hat wirklich ein schönes Ansehen; sie ist mit hohen Bäumen besezt und scheint fruchtbar zu seyn; aber wegen Mängel an süssem Wasser ist sie unbewohnt. Der Kanal zwischen dieser Insel und der Halbinsel der Biafaren ist der Untiefen wegen sehr unsicher; auch lauern die Biafaren immer auf die vorbei segelnden Schiffe um sie zu überfallen, wenn sie auf den Grund gerathen. Sie pflegen sich dann gemeiniglich Baumrinden von zwei Fuß Länge und sieben bis acht Zoll Breite an die Solen zu befestigen, um nicht in dem Moraste zu versinken *).

Der Generaldirektor hatte auch das Unglük mit einen beiden Booten stekken zu bleiben und auf die Flut **) warten zu müssen, welche ihm wieder loshelfen mußte; doch hatte er dabei nichts von den Biafaren zu befürchten, da seine Leute stark und bewaffnet genug waren, um einen solchen Angriff zurükzuschlagen; doch hielten sie deswegen gute Wache.

Sobald die Schiffe durch die Flut wieder erlößt waren, schifften sie nach der Insel Bulam an deren nordöstlichem Ufer der Generaldirektor bei einbrechender Nacht wegen der heftigen Strömungen zu landen gezwungen war. Hier überfiel ihn ein schröklicher Sturm; der Donner rollte fürchterlich, die Blizze durchkreuzten die Finsterniß, und der Regen stürzte so häufig herab, daß Brue selbst in seinem Zelte ganz durchnässet wurde. Alle Augenblike mußte er noch überdies befürchten, die Boote möchten von den Ankern losgerissen und in das weite Meer hinausgeschleudert werden. Die

---

*) So machen sich auch Lappen, Samojeden und andre Völker. Schneeschuhe, um nicht im Schnee zu versinken.

**) Durch einen Druk- oder Ueberseʒungsfehler steht hier in der teutschen Uebersezung der allg. Hist. b. R. II. B. S. 420. Brue mußte die Rükkehr der Flotte erwarten.

Nacht war so finster, daß man die nächsten Gegenstände nur mit Hülfe des Blitzes erkennen konnte. — Der Sturm legte sich mit Anbruch des Tages. Einige Bissagoten welche auch die Nacht mit ihren Kähnen hier zugebracht hatten näherten sich bei wiedergekehrter Ruhe den französischen Booten, und der Generaldirektor lud sie durch Zeichen zu sich ein. Sie kamen, und er erwarb sich bald durch Geschenke ihre Freundschaft. Es waren ihrer in allem achtundzwanzig. Brue nahm einige Freiwillige derselben als Wegweiser mit sich, und so fuhr er nun auf der Ostseite der Insel hin, an welcher er in einer kleinen Bai ankerte, und an das Land stieg um die Insel zu besehen.

Er fand sie sehr schön und angenehm. Die ganze Küste war mit Bäumen bedekt; in dem Innern aber haben die Bissagoten Pflanzungen von allerlei Getraide angelegt, welche sie alle Jahr besuchen, besäen und bis zur Aerndte daselbst verweilen. Der Boden ist ausnehmend fett und fruchtbar, und von einer grossen Zahl von Bächen bewässert, welche nie austroknen. Diese Bäche fliessen in sehr angenehmen Thälern zwischen fruchtbaren Hügeln; nur in der Mitte der Insel giebt es Berge, welche diesen Namen verdienen, doch sind sie weder steil, noch öde, sondern mit Wäldern bekrönt. An allerlei Holze und besonders an gutem Bauholze ist die Insel sehr reich; sie hat auch Steinbrüche, und vermuthlich noch allerlei

Mineralien, die bis izt ungesucht blieben. Die Küste hat Ueberfluß an Austern. Auf der Südspizze ist die trefflichste Weide; auch weiden da zahlreiche Heerden von grossen wilden Ochsen und kleinen wilden Pferden. Hirsche, Rehe und Büffel trifft man in den Wäldern, bisweilen auch einige Elefanten, die wahrscheinlich von dem vesten Lande herüberkommen. An Geflügel und Fischen ist hier gar kein Mangel. Ueberhaupt vereint diese Insel die schönsten Vortheile. Ihr Boden und ihr Klima wären zum Bau des Zukker's, Kakao's, Indigo's, der Baumwolle u. s. w. sehr geschikt, und ihre Lage würde den Handel begünstigen. Dennoch ist diese schöne, angenehme, fruchtbare Insel jezt noch unbewohnt *). Einst waren Biafaren ihre Einwohner, aber sie wurden von ihren Feinden den Bissagoten theils zu Sklaven gemacht, theils vertrieben. Die Sieger nahmen ihre Eroberung nicht in Besiz, sondern begnügten sich, Pflanzungen auf dieser Insel anzulegen, und die Früchte derselben alljährlich abzuholen. Sie kommen in dieser Absicht im Februar, März, April und Mai zu drei bis vierhunderten dahin, und kehren dann wieder zurük. Andre Bissagoten streifen nur des Elefantenfangs wegen, oder um die Biafaren zu beunruhigen, nach dieser Insel.

---

*) Genau gemessen, nach der Spezialkarte Nro. 36. S. 407. im II. B. der allg. Hist. d. R. ist diese Insel 16. Quadratmeilen groß, könnte also über 50,000 Einwohner ernähren.

245

Der Generaldirektor brachte vier Tage mit der Besichtigung derselben zu, und kehrte mit der vortheilhaftesten Meinung von den Vorzügen dieser Insel zu seinen Booten zurük. Er nährte den Entwurf eine französische Kolonie auf derselben anzulegen, und untersuchte deswegen mit seinen Schiffen alle Baien, Buchten, Häven, Tiefen und Gewässer um diese Insel her, als er von ihrem Innern genug unterrichtet war. Er ließ auch den Kanal zwischen Formosa und Bulam durch einen bissagotischen Kahn mit zweien seiner Piloten untersuchen; er fand aber, daß dieser so mit Sandbänken, Klippen und Untiefen angefüllt ist, daß er selbst bei hohem Wasser von Böten nicht befahren werden kann. Die Bissagoten mußten ihren Kahn darüber hinziehen, und über die Sandbänke waten. Sie schifften dann weiter um die Insel Bulam herum, und fuhren durch den ziemlich tiefen Kanal zwischen dieser und der Insel Galinet oder das Galinhas (Hünerinsel) wie die Portugiesen sie wegen ihres Reichthums an Federvieh genannt haben.

Brue segelte hierauf in den Rio grande (grossen Fluß) dessen Ufer er sehr wol bevölkert, und mit Bäumen bewachsen fand, die zum Schiffsbau besonders tauglich sind. Er fuhr an der Insel Besegue oder Bisaghe (im Flusse) vorbei bis nach Ghinala, einem Flekken, der an einem gleichnamigen Arme oder Nebenflusse des Rio grande liegt, und dem ganzen Lande, welches man sonst auch das Königreich der Biafaren nennt, den Namen Ghinala giebt.

Brue fand hier eine Brigantine von 50 bis 60 Tonnen, welche einem Engländer Namens Glik gehörte, der mit einer vornehmen Negerinn ein ansehnliches Vermögen und den Besitz einer Insel im Flusse Sierra Leona erheurathet hatte. Diese ließ er durch Sklaven bauen und trieb dabei einen einträglichen Handel an diesen Küsten.

Der Flekken oder das Städtchen Ghinala ist von Portugiesen — Abkömmlingen portugiesischer Kolonisten — bewohnt, welche sich auf ihre Abkunft etwas zu gute thun. Signor Patricio Paresse, einer der vornehmsten Einwohner, der Sohn eines Holländers und einer portugiesischen Mulattinn — daher er zwar weiß war, aber einen braunen Kreis um die Augen hatte — bot dem Generaldirektor sein hübsches Haus zur Wohnung an, und das Anerbieten wurde nicht ausgeschlagen. Dieser Signor war ein reicher Mann. Er hatte nebst den Reichthümern von seinen beiden Aeltern die Reinlichkeitsliebe der Holländer und den Ernst der Portugiesen geerbt.

Kaum hatte Brue seine Wohnung bezogen, so erschien schon das Oberhaupt der Portugiesen, mit allen Sidalgos (Edelleuten) der Nachbarschaft, um ihm die Aufwartung zu machen. Der Schwall ihrer Namen und Titel betäubte seine Ohren.

Die Einwohner von Ghinala sind ein Gemisch von allerlei Farben, weiße, schwarze, braune und bräunlichte. Sie schienen alle in guten Umständen zu seyn, und hatten hübsche Häuser. Doch von diesen lezteren kann ein Fremder nur die Aussenseite beurtheilen, weil alle Besuche in einem hübsch aufgepuzten Vorhofe empfangen werden, und das Innere von der Eifersucht Jedem verschlossen bleibt. Denn hier herrscht die Vielweiberei der Negern mit der Eifersucht der Portugiesen gepaart. Doch sind die Leute von Stande sehr höflich.

Nachdem der Generaldirektor zwei Tage mit Erwiederung der Besuche und mit Einziehung der nöthigen Nachrichten wegen des Handels dieser Gegenden zugebracht hatte, zog er am dritten Tage von zwanzig seiner wolbewaffneten Mannschaft und mehrern portugiesischen Fidalgo's begleitet nach dem Hoflager des Königs, welches nur eine kleine Meile von Ghinala entfernt war.

Der König hatte schon Nachricht davon erhalten, und erwartete den Generaldirektor bei einem Baume vor seinem Palaste. Er trug ein schwarzes Tuch, das ihm bis auf die Schenkel reichte, um den Leib gewikkelt, ein schwarzes Unterkleid nach portugiesischer Art, einen Mantel, weite Hosen, ohne Strümpfe und einen grossen Hut, alles von gleicher Farbe, so daß er über und über schwarz war.

Er empfieng den Generaldirektor, seine Komplimente und Geschenke, mit vieler Höflichkeit, er nahm ihn freundschaftlich bei der Hand, und versicherte ihn, die Franzosen würden ihm in seinen Landen sehr willkommen seyn; er wollte sie schüzzen und ihnen in der Handlung den Vorzug vor allen andern Nazionen geben; auch sei er bereit ihnen wo sie wollten zu erlauben, Niederlassungen zu errichten und bevestigte Faktoreien zu erbauen.

Brue entdekte ihm hierauf, daß die Franzosen auf der Insel Bulam, welche zu den Ländern des Königs von Ghinala gehörte, eine Niederlassung anzulegen wünschten.

Der König antwortete: „Es würde ihm nichts angenehmer seyn, als wenn die Franzosen diese Insel in Besiz nehmen und die Bissagoten seine Todfeinde daraus vertreiben wollten; er wolle ihnen deswegen die ganze Insel schenken, und wenn ihnen diese nicht groß genug wäre, ihnen auch noch einen Theil von der gegenüber liegenden Küste der Halbinsel der Biafaren einräumen." — Nachdem er das ihm überbrachte Geschenk besehen hatte, stattete er dem Generaldirektor seinen Dank dafür ab, ließ Palmwein holen, trank seine Gesundheit und ersuchte ihn, ihm Bescheid zu thun. Er bewirthete ihn dann auch nach Landesart sehr köstlich; doch schien dem Herrn Brue unter der Menge von Gerichten, welche aufgetragen wurden, nur der mit Vögeln gekochte Reiß schmakhaft.

Nach der Malzeit besah er die königliche Residenz und die umliegende Gegend; beide gefielen ihm sehr wol, besonders die leztere, welche überaus fruchtbar und gesegnet ist; auch ist der Handel daselbst sehr beträchtlich.

Am Abend kehrte der Generaldirektor nach Ghinala zurük; der Negerkönig entließ ihn sehr ungerne; er hatte an seinem Umgange Vergnügen gefunden, und wünschte ihn einige Tage bei sich behalten zu können, welches aber diesmal nicht geschehen konnte. Brue verweilte noch einen Tag zu Ghinala, und schiffte dann fünf Meilen den Fluß weiter hinauf, um einen Ort zu besehen, der nach der Aussage der Reisenden zum Schiffsbau sehr bequem war. Es wurden auch damals Schiffe daselbst gebaut. An dem Flusse hin liegen mehrere von den Portugiesen bewohnte Dörfer.

Der Rio grande oder grosse Fluß ist sehr bequem für den Handel; denn er ist bis auf 120 Meilen von seiner Mündung wenigstens für Barken und kleinere Schiffe schiffbar. —

Brue kehrte nach vollendeten Geschäften wieder nach Bissao zurük.

Nachdem der Generaldirektor den Bau daselbst besichtigt hatte, entschloß er sich bis zur Vollendung desselben eine Reise nach den Bissagotischen Inseln zu unternehmen. Er segelte auch bald darauf in der Korvette dahin ab, und richtete seinen Lauf zuerst nach der Insel Razegut, deren Bewohner durch den Handel gesitteter geworden sind, als die übrigen Bissagoten; doch muß man sich auch bei diesen in Acht nehmen. Brue wußte dies und befolgte die vorgeschriebenen Vorsichtigkeitsregeln.

Sobald sein Schiff an dem Ufer bevestigt war, ließ er seine Flagge hissen und eine Kanone losbrennen; worauf sogleich drei Leute an dem Ufer erschienen, welche durch Zeichen zu verstehen gaben, daß sie an Bord kommen wollten. Der Generaldirektor ließ sie mit einem Boot abholen. Es waren drei vornehme Negern dieser Insel und einer derselben war sogar ein naher Verwandter des Königs. Dieser trug nur ein Tuch um den Leib und einen Hut auf dem Kopfe. Seine Haare waren mit Palmöle ganz roth geschmiert. Er begrüßte den Generaldirektor sehr höflich, zog seinen Hut ab, drükte ihm die Hand und hieß ihn willkommen. Wogegen er nebst seinen Begleitern mit Branntwein bewirthet wurde.

Unterdessen näherte sich ein anderer Kahn mit fünf Negern dem Schiffe; einer derselben kam auf's Verdek mit einem Hahne in der linken Hand, und einem Messer in der rechten. Er kniete eine Minute vor Herrn Brue nieder ohne zu reden; dann stand er auf und wandte sich nach Osten, schnitt dem Hahne die Kehle ab, kniete wieder hin und ließ einige Tropfen des Bluts auf Brue's

Fuß fallen. Er that eben dies an dem Maſte und an der Pumpe des Schiffes, kehrte zum General-direktor zurük, und überreichte ihm den Hahn. Brue befahl, ihm einen Becher Branntwein zu geben, und befragte ihn um die Urſache dieſer ſeltſamen Zeremonie. Der Neger antwortete, ſeine Leute ſähen die Weiſſen als Meergötter an, der Maſt wäre ein Gott, der das Schiff gehen machte, und die Pumpe wäre ein Wunderwerk, weil ſie das Waſſer wider ſeine natürliche Schwere, ſteigen machte — deswegen hätte er ihnen ein Opfer gebracht *).

Nachdem Brue den vornehmen Schwarzen bewirthet und beſchenkt hatte, ließ er ihn wieder ans Land. Am folgenden Tag ſtattete er ſeinen Gegenbeſuch ab, und ward beim Ausſteigen von dieſem Herrn empfangen, der ihn zu ſeiner Wohnung führte, welche etwa dreihundert Schritte vom Ufer, nach portugieſiſcher Art gebaut, wol geweißt, mit einem offenen Vorhofe und mit artigen hölzer-

---

*) Die Geſchichte lehrt uns, daß die Hähne ſchon in den früheſten Zeiten und bei vielen Völkern des Alterthums auch in neuern Zeiten, theils als heilige Thiere betrachtet, theils den Göttern zum Opfer gebracht, theils auch zur Zauberei und Wahrſagerei gebraucht wurden. Die Fabel von Gallus (ἀλεκτρυων) iſt aus der Mythologie bekannt. (Wovon Homer und Ovid nachzuleſen). Die Griechen opferten dem Aeſkulap einen Hahn für die Geneſung, u. ſ. w.

nen Stülen versehen, und mit Palmbäumen um=
geben war. Nach einiger Unterredung und einer
Bewirthung mit Palmweine, gieng er zu einem
Gebäude etwa fünfzig Schritte von seinem Hause,
welches zu des Generaldirektors grosser Verwunde=
rung eine Kapelle mit Altar, Bänken, und einer
Glokke von etwa dreißig Pfunden war, die an ei=
nem Baume nicht weit von der Thüre hieng. Er
ließ solche läuten, und berichtete dem Herrn Brue,
daß er die Kapelle zum Gebrauche der Kristen habe
bauen lassen, die etwa herkommen möchten; mit
dem Zusazze, ob er wol kein Krist wäre, so liebte
er sie doch, und wenn ein Priester hier bei ihm
bleiben wollte, so sollte es solchem an nichts man=
geln *). Nach diesem giengen sie miteinander zum

---

*) Warlich ein schönes Beispiel von Duldung; wie be=
schämend für Manche, die den Neger kaum der Ehre
werth halten, ihn in die Reihe vernünftiger Wesen
zu sezzen! — Ich zweifle aber sehr daran, daß die=
ser Neger die Kapelle selbst habe erbauen lassen. Wer
gab ihm das Modell, wer die Glokke dazu? — Viel=
leicht mißverstand ihn Brue, und der tolerante Ne=
ger wollte vermuthlich nur sagen: „Europäer haben
diese Kapelle gebaut und uns nachher wieder verlassen;
ich aber ließ sie nicht niederreissen, sondern wünsche,
daß die Kristen, die ich liebe, sich ihrer bedienen
möchten!„ — So erkläre ich mir es; denn die Ne=
gern sind weder Baumeister, noch Glokkengiesser. —
Dies vermindert aber die Schönheit dieser Handlung
nicht.

Könige, der etwa eine Meile von da sich aufhielt, und den Generaldirektor sehr gnädig aufnahm. Es war ein ehrwürdiger, ungefähr siebzigjähriger Alter, sein Bart war lokkicht, und beinahe weiß, Augen und Mund wolgebildet, und sein Ansehen wirklich majestätisch. Er hatte nur ein Pagne um den Leib, und einen Hut auf dem Kopfe, mit dessen Abnehmung er den Generaldirektor grüßte, ihn bei der Hand nahm, verschiedene Male wiederholte, daß er willkommen sei, und ihm die Freiheit sich nach Gefallen auf der Insel niederzulassen anbot. Brue schenkte ihm einige Kleinigkeiten, und zwei Fässer Branntwein. Der König kostete ihn, und fand ihn viel vortrefflicher, als den portugiesischen Rum, der oft mit Wasser verfälscht ist. Das Haus des Königs war noch nicht so bequem angelegt, als das seines Verwandten; aber doch fanden sich Stüle und Tische darinn. Er behielt die Gesellschaft zur Mittagsmalzeit, und bewirthete sie mit Vögeln im Reiße gekocht, mit Wildpret, Rind = und Schöpsenfleische, welches noch ziemlich gut zugerichtet war. Sein Palmwein war vortrefflich, und Brue's Branntwein wurde dabei auch nicht geschont. Nach Tische fieng der König an, Tabak zu rauchen, und ließ den Herrn Brue zum Zeichen seiner Freundschaft aus seiner eigenen Pfeife rauchen *). Die Röhre die-

---

*) Auch bei den nordamerikanischen Wilden finden wir diese Sitte; ihr Kalumet oder Friedenspfeife wird

ser Königspfeife war nahe an fünf Fuß lang, und der Kopf konnte ein Viertelpfund Tabak fassen. Sie war mit Ringen, und andern Zierrathen von Töpferarbeit versehen. Der Negermonarch beschenkte den Generaldirektor mit zweien Hähnen. Die Hähne sind ihren Gottheiten geheiligt, und dies ist daher die größte Ehrenbezeugung bei diesen Negern.

Brue konnte sehr zufrieden seyn, daß diese Insulaner, die ihnen von Franzosen angethane Beleidigung so frühe schon vergessen hatten. Die Geschichte ist diese: Im Jahre 1687. wurden dem Herrn de la Fonde, als er sich hier aufhielt, von einigen Insulanern Waaren geraubt. Während er nun auf Rache bedacht war, lief ein französisches Kriegsschiff, der Löwe genannt, unter dem Kapitän de Montesier, hier ein. Er schlug diesem Hauptmanne vor, die Insel zu plündern, und zu diesem Ende wurden zweihundert Mann ohne Widerstand ans Land gesetzt. Der damalige König Namens Dukermenay, sah sich in seinem eigenen Hause umringt, und verbrannte sich lieber, als daß er sich ergeben hätte. Die Einwohner flohen in

---

meinen Lesern wol bekannt seyn. — Die Lappen glauben ebenfalls, Jemanden eine Ehre zu erweisen, wenn sie ihn aus ihrer Pfeife rauchen lassen. In grossen Gesellschaften geht die Pfeife herum; Jeder thut nach der Reihe einen Zug daraus.

in die Wälder, und auf die Berge, so daß die Franzosen von 2. bis 3000 Insulanern nur 10. bis 12. zu Gefangenen machten. Diese unglükliche Unternehmung machte den Herrn de la Sonde befürchten, die Handlung mit diesem Volke möchte nun ganz verloren gehen. Er erfand deswegen Mittel diese Negern zu bereden, daß er an dem ganzen Vorfalle unschuldig und daß diese That von Seeräubern verübt worden sei! — *)..

Brue kehrte bald wieder von Kazegut nach Bissao zurük.

Nach seiner Rükkehr fand der Generaldirektor den Bau der Faktorei beinahe ganz vollendet, welches ihm sehr lieb war.

---

*) In welcher scheußlichen Gestalt erscheinen hier die Franzosen in der Zusammenstellung mit diesen gutmüthigen Insulanern! De la Sonde wollte — gleich den neueren Erdumseglern — das Verbrechen einiger Wenigen, an dem ganzen Volke, an dem schuldlosen Könige rächen; daß es ihm aber mehr um den Fang vieler Sklaven zu thun war zeigt der Schluß. Wie niedrig! — Und die gutmüthigen Negern ließen sich doch wieder bereden, mit den Franzosen Freundschaft zu machen? — Warlich ein unwiderlegbarer Beweis für ihre Gutartigkeit! — Wäre es ein Wunder wenn diese unkultivirte Menschen nach einer solchen Behandlung, jeden Europäer, den sie träfen, lebendig auffräßen? ———

Er besuchte hierauf wieder den Negerkönig von Bissao, ward sehr wol empfangen, und fand die Freundschaft dieses Fürsten so warm und seine Zusicherungen so aufrichtig, daß er sich ganz auf ihn verlassen zu dürfen glaubte. Er ward auch in seiner Erwartung nicht betrogen *).

Unterdessen erhob sich wieder ein Streit zwischen dem französischen Generaldirektor und dem portugiesischen Statthalter. Der Ursprung desselben war dieser. Lezterer hatte Bruen zur Messe in die Kirche eingeladen, und die Einladung war angenommen worden. Brue kam in die Kirche, und der erste Gegenstand, der seinen Blikken auffiel, war das Wappen **) der französisch-afrikanischen Handelsgesellschaft über dem Altare.

Brue wies dies Wappen dem portugiesischen Statthalter und führte es zum Beweise auf, daß es, da diese Figur so alt als Kirche und Altar zu seyn schien, ganz sicher von Franzosen herrühren müsse, welche früher, oder wenigstens eben so früh als die Portugiesen sich hier niedergelassen, und hier Handlung getrieben hätten.

*) Auch ein Beweis für die Gutartigkeit der Negern. Wolgemerkt, dieser Negerfürst war von der so verschrieenen Nazion der Papeln! Wir werden in der Folge solcher Beispiele noch mehrere finden.

**) Nämlich goldene Lilien im silbernen Felde, mit einer Krone von Kleeblättern und zweien Negern, als Schildhaltern.

Der Statthalter erwiderte: Er könne dies nicht entscheiden, aber er dürfe ihn mit Gewißheit versichern, daß vor einiger Zeit ein König von Bissao seinen Sohn nach Lissabon geschikt habe, um die Oberherrschaft des Königs von Portugal anzuerkennen, und in dem dabei geschlossenen Vertrage sei den Portugiesen die Erbauung eines Forts und der ausschließliche Handel auf dieser Insel bewilligt worden *).

Brue hielt dies für eine Erdichtung, weil der Portugiese weder die Jahrszahl von dieser Begebenheit, noch den Namen des Königs von Portu-

---

*) Barbot in seiner Beschreibung von Guinea (in der Churchillschen Sammlung, im V. B.) führt eine Stelle aus einer Pariser Zeitung vom J. 1694. an, in welcher es in einem Artikel von Lissabon, vom 26sten Okt. gen. J. heißt: „Ein Schiff von Kachao hat einen Negerprinzen Namens Batonto mitgebracht, welchen sein Vater, Bakompoloko, König von Bissan (ohne Zweifel Bissao) nach Portugal abgeschikt habe, um sich taufen zu lassen, und Missionare zu holen, zugleich auch um den König v. P. als Schuzherrn anzuerkennen, und zu begehren, daß derselbe möchte ein Fort zu Bissao erbauen lassen." — Im Dezember meldete darauf dieselbe Zeitung, daß der Prinz Batonto wirklich von dem päbstlichen Nuntius Contarini zu Lissabon sei getauft worden, und von dem Könige, seinem Pathen, den Namen Emanuel, und ein Geschenk von 800. Pistolen erhalten habe.

gal nennen konnte, mit welchem dies Bündniß eingegangen worden *).

---

*) Unbegreiflich ist es mir, daß weder Labat, noch Brue, noch selbst der portugiesische Statthalter zu Bissao dies gewußt haben soll? — Oder sollte dieser letztere es gewußt, und aus politischen Gründen vor dem französischen Generaldirektor verhehlt haben? — Dann hätte dieser es ja von dem Könige oder von den Einwohnern von Bissao erfahren können. Es war ja noch gar nicht so lange, wenn obige Nachricht ächt ist! Brue war hier im J. 1701. und das Fort soll nach 1694. erbaut worden seyn, und doch soll dieser das Jahr der Erbauung nicht gewußt haben — nicht haben an Ort und Stelle erfahren können? — Unbegreiflich! — Der ungenannte Verfasser des Anhangs zu Le Maire's obenerwähnter Reise (Allg. Hist. d. R. II. B. S. 447. u. ff.) sagt: „Es ist eine Kirche und ein Kapuzinerkloster zu Bissao; verschiedene Portugiesen sind an Papelnegerinnen verheurathet, und viele Kinder der Papeln sind getauft. — Die Portugiesen hatten vordem ein Fort an diesem Haven gebauet, das mit acht Kanonen besezt war, um alle andere Nazionen abzuhalten, hieher zu handeln. Die Insulaner wollten dies aber nicht zugeben, sondern hatten von jeher allen Völkern die freie Handlung bei ihnen vergönnt." — Wie reimt sich dies mit obiger Assertion zusammen? — Der Verfasser war um's J. 1682. daselbst. Le Maire's Reise ward im J. 1695. zu Paris gedrukt; wie kann also in diesem Jahre erst das Fort erbaut worden seyn? — Dennoch ziehet der Her

Er ließ sich auch dadurch nicht abhalten seine Handlung zum Nachtheil und Untergang der portugiesischen Handlung einzurichten.

Beide lebten aber äußerlich in Freundschaft und gutem Vernehmen miteinander. Doch ließ der Statthalter dem Generaldirektor vor seiner Abreise eine förmliche Protestazion im Namen des Königs von Portugal gegen die französischen Unternehmungen überreichen. Brue erwiederte sie durch eine Gegenprotestazion.

Sobald der Negermonarch erfuhr, daß der Generaldirektor sich zur Abreise bereitete, und eine Abschiedsaudienz begehren würde, kam er selbst zu Fuße — barfuß eine Viertelmeile weit — mit seinem ganzen Hofstaate, denn er hatte nicht Pferde genug für alle, in die neuerbaute Faktorei auf Besuch. Er war diesmal seltsam gekleidet. Statt der Beinkleider hatte er seine Lenden mit einem Pagne umwunden; über diesem trug er weder Hemde noch Unterkleid, sondern nur einen langen Mantel mit einer Kapuze, von schlechtem grobem Zeug. Auf dem Kopfe hatte er einen grossen

---

geber der Allg. Hist. d. R. (II. B. S. 432. Anm.) diesen falschen Schluß zum Beweise der Aechtheit der Barbotschen Nachricht. — Einen andern Gegenbeweis giebt die Aussage des portugiesischen Statthalters, daß der französische Generaldirektor de la Sonde, welcher vor 1693. dieses Amt bekleidete, ihm Zoll bezahlt habe, welcher Brue nicht widersprach.

schwarzen Hut mit einer Krone, die mit einem rothen Bande eingefaßt war.

Brue ließ ihn mit allem Geschüzze seiner Flotte, die sich deswegen näher an's Ufer gelegt hatte, begrüssen, und empfieng ihn mit aller Ehrerbietung.

Dies mußte den Stolz des Negerkönigleins kitzeln! Der Generaldirektor verfehlte auch die erwartete Wirkung nicht — daß er ein schlauer Kauz war, werden ihm meine Leser schon abgemerkt haben — und seine halbnakte negerische Majestät geruhten auch, ihn huldreichst zu fragen: „Ob er noch etwas wünsche? Ob er zufrieden sei mit der erhaltenen Vergünstigung, oder ob er noch mehr verlange? Er sei bereit, sezte er mit aller Herablassung hinzu, ihm jede seiner Bitten zu gewähren."

Brue — der im erforderlichen Falle gewiß bereit und im Stande gewesen wäre, Alles von diesem ohnmächtigen Monarchen *) mit Gewalt zu ertrozzen — dankte ihm verbindlichst, versicherte ihn, daß er sich ganz auf seinen gnädigsten Schuz ver-

---

*) Er ist Beherrscher eines Inselchens, das, nach der Spezialkarte Nr. 36. im II. B. der Allg. Hist. d. R. genau ausgemessen, nur 21. Quadratmeilen Flächenraum hat, folglich höchstens 50,000. Einwohner faßt. Dennoch wird er von den europäischen Reisebeschreibern mit dem Kaisertitel beehrt. (Man sehe oben S. 63.)

laſſe, und überreichte ihm wieder einige Geſchenke, worunter auch eine mit Gold beſezte karmoiſinfarbne ſammtne Müzze war, welche Seine Majeſtät ſogleich mit höchſt eigenen Händen aufzuſezzen nicht ermangelten.

Sechs Tage darauf machte der Generaldirektor ſeinen Abſchiedsbeſuch bei dieſem Könige. Die Audienz ward wieder unter einem Baume, bei des Königs Landhaus gegeben. Der Monarch ſelbſt erſchien diesmal in einem ſcharlachnen Mantel mit einem grauen Hut auf dem Kopfe. Brue ſtellte ihm den Cartaing als Oberfaktor und die ſechs andern Beamte, die er in der Faktorei auf dieſer Inſel zurüklaſſen wollte, vor, und empfahl ſie ſeinem Schuzze.

Der König verſicherte ihn nochmals, er könne vergnügt abreiſen, denn er nehme die Faktorei in ſeinen unmittelbaren Schuz. Er wünſchte ihm hierauf glükliche Reiſe, und erbat ſich öftere Nachrichten von ihm.

Brue hatte dieſen ſonſt ſo ſtolzen, aufgeblaſenen Negerfürſten ganz für ſich einzunehmen gewußt; und dieſer erzeigte ihm alle mögliche Höflichkeiten und ſchikte ihm noch vor ſeiner Abreiſe einen groſſen Theil ſeiner Höflinge und Weiber, um ihm nochmals glükliche Reiſe zu wünſchen, und ihm Lebensmittel zum Geſchenke zu überbringen.

Nachdem nun der Generaldirektor auch von dem portugieſiſchen Statthalter Abſchied genommen

und die Faktorei mit allem Nöthigen versorgt, mit
den gehörigen Leuten besezt, und ihnen auch drei
Fahrzeuge mit den Matrosen zurükgelassen hatte,
gieng er an Bord.

Cartaing erhielt noch den besondern Auftrag
die Küsten umher genau untersuchen zu lassen, und
das portugiesische Fort, falls die Portugiesen es,
wie die Rede gieng, bald verlassen würden, in
Besiz zu nehmen *).

Brue schiffte hierauf nach Goree zurük, wo
er auch bald und glüklich anlangte.

Labat erwähnt — doch nur im Vorüberge-

*) Der portugiesische Handel zu Bissao wurde richtig
durch den französischen zu Grunde gerichtet. Die
französische Handelsgesellschaft wollte den Portugiesen
das Fort abkaufen; aber diese willigten nicht ein,
sondern schleiften es im Oktober 1703. nachdem sie
es geräumt hatten. Auch die portugiesischen Geistlichen verliessen bald die Insel, auf welcher sie sich
durch Unduldsamkeit verhaßt gemacht hatten. Sie
hatten einen vornehmen Neger getauft, der aber vor
seinem Tode wieder abfiel. Seine Verwandten wollten ihn in die Kirche begraben haben, und begruben
ihn mit Gewalt dahin. Die Franziskaner hielten die
Kirche für entheiligt, scharrten ihn heimlich heraus, und weiheten die Kirche wieder ein. Sie
giengen in ihrer Unklugheit noch weiter, und brachten
Heiden und Kristen gegen sie auf.

hen — bei den Nachrichten, die er uns von dem Negerkönigreich Kabo oder Geve mittheilt *), einer Reise des Generaldirektors Brue dahin, sagt aber nicht, in welchem Jahre sie gethan worden, und giebt uns sonst auch keine nähere Nachrichten von derselben. Sie ist also für uns, als Reise, verloren. Die Nachrichten die er von genanntem Lande liefert, sind aus Brue's Tagebüchern genommen.

Brue gieng im Jahre 1702. nach Europa zurük, und kam erst im Jahre 1714. wieder nach Senegambien, in welches Jahr auch die hier nachfolgende Reise fällt.

*) Labat im V. Bde. seiner Afrique occidentale.

VI.
Brue's Reise nach dem See Kajor.

Im Jahre 1714.

Der See Kajor oder Kailor (auch Kaer genannt) welcher auf der Nordseite des Senegals, mit dem er durch einen natürlichen Kanal zusammen hängt, und südwärts von den Gummiwäldern liegt, erhält sein Wasser durch die Ueberschwemmungen des genannten Flusses und vertroknet daher größtentheils in der niedrigen Jahrszeit, so daß die daran wohnenden Araber und Negern Reiß und Hirse darein säen können, welcher in dem zurükgebliebenen Schlamme sehr wol gedeiht.

Mit den Anwohnern dieses Sees hatten die Franzosen lange vor Brue's Ankunft in diesen Gegenden schon einen vortheilhaften Handel getrieben, der aber seit geraumer Zeit war vernachlässigt worden.

Chambonneau, Brue's Vorgänger, wollte im Jahre 1693. diesen verlornen Handel wieder erneuern und schikte zu dem Ende einen Faktor mit einer Barke und mit Waaren dahin ab. Dieser fuhr also den Senegal hinauf und kam glüklich in den Kanal, welcher in den See Kajor führt; in diesen aber konnte er nur mit vieler Schwierigkeit gelangen, weil die Einfahrt beinahe ganz mit hohem Schilfe bewachſen war. Nachdem er dann alle dieſe Hinderniſſe beſiegt hatte, wurde er plözlich durch einen Haufen von Arabern erſchrökt welche ſich bewaffnet an dem Ufer blikken lieſſen; er eilte deswegen voll Furcht zurük und machte nach ſeiner Wiederkunft im Ludwigsforte ſo gräßliche Schilderungen von den Gefahren, welche er auf dieſer Reiſe ausgeſtanden hatte, daß keiner mehr Luſt bezeugte ſich dazu brauchen zu laſſen.

Als Brue Generaldirektor wurde beſchäftigte er ſich auch mit der Wiederherſtellung dieſes Handels; doch konnte er erſt gegen das Ende des Jahres 1699. den erſten Verſuch dazu wagen. Er hatte zum voraus die vornehmſten Marbuten der Mohren auf ſeine Seite zu bringen gewußt, und dieſe hatten verſprochen, die Häupter ihrer Stämme zu einem Handelsvertrag mit den Franzoſen zu bereden. Er ſchikte demnach eine mit Waaren und Geſchenken für die Oberhäupter wolbeladene und zugleich auch wolbewaffnete Barke mit einem geſchikten Faktor nach dieſem See ab.

Dieſe Barke kam glüklich in den Kanal und ſchiffte bis nach Graine oder Ingrin, welches, ein Flekken mit einem Haven iſt. Weiter aber konnte der Faktor nicht kommen, ob er gleich die Fahrt in einem kleinen Kahne fortſezzen wollte; die Durchfahrt war ſowol mit Schilf und Geſträu=

che, als auch mit Bäumen verstopft. Er mußte also unverrichteter Dinge wieder zurükkehren.

Dennoch wollte Brue diesen Entwurf nicht aufgeben; er konnte aber nicht eher, als nach seiner zweiten Ankunft in Senegambien einen neuen Versuch wagen.

Er unternahm diese Reise selbst im Jahre 1714. in der Regenzeit, und hoffte bei dem damaligen hohen Wasser leichter in den See zu kommen; wenigstens wollte er doch die Handelsplätze am Senegal wieder besuchen und die Freundschaft mit den Negerfürsten an demselben zu unterhalten sich bemühen. Er traf alle gehörige Anstalten dazu, und fuhr endlich im November gedachten Jahres in einer Schaluppe von zwanzig Tonnen von dem Ludwigsforte ab, und schiffte zuerst nach Buksar, welches grosse Negerdorf zwölf Meilen von der Senegalinsel entfernt ist *). Es giebt hier treffliche Weide und schönes grosses Vieh.

Von da schiffte er weiter bis in den Kanal von Kajor und ankerte nicht weit von dem Flekken Ingrin, welcher einem vornehmen Neger Namens Rikett aus dem Königreich Hoval und Verwandten des damaligen Braks gehörte. Er war gerade zur Zeit in diesem Orte, welcher nicht seine gewöhnliche Residenz ist; doch hat er daselbst Häuser, Weiber und Sklaven. Brue gieng zu

---

*) Auf der Westseite des Senegals.

ihm an's Land und empfieng einen Sklaven von ihm zum Geschenke. Er war ein Mann von mehr als 70 Jahren, doch noch stark und gesund, mit einer kriegerischen Mine und sehr lebhaften Augen, auch hatte er sich in den ehemaligen Kriegen mit den Mohren sehr ausgezeichnet *).

Er besuchte am folgenden Tage mit seiner Gemahlin den Generaldirektor am Borde. Das Weib war wolgebildet, sehr artig und hatte blendendweisse Zähne. Brue fragte sie womit sie ihre Zähne so weiß erhalten könnte? Sie berichtete ihm daß dies mit einem gewissen Holz geschehe welches den Namen Ghelele führt, von bitterm Geschmakke ist und wie unsere Weiden am Wasser wächst. Sie schenkte ihm mehrere Stükke davon und schikte ihm auch einen fetten Ochsen zum Geschenke.

Das Land, in welchem Ingrin liegt, hatte dem Generaldirektor sehr wol gefallen, es war schön, fruchtbar, wolangebaut und frei von den so beschwerlichen Mükken, welche sonst die Gegenden an den Flüssen dieses Landstrichs zum Aufenthalt unangenehm machen. Der Generaldirektor sah hier sehr vielen Reiß und Mais; auch sehr grosse Wassermelonen, deren Kerne die Negern braten und verzehren.

Nach dem Besuche von dem erwähnten vornehmen Neger ließ Brue die Anker lichten und schiffte

---

*) Wovon weiter unten geredet wird.

drei Meilen weiter hinauf nach dem Flekken Queda, welcher an dem rechten Ufer des Kanals liegt
und zu dem Lande der Julier gehört. Hier fieng
der Kanal an sehr enge und seicht zu werden; das
Wasser fiel augenscheinlich und war kaum noch
schiffbar für die kleinsten Barken. Brue befragte
deswegen den Befehlshaber des Flekkens, welcher
ihn zu bewillkommen und ihm ein Geschenk zu überreichen kam, ob es nicht möglich sei noch weiter
hinaufzukommen? Dieser verneinte es und sezte
hinzu, es gedenke ihm nicht, daß das Wasser jemals
so schnell gefallen sei, und er könne ihm nichts anders rathen, als diese Fahrt übers Jahr wieder zu
unternehmen.

Am folgenden Tage besuchte ihn auch das
Oberhaupt von Kajar *), welcher eben diese
Nachricht bekräftigte, und sehr bedauerte, daß er
wegen der Untiefe des Wassers nicht das Vergnügen haben sollte, den Generaldirektor in seinem
Dorfe bewirthen zu können. Er versicherte aber,
daß die Schiffe zu Ende des Augusts, wenn sie
wieder kommen wollten, gewiß tiefes Wasser genug
finden würden, um über das lästige Schilf hinweg
fahren zu können. Dieses würde den Bewohnern
dieser Gegenden sehr angenehm und den Franzosen
sehr vortheilhaft sein, sezte er hinzu, weil der
Handel dadurch aufs neue belebt würde. Er erbot
sich auch, dem Generaldirektor eine Ladung von

---

*) Oder Kajor am See dieses Namens.

Mais und Bohnen für seine Barke zu verschaffen, wenn er sich noch einige Tage zu Queda aufhalten wollte. Brue nahm diesen Vorschlag an, und der Neger hielt Wort.

An eben diesem Tage kam ein vornehmer Araber (oder Maur) mit einigen Andern und mehreren Bedienten zu dem Generaldirektor an Bord. Diese Leute waren von ziemlich schwarzbrauner Farbe, giengen mit blossen Köpfen, trugen die Haare auf dem Scheitel zusammengebunden, und hinten geflochten, hatten Knebelbärte und lange Bärte, und ihre Kleidung war der negerischen ganz ähnlich; nur trugen sie bessere, feinere und ganz schwarze Pagnes. Sie waren nicht fett und nicht mager, sahen aber gut aus, und schienen ziemlich gesittet zu seyn.

Der vornehmste derselben begrüßte den Generaldirektor und brachte ihm zum Geschenke zwei trefflich schöne fette Ochsen, die man aber ihrer Wildheit wegen sogleich schlachten mußte. Die übrigen Mohren (oder Mauren) beschenkten ihn mit schönen Pagnen. Brue erwiederte diese Geschenke und bewirthete diese Leute und die vornehmsten Negern. Diese leztere liessen sich den Branntwein wol schmekken, welcher ihnen vorgesezt wurde, aber die Mohren waren zu religiös dazu, und begnügten sich mit einer Art Meth.

Diese Mohren hatten ausnehmend schöne barbarische Pferde *) bei sich.

---

*) Die Pferde aus demjenigen Theile von Nordafrika,

Am folgenden Tage kamen bei fünfhundert Mohren und Negerkaufleute mit Mais, Reiß, Bohnen und andern Waaren an, die sie auf Kameele, Pferde und Ochsen geladen hatten. Die Oberhäupter von Queba und Kajar bestimmten den Marktpreiß, und es gieng bei diesem Handel alles ganz ordentlich her, ohngeachtet diese Kaufleute so begierig nach den europäischen Waaren schnappten, daß einige derselben bei dem Gedränge um das Schiff her in das Wasser stürzten. Aber Bruc konnte nur wenig kaufen, weil sein Schiff zu klein war. Er handelte für 100. Livres (25. Rthlr.) Mais, Reiß und Bohnen, dann auch etwas Elfenbein, Straußfedern und einige Pfund Ambra ein.

Seine Abreise von diesem Orte wurde durch den Tod eines der Vornehmsten des Flekkens um einige Stunden aufgeschoben. Die Beschreibung dieses Vorfalls verdient hier eine Stelle.

Kaum hatte eine Negerinn den Kopf zu dem Hause des Abgeschiedenen herausgestrekt, und den Todesfall durch einen lauten Schrei bekannt gemacht, so war schon der ganze Ort in Aufruhr, und im Augenblikke hörte man von allen Seiten ein gräßliches Geheul. Die Weiber kamen aus ihren Hütten herausgelaufen, schrieen, raßten,

zer=

---

welchen wir die Barbarei (Berberie) nennen, sind bekanntlich von vorzüglicher Schönheit, und werden sehr geschätzt.

zerkrazten sich, als wollten sie verzweifeln, und sobald sie erfuhren wer gestorben war — denn sie thaten dies Alles ohne es noch zu wissen — liefen sie alle in die Hütte desselben und machten einen abscheulichen Lärm.

Nach einigen Stunden kam der oberste Marabute dazu. Dieser wusch den Leichnam, zog ihm seine beßte Kleider an, und legte ihn mit seinen Waffen zur Seite aufs Bette. Dann kamen seine Verwandte nacheinander zu ihm, nahmen ihn bei der Hand, thaten allerlei närrische Fragen an ihn und boten ihm ihre Dienste an. Da er nun auf alle ihre Fragen und Höflichkeiten nicht antwortete, so giengen sie weg und sagten ganz ernsthaft: Er ist todt!

Unterdessen überließen seine Weiber und Kinder die Sorge für das Leichenbegängnis Andern, und beschäftigten sich mit der Abschlachtung des Viehes und mit der Vertauschung der Habschaft und Sklaven des Verstorbenen gegen Branntwein. Denn hier ist es Sitte, daß man nach dem Begräbnisse einen Schmaus und Ball anstellt, und sich fein lustig macht *).

---

*) Eine schändliche Sitte, die zur Schmach unserer aufgeklärten Zeiten noch in Teutschland herrscht. Kaum können wir diesen unsinnigen Gebrauch den unaufgeklärten, unwissenden Negern verzeihen, und wir kluge, aufgeklärte Europäer wollen ihn beibehalten, wollen das Andenken eines Verstorbenen

Gesch. der Reisen, 3ter Band.   S

Sobald alles in Bereitschaft war begann der Leichenzug. Voran giengen die Ghirioten mit ihren Trommeln; dann kamen die Männer, alle bewaffnet und ganz stille; auf diese folgte die Leiche von zweien Männern getragen, und um dieselbe her giengen so viele Marbuten, als man nur hatte zusammenbringen können. Die Weiber folgten nach, schrieen, heulten und zerfleischten sich wie Rasende.

So gieng der Zug um den Flekken herum bis zu dem bereiteten Grabe, wo er stille hielt. Der oberste Marbute näherte sich dem Todten und flüsterte ihm etwas ins Ohr; unterdessen hielten vier Männer baumwollne Zeuge um ihn her, als ob sie ihn vor den Zuschauern verbergen wollten. Die Träger legten ihn dann in das Grab, scharrten es zu und legten Steine darauf, damit die wilden Thiere den Körper nicht herausgraben sollten, wie

durch Schwelgerei entehren, wollen die oft so geringe Hinterlassenschaft eines Mannes zum Nachtheile der Wittwe und Waisen verprassen helfen, wollen den heilsamen Gedanken an Tod und Ewigkeit durch Schmausereien entfernen, wollen den Schmerz der Verlassenen im Weine ertränken, wollen die Trauernden durch die Ausschweifungen eines lustigen Mahls kränken? — Pfui, wie schändlich! — Es ist ein alter Gebrauch, das ist wahr; aber ist dies Entschuldigung für eine Sache, die an sich schon nicht entschuldigt werden kann? —

dies hier öfter geschieht *). — Hierauf ward ein Pfosten auf das Grab gestekt, an welches ein Marbute das Gewehr des Verstorbenen, einen Topf voll Kuskus und ein Geschirr mit Wasser hieng, damit der gute Mann doch nicht Hunger leiden dürfte. Sobald dies geschehen war liessen die Negern das Baumwollenzeug das sie um die Leiche hielten fallen, und somit ward den Weibern das Signal zur Wiedererhebung ihres Geheuls gegeben. Dies endigte sich aber in dem Augenblikke, als der oberste Marbute den Ghirioten befahl, den Rükmarsch zu schlagen. Sogleich hörte alle Traurigkeit auf und die Schmausereien begannen.

Brue kehrte hierauf mit seiner Schaluppe zurük; er hatte Mühe wieder bei dem niedrigen Wasser in den Senegal zu kommen; doch langte er endlich glüklich bei dem St. Ludwigsforte an.

Diesmal hatte er den Zwek seiner Reise beinahe ganz verfehlt! —

---

*) Dies thun die Hyänen, deren es in Senegambien nicht wenige giebt.

VII.
Brue's dritte Reise auf dem Senegal.

Im Jahre 1715.

Die Untersuchung und Emporhebung des so wichtigen Gummihandels war der Zwek dieser Reise, welche der französische Generaldirektor wieder den Senegal aufwärts zu machen beschlossen hatte. Es waren viele Klagen über die Faktoren eingelaufen, welche diesen Handel bisher besorgt hatten.

Im Anfange des Monats März 1715. ertheilte Scham=Schi, Oberhaupt des Mohrenstamms der Serinen, welche auf der Nordseite des Senegals wohnen, dem Generaldirektor die Nachricht, daß es jezt Zeit sei', die Barken mit den Waaren zur Eintauschung des Gummis hinaufzuschikken.

Brue war entschlossen selbst mitzugehen, und fuhr auch wirklich am 7ten genannten Monats mit zwei Barken und zwei Negerkähnen von der Ludwigsinsel ab. Sein Gefolge bestand aus 18. Weissen, 18. freien Negerbedienten oder Laptoten und 3. Dollmetschern, zusammen also mit ihm aus 40. Köpfen.

Im Vorüberschiffen bei Maka bewirthete er den kleinen Brak mit einigen vornehmen Negern.

Dieser brachte ihm einen Ochsen zum Geschenke, welches mit einem hübschen Degengehänge erwiedert wurde.

Am 10ten März kam er zu Serinfalli *) an. Das Land ist von Maka an bis dahin eben, und besteht aus grossen Flächen, die sehr leicht in schöne Wiesen könnten verwandelt werden. Ehmals weidete auch vieles grosses Vieh darinnen, jetzt aber ist wenig mehr davon vorhanden. Statt dessen sieht man grosse Heerden Hirsche und Antilopen **), welche hier zur Weide gehen und deswegen über den Fluß herüberschwimmen; aber die Negern machen ihnen ihr Futter theuer; denn in der troknen Zeit im März und April zünden sie das Gras an, und treiben das Wild dadurch auf die äusserste Ecke der Insel zusammen, wo sie dann eine grosse Niederlage unter demselben anrichten. Das Fleisch dieses Gewildes ist vortrefflich.

Weil auch die Weide in dieser Gegend von Serinfalli nach Bukfar so trefflich ist; so treiben die Mohren von dem Stamme der Sargauts eine

---

*) Auf der Westseite des Senegals, unterhalb der kleinen Insel Ghiarun. (M. s. Spezialkarte Nr. 30, im II. B. d. Allg. Hist. d. R.)

**) Am Senegal findet man mehrere Antilopen-Arten, den Koba (Antilope Pygargus) — die Grimmische Antilope (Antilope grimmia) — den Nagor (Antilope dama) — von welchen bei der Naturgeschichte von Senegambien noch gesprochen wird.

grosse Menge Kameele, und anders Zuchtvieh, in der troknen Jahrszeit dahin. Sie bezahlen dafür den Häuptern des Landes eine Abgabe. Es werden auch hier die größten Kähne gebaut, deren sich die Negern bedienen, um nach Maka und Bijurt zu fahren, wo sie Salz laden, und es nachher an die Julier für Mais verhandeln. Einst war dieses Land, wie gesagt, an grossem Viehe so reich, daß man jährlich fünfundzwanzig bis dreißigtausend Häute ausführte, jezt aber liefert es kaum das Drittel. Daran sind die Kriege der Negern mit den Mohren Schuld; diese haben das Land auf beiden Seiten verwüstet.

Der Ursprung dieser Kriege ist zu merkwürdig, als daß er nicht einer kurzen Erwähnung verdiente.

Die Mohren welche den muhammedanischen Glauben zuerst bei den Negern eingeführt hatten, wurden als die Lehrer des Gesezzes von ihnen besonders verehrt. Daraus folgte — was gewöhnlich die Folge von dem hohen Ansehen der Priester ist — nämlich die Marbuten (muhammedanischen Negerpriester) liessen sich beifallen, sich eben das Ansehen in weltlichen Sachen bei dem Volke zu erwerben, das sie in geistlichen hatten. In dieser Absicht fiengen sie an, wider die unumschränkte Gewalt, welche die Negerkönige über ihre Unterthanen ausüben, als über eine Tirannei zu reden, und dem Volke die Freiheit als das größte Glük vorzupredigen *). Solche Lehren waren den trägen Negern, die nur durch Zwangsmittel sich zur Arbeit und Gehorsam bringen lassen, höchst angenehm. Die schlauen Pfaffen benützten dabei den Hang derselben zum Müssiggang, und ihren Widerwillen gegen jede mit Mühe verknüpfte Beschäftigung und versprachen ihnen, sie wollten durch die Macht ihrer Grisgris es bewirken, daß Reiß und Hirse ohne Anbau von selbst für sie wüchse, wenn sie das Joch der Könige abschütteln wollten. Es ist leicht zu urtheilen, wie geneigt die Negern waren diese Vorschläge der Verführer anzunehmen. Sie thaten es.

Der Aufstand fieng sich damit an, daß sie nicht mehr in den Luganen oder Pflanzungen ihrer Könige arbeiten wollten, die sich von ihrer Seiten bemühten, sie zum Gehorsam zu bringen. Vermuthlich griffen sie dies, wie es gar oft der Fall ist, verkehrt an, und reizten ihre Unterthanen durch eine unzeitige Schärfe noch mehr. Diese riefen izt die Mohren zu Hülfe, mit welchen sie sich gegen ihre Beherrscher verbanden. Die Marbuten waren ihre Anführer. Sie lieferten den Negermonarchen verschiedene Schlachten, in welchen der Brak und Damel blieben, und ihre Truppen eine gänzliche Niederlage erlitten. Der Burba Ualof, der ihre Partei ergriffen hatte,

---

*) Thaten dies nie auch andre Priester in andern Ländern? O Priester, Priester! —

warb auch geschlagen, und genöthigt, zum Könige von Galam zu fliehen, deſſen Unterthanen, wie auch die des Siratik ſo klug waren, und gehorſam blieben.

Der Tod und die Flucht dieſer drei Könige überließ das Land der Willkür der Mohren. Dieſe führten die meiſten jungen Leute der Negern dem Könige von Marokos als Sklaven zu, da indeſſen die Marbuten und ihre Anhänger das Land plünderten, ohne ſich im geringſten um die Elenden zu bekümmern, die ſie zum Beiſtande gerufen hatten.

Unterdeſſen ſah es ſehr ſchlecht mit der freiwilligen Aerndte aus, welche die Marbuten verſprochen hatten, und als das noch übrige Vieh von den unglüklichen Negern aufgezehrt war, ſo entſtand eine ſchrökliche Hungersnoth die eine unglaubliche Menge dieſer armen Verführten hinraffte. Dieſes Elend aber öffnete den Negern die Augen; ſie ſahen nun mit Betrübniß den Betrug ihrer Prieſter ein, bereuten ihre Verblendung und wählten ſich neue Fürſten aus den alten königlichen Geſchlechtern. Dieſe Monarchen zogen Truppen zuſammen, und vertrieben die Marbuten, welche zu ſchwach waren ihnen zu widerſtehen, da die Mohren ſich wieder zurükgezogen hatten *). — In

---

*) Warlich ein ſchrökliches Beiſpiel von Pfaffenhezzerei! So muß denn die Geſchichte jedes Landes, jedes Staats unglükliche Begebenheiten enthalten, deren Urheber... Prieſter waren! — Ein Mann von Kopf

diesem sechsjährigen Kriege hat der obenerwähnte **Rikett** schöne Proben seiner klugen Tapferkeit gegeben.

Das Land ist jezt wieder mittelmässig mit grossem Viehe versehen, weil es verboten ist, es anders als bei gewissen Gelegenheiten zu schlachten. Durch diese kluge Einrichtung mehrt sich izt die Zahl desselben wieder sehr und es ist daher zu hoffen, daß das Land bald wieder seine vorige Zahl von Häuten werde liefern können. —

Dieser ganze Bezirk gehörte einem Verwandten des **Brak**; seine Weiber und die Oberhäupter der benachbarten Oerter besuchten den Generaldirektor und brachten ihm Geschenke.

Ein anderes vornehmes Oberhaupt auf dieser Insel der sich **Ker** nannte und dessen Hauptort **Kleinbuksar** ist, dem Flekken **Großbuksar** gegenüber, war ein Arzt, der ohne die Doktorwürde erhalten zu haben, sehr starke Praxis hatte, und ohne Bedenken sich theuer bezahlen ließ. **Bru** hatte die Frau eines Oberhaupts der Negern, aus der Nachbarschaft des St. Ludwigsforts am Borde, die schon einige Jahre her von einer verdrüßlichen Krankheit geplagt war. Er übergab sie diesem vornehmen Arzte — damit entweder die Na-

---

sagte: Wenn man die Geschichte aller Staatshändel an welchen Priester Antheil hatten, schreiben wollte — man müßte eine Universalhistorie schreiben.

tur ihr helfen, oder die Arznei sie hinrichten sollte. Der Doktor beschenkte den Generaldirektor mit einem schönen Ochsen, und bekam dafür eine Flasche Branntwein wieder, welches Spezifikum in diesem Lande den Aerzten so angenehm ist, als den Kranken.

Die Franzosen fanden an dem Ufer dieser Insel eine grosse Menge graue und schwarze Kriechenten, welche fett und von sehr gutem Geschmakke waren; sie erlegten ihrer zwanzig bis dreißig auf einen Schuß.

Der Boden von Bukſar nach dem Marigot oder Kanal der Maringoins ist ganz eben bis an das Meer, welches etwa zwei Meilen weit davon entfernt ist. Daher die heftigen Winde die oft Barken umwerfen.

Man findet sehr oft diesen Strich Landes mit einer vesten Materie von einem scharfen bittern Geschmakke bedekt. Einige haben solches für Salpeter gehalten, und mächtige Projekte darauf gebaut. Brue hielt es aber für den Schaum der Wellen, der vom Winde hergetrieben, und von der Hizze zu einer salzichten Schaale ausgetroknet wird.

Der Marigot oder Maringoins ist nicht über vier Faden breit, und von so geringer Tiefe, daß er nur wenn die Flüsse austreten, schiffbar wird. Dennoch fällt er in das Meer.

Im Jahre 1645. ankerte an demselben ein spanisches Schiff, und sezte verschiedene Leute ans Land, die ein Fort bauten, und solange ihre Lebensmittel dauerten, daselbst blieben; endlich aber waren sie genöthigt, sich zum dem Direktor im Ludwigsforte, Herrn Colger, zu begeben. Man hielt sie für Verbrecher, die etwa einige afrikanische Besazungen zu ergänzen übergeschifft worden wären; aber sie hüteten sich, ihre Namen zu sagen.

Um diesen Marigot herum ist morastiger Grund, welcher eine Art wilden Mais hervorbringt, der Gemotta genannt wird, auch giebt es daselbst eine Menge von Krammetsvögeln. Brue sah hier bei zweihundert Weiber und Mädchen beisammen, so nakt als sie auf die Welt gekommen waren.

Am 14. März langte er zu Serinpate*) an, wo er auf eine Barke der Gesellschaft traf, die wegen des Gummihandels zu Terrier Rouge gewesen, aber wegen einer Streitigkeit mit dem Bedienten des Siratik über die Zölle hatte zurükkehren müssen. Dieser Beamte hatte zweihundert Schaafe und achtzig Ochsen gekauft, die er nach dem Ludwigsforte führen wollte. Die erstern kosteten das Stük nicht über sechs bis sieben Sous

---

*) Eine Insel im Senegal oberhalb des Kanals der Maringoins, gerade da, wo sich der Fluß von Westen nach Süden wendet; auch liegt dieser Insel gegenüber auf der Ostseite des Senegals ein Negerdorf gleiches Namens.

(2. bis 2 1/2. Ggr.); und die leztern das Stük fünfunddreißig oder vierzig Sous (10. bis 12. Ggr.). Bruc kaufte hier auch zwei Strausse, die er bei seiner Rükkehr nach dem Forte schon ganz zahm gemacht fand. Er ward auch mit zwölf Strausseneiern beschenkt, welches eine gute Versorgung auf die Fasten war, indem eines zu einem Gerichte für acht Personen hinreicht.

Am 15. März erreichte er die Wüste *), wo der ordentliche Handelsplaz für den Gummi ist, der von den Mohren des Stammes Aula al Hadschi dahin gebracht wird. Bruc schikte von hier einen Alkair oder Beamten des Brak ab, mit einem Geschenke von etlichen Flaschen Branntwein für seinen Herrn, und mit der Bitte, daß er kommen, und die Abgaben einfordern möchte.

Dieser Beamte kam bald wieder zurük, und berichtete dem Generaldirektor, der Brak, sein Herr, hätte sich in dem Geschenke betrunken, und würde erst am folgenden Tag im Stande seyn, zu kommen. Weil er aber auch ferner Nachricht erhalten hatte, daß ihn die Mohren angreifen wollten, die er einige Zeit zuvor geplündert hatte; so ersuchte er den Generaldirektor bei seiner Residenz zu ankern, da er jezt nicht zu ihm kommen könnte.

Bruc fand dieses Ersuchen billig, segelte so-

---
*) Was die Franzosen die Wüste am Senegal nennen, wird sogleich weiter unten erklärt.

gleich ab, und ankerte dem Flekken Ingherbel oder Guelbel gegenüber, wo der König seinen Siz hatte. Seine Ankunft zu melden, brannte er drei Stükke los.

Am 17ten frühe ließ er sein Geschüz laden, und stellte seine beide Barken so, daß sie bei Gefahr oder Verwirrung einander beistehen konnten; wie dies oft nöthig ist, wenn sich der König betrunken hat. Dieser erschien um acht Uhr mit dreißig Pferden, worauf der General sein Boot abschikte, und ihn bitten ließ, nur mit fünf oder sechs Begleitern an Bord zu kommen. Der Brak willigte darein, und kam nur mit vier seiner Grossen, Malo, Rikett, Rayo und Menbros, seinem Ghirioten und seinem Admiral Mantel, nebst zweien Bedienten und seinem Alkair.

Der Generaldirektor empfieng ihn unter einem Zelte, das auf dem Verdeke der Barke, der Kajüte gegenüber, aufgeschlagen war. Sie gaben einander zu verschiedenen Malen mit entblößten Häuptern die Hände. Nach einem kurzen Stillschweigen berichtete der Generaldirektor dem Könige, daß er seine Zölle zu bezahlen, und sowohl in dem Namen der Gesellschaft als in seinem eigenen die Freundschaft mit ihm zu erneuern gekommen wäre. Er ersuchte ihn um dreierlei Gefälligkeiten. Erstens, daß der Handel nicht an der Wüste, sondern zu Serinpate, eröffnet würde, weil er täglich Schiffe von Europa erwartete, und dort dem Forte näher seyn würde, um die mitgebrachte Barke hinunter zu senden. Zweitens, daß Seine Majestät, solange sie am Borde wären, nicht trinken möchten, weil daſſelbe einige Unordnungen verursachen, und ihr gutes Vernehmen stören möchte. Drittens, daß er kein Geschenk oder Darlehn verlange, weil die Gesellschaft nur zum Handel Waaren genug vorräthig hätte.

Der König hörte diese Vorstellungen gelassen an, und willigte in die beiden leztern. Den ersten Vorschlag, sezte er hinzu, könne er nicht billigen, er müsse im Gegentheil ihn ersuchen, die Handlung an der Wüsten zu eröffnen, damit er ihm desto beſſer beistehen könnte, falls er von den Mohren angegriffen würde. Malo der Vornehmste unter seinen Großen, unterstüzte diese Bitte mit so triftigen Gründen, daß der Generaldirektor, sich dem König gefällig zu erweisen, einwilligte, nicht nur an der Wüste, sondern wenn er es verlangte, in seinem eigenen Haven Ingherbel zu handeln, wobei er ihn des Beistandes der Gesellschaft in jedem Falle versicherte. Hiebei riefen die Höflinge aus: Degala! — Teutsch: dies ist gut! — Der König bezeugte gleichfalls, wie sehr er dem Generaldirektor für sein Anerbieten verbunden sei, mit dem Zusaze, es sei genug, die Handlung an der Wüste zu eröffnen, er könne sich auf seine Freundschaft und Dankbarkeit verlaſſen.

Nach diesem bezahlte der Generaldirektor die Abgaben, über welche sie keinen Streit hatten. Aber der König vergaß sein Versprechen, nicht zu trinken, und fragte so oft darnach, daß der Generaldirektor endlich befehlen ließ, Branntwein herbei zu bringen. Doch trank der Negermonarch jezt seiner Gewohnheit zuwider ganz mäßig *).

Dieser König oder Brak schien etwa sechsundvierzig Jahre alt zu seyn, war groß und ziemlich fett. In seiner Kleidung unterschied er sich durch nichts von seinen Hofleuten. Sein Ansehen und seine Aufführung waren edel, und seine Stimme sanft und angenehm. Wenn er nüchtern war, so war er der beßte und vernünftigste Mann. Er hieß Sara Pinda, von dem Namen seines Vaters und seiner Mutter, wie die Gewohnheit der Negerfürsten in diesem Lande ist.

Man bezahlt ihm den Zoll in Silbermünzen, Eisen, Leinenzeuge, Bekken, Korallen, Bernstein, Glaskügelchen, und Branntwein. Alles beträgt etwa hundert Thaler. Der König beschenkte den Generaldirektor mit einem jungen Sklaven der zehn Piaster werth war. Er verlangte beim Aussteigen ans Land mit Geschüzze begrüßt zu werden; und da der Generaldirektor mit ihm zufrieden war, so ließ er fünf Kanonen losbrennen. Dieses machte

---

*) Viel Ueberwindung für ein despotisches Negerfürstlein!

ihm und dem Hofe viel Vergnügen, und erregte ein lautes Geschrei bei dem Volk am Lande.

An demselben Tage erhielt der Generaldirektor einen Besuch von zweien Schwestern des Brak, deren Vater Sara Komba in den Kriegen mit den Mohren, von welchen wir erst sprachen, umgekommen war. Eine von diesen Prinzessinnen war an einen vornehmen Neger Namens Brieu verheurathet, die andere war noch ledig. Sie waren beide artig und wolgebildet, besonders die lezterе, welche eine schwarzglänzende Farbe, und ein lebhaftes angenehmes Ansehen hatte. Jede hatte zwei Sklavinnen zu ihrer Begleitung, nebst einer Ghiriotinn, deren Haar voll Grisgris in kleinen Silberbüchsen von verschiedener Gestalt war.

Der Generaldirektor empfieng diese schwarze Frauenzimmer mit dem Hute in der Hand und führte sie in sein Kabinet. Daselbst sezte er ihnen weissen Zwiebak vor, den sie in Honig und Wasser tunkten; dann ließ er Pflaumen und Zukkergebakkenes auftragen, und auf sein Zureden tranken sie ein Glas Malmsei. Sie entschuldigten sich daß sie nichts bei sich hätten, womit sie dem Generaldirektor ein Geschenk machen könnten; versicherten aber, ihm bei seiner Zurükkunft in der Wüste ihre Erkänntlichkeit zu bezeugen.

Ihre Kleidung bestand in zwei schwarzen Pagnen, oder Stükken von feinem Kattune, weiß gefüttert, von denen eines ihnen den Oberleib, das andere

andere den Unterleib, bedekte, und einen langen Schweif nachschleppte. Dieß ist ein Ehrenzeichen unter den Negern. Sie tragen den obern Pagne nicht alle auf einerlei Art; denn einige lassen einen Arm und einen Theil der Brust bloß. Wenn es heiß ist legen sie ihn ab, und erscheinen bis auf den Unterleib nakt. Um den Hals hatten sie Korallenschnürre, die mit Goldkügelchen untermengt waren, nebst einer grossen Menge zusammengehängter Nägelein, die ihnen auf die Brust hiengen. An jedem Arme trugen sie ein goldenes und silbernes Armband, mit dergleichen Ketten, und an den Füssen, nicht weit von den Fersen, waren sie mit Muschelschaalen und silbernen Glökchen geschmükt. Als sie an Bord kamen, hatten sie sehr saubergemachte Sandalen an den Füssen, die sie aber um mehrerer Bequemlichkeit willen ablegten.

Ihr Haar war hinten in Lokken gewikkelt, die den Nakken herunter von einem Ohre zum andern hiengen. An den Enden hatten sie Stükchen Korallen und Gold, wie Franzen. Ihr Haar erhob sich auf der Stirne, wie eine Piramide, in welcher Absicht Baumwolle untergelegt war; das Vorderteil war abgesondert, und wie bei den französischen Mädchen, niedergelegt. Das äusserste war zum Theile um die Stirne und Schläfe, zum Theile um die Ohren, in Lokken gelegt, und die Ohren waren entblößt, um die Ohrengehänge zu zeigen, welche bei der verheuratheten Prinzessinn in grossen Stükken Korallen, und bei der andern in goldenen Ringen bestanden. Ihre Augenbraunen waren sehr schwarz, sie rieben sie deswegen oft mit einem Stükke schwarzen Bleies. Sie liessen sehr gerne ihre Hände und Nägel sehen, die sehr groß, und an den Enden roth waren, welches bei ihnen für eine Schönheit gehalten wird. Ihre Zähne waren sehr weiß und wohlgesezt; sie rieben sie oft mit einem Stükchen Gheleleholz.

Nach einer langen Unterredung, in welcher sie Wiz und Verstand zeigten, sangen sie ein negerisches Liedchen, und liessen die Ghiriottinn tanzen. Der Generaldirektor schenkte jeder einen Spiegel, und begrüßte sie beim Anländen mit Kanonen.

Am 18ten empfieng er den zweiten Besuch vom Brak, welcher diesmal in Begleitung einer seiner Gemahlinn und dreier Töchter kam. Der König sezte sich ohne Umstände auf eine Kiste in der Kajüte, und legte den einen Fuß auf den Schooß seiner Frau, die neben ihm saß. Eine von seinen Töchtern lag zwischen seinen Füssen, und hatte ihren Arm um seine Wade geschlagen. Die beiden andern lagen zu ihrer Mutter Füssen, und machten unzählige Possen, um den König zu belustigen. Ein, wie Brue anmerkt, seltsames, sehenswerthes Schauspiel!

Während der Generaldirektor sich mit dem Brak unterredete, ward ihm die Ankunft des

Sham-Shi, eines Oberhaupts der Mohren gemeldet. Er trat sogleich auf das Verdek, ihn zu empfangen, und führte ihn nebst seinen beiden Söhnen und dreien Marbuten in das Kabinet. Dieser Mohr begrüßte den Generaldirektor sehr höflich, wollte aber als er den Brak erblikte, sich wegen des Preißes des Gummis, um deswillen er gekommen war, nicht äussern.

Es war ein kleiner Mann von schöner Farbe; er trug ein Kleid von weissem Musselin und weisse Pagnen, nach Art der Negern gemacht, und darüber eine Leibbinde von weissem Wollenzeuge, mit scharlachrothen seidenen Schnüren, welche frei um ihn herum hiengen. Seine Begleiter trugen sich eben so. Der Generaldirektor gab ihm einige Geschenke, und bestimmte den Tag zur Eröffnung des Gummihandels an der Wüste.

An demselben Tage schikte er seine Barke nach Terrier Rouge zurük, mit dem Zolle für den Siratik, und befahl, daß dieselbe die Handlung daselbst in Richtigkeit bringen, und sogleich nach der Wüste absegeln sollte.

Diese Wüste ist eine grosse, öbbe Ebene auf der Nordseite des Senegals, die in einer ziemlichen Weite von rothen Sandhügeln, welche mit Buschwerke bewachsen sind, begränzet wird. Sie ist seit vielen vergangenen Jahren der Sammelplaz des Gummihandels gewesen.

Um sich vor den Anfällen der Mohren zu sichern,

T 2

umgab der Generaldirektor die Waarenhäuser, welche er an dem Flusse errichtete, mit einem sechs Fuß breiten, und eben so tiefen Graben, der mit einem Zaune von Dornhekken umgeben war. Am Eingange befand sich ein starkes Thor, und eine Wache von zweien Laptoten, nebst einem Dollmetscher, um die welche sich meldeten, zu befragen und einzuführen. Nicht weit davon war eine Hütte, welche zum Wachhause diente, und vor derselben waren zwei Steinstükke postirt. Man brachte überdies die beiden Barken so nahe als möglich, an das Land; ihre Strükke wurden zur Vertheidigung der Faktorei gerichtet, und die Kanonirer mußten immer in Bereitschaft seyn.

Der Brak und Sham=Shi, sahe alle diese kluge Vorkehrungen; die Ursache derselben war ihnen bekannt, und sie billigten sie, als das beßte Mittel, alle Unordnung während des Marktes zu verhüten.

Am ersten April kam Sham=Shi auf erhaltene Nachricht von der Ankunft der Gummi=Karawanen, zum Generaldirektor, um die Preiße der Waaren zu bestimmen. Nach einigem Streite über das Maaß des Gummis, über die Preiße der Güter, welche dafür vertauscht werden sollten und über die Kosten zur Unterhaltung der Mohren, gab der Generaldirektor von seiner Seite etwas nach, und brachte es hingegen dahin, daß das

Maaß des Quintals *) von dreihundert und achtzig Pfunden, die es zuvor hatte, auf fünfhundert Pfund erhöht wurde.

Die Franzosen müssen die Mohren, die das Gummi bringen unterhalten, indem diese davon ihre einzige Nahrung haben. Dies ward am Ende den Franzosen sehr zur Last, weil viele Mohren ohne Gummi mitzubringen, nur dahin kamen, um ihren Unterhalt finden, und bei Gelegenheit zu stehlen. Aber Brue richtete die Sache so ein, daß Niemand, als diejenigen, welche Gummi brachten, und diese zwar nach Verhältniß der Menge desselben etwas zu ihrem Unterhalt bekommen sollten. Man sezte dieses auf zwei Pfund Rindfleisch, und so viel Kuskus für eine Porzion; für jedes Quintal wurde eine Porzion zugestanden. Die Schreiber welche zu dieser Austheilung bestellt waren, liessen sie sobald aufhören, als die Güter überliefert waren; dadurch ward der Markt von vielen Müssiggängern und Dieben befreit.

Am 5ten April fiengen sie an, das Gummi zu messen, welches ohne Unordnung geschah, weil sie die Verkäufer nur einen nach dem andern herein-

―――――――――――――――――――――――
*) Ein Quintal ist eigentlich ein Zentner (100. Pf.). Der Quintal, nach welchem das Gummi am Senegal eingehandelt wird, ist ein vierekkichtes Maas, das von den Europäern mit Einwilligung der Mohren oft verändert wurde; sein Gewicht wurde von 23. bis auf 700. pariser Pfund erhöht.

kommen liessen. Der Generaldirektor war, so viel sichs thun ließ, immer dabei, und hatte zwei Schreiber bestellt, um Acht zu geben, daß alles richtig gemessen wurde, worauf dann jeder Eigenthümer einen Zettel erhielt, gegen welchen er von den Faktoren des Waarenhauses den Werth seines gebrachten Gummi's in Waaren empfieng.

Sobald die Handlung eröffnet war, kamen täglich neue Karawanen, von zehen, zwanzig und dreißig Kameelen oder Lastochsen an, welche von den Eigenthümern des Gummi's und ihren Bedienten gehütet wurden.

Diese Mohren sehen wie wahrhafte Wilde aus, denn sie haben nichts als ein Ziegenfell um den Unterleib, mit Pantoffeln von Ochsenhäuten an den Füssen. Ihre Waffen sind lange Piken, Bogen und Pfeile, nebst einem langen Messer im Gürtel *).

Ihre Weiber welche auf den Kameelen reuten, haben lange Hemden von schwarzem Kattun, und drüber ein Stük gestreiften Zeug, oder Leinwand, wie ein Brustkleid, oder eine Leibbinde. Ein Theil ihrer Haare ist auf dem Wirbel zusammengebunden, der andere fällt hinten hinunter. Ihre Kleidung ist sittsam. Auf den Köpfen tragen sie

---
*) Womit die Nachrichten Brisson's in der Geschichte seines Schiffbruchs zu vergleichen. Im folgenden Bande wird noch mehr von diesem Volke gesprochen.

ein Stük Leinenzeug, in einen Ring zusammen gewunden. Die Mädchen haben nur ein Stük streifichten Zeug um die Schultern, und darunter ein kurzes Wamms von Leder, das in Streifen zerschnitten ist; bei stillem Wetter, oder wenn sie sich nicht bewegen, bedekt sie diese Kleidung ganz wol, aber ein wenig Wind oder Bewegung entblösset sie sehr.

Die Mohrinnen sind von Olivenfarbe, mit ganz hübschen Gesichtszügen, grossen schönen Augen, die schwarz und lebhaft sind; ihr Mund ist klein, mit einem Grübchen im Kinne, und ihre Zähne sind sehr schön. Sie scheinen lebhaft zu seyn, sind aber eingezogener, als die Negerinnen. Sie bringen in ledernen Säkken sehr reinlich Buttermilch mit, haben auch Tabaksbüchsen und Beutel von verschiedener Art aus Reißstroh oder Graß sehr nieblich zusammen geflochten.

Es ist keine Schildwache nöthig, die Ankunft dieser Karawanen zu erfahren, weil die Kameele durch ein abscheuliches Geschrei ihre Annäherung melden. Die Fulons oder Säkke, in welchen sie das Gummi bringen, sind von Ochsenhäuten, ohne Naht gemacht, und nur mit Strikken zusammen gebunden. In denselben führen sie alle ihre Waaren, und selbst das Wasser zur Reise.

Der Generaldirektor ließ diese Gummihändler nur einzeln in die angelegte Faktorei; da war es lustig zu sehen, wie sie sich bearbeiteten, einer den andern zu verdrängen; denn die Mohren sind sehr lebhaft und ungeduldig.

Am ersten Markttage kam des Sham=Sht Dollmetscher zum Herrn Brue und meldete ihm, die welche diesen Handel vormals verwaltet hätten, wären ihm allezeit behülflich gewesen, seinen Herrn um den achten Theil des Vortheils, den er sich anmaßte, zu betrügen, wogegen er ihnen einen heimlichen Handel mit dem Golde und Ambra das die Mohren mitbrachten verschaffte. Dies war es gerade, was der Generaldirektor entdekken wollte. Er drohte dem Beamten, wenn er mit solchen Betrügereien fortführe, seinem Herrn davon Nachricht zu geben; da dieser nun sah, daß er sich geirrt habe, so versprach er alles, was man verlangte.

Eine andere Entdekkung von dem Betragen der vorigen Faktore! Dem Generaldirektor war bei seiner Ankunft ein artiges junges Negermädchen geschenkt worden, das ihm berichtete, es habe schon vormals die Ehre gehabt, die franzbsischen Faktore zu bedienen, indem es ihr Leinenzeug waschen, sie kämmen, ihnen die Füsse waschen, und sie nach ihrer Arbeit abtröknen müssen. Es bot seinem neuen Herrn eben diese Dienste an. Der Generaldirektor lächelte über die Weichlichkeit seiner Faktore, nahm sie als seine Wäscherin an, und schlug das übrige aus.

Die Gegenwart des Generaldirektors erhielt

alles in guter Ordnung. Die Faktore und Kaufleute massen das Gummi in dem würfelichten Kasten, und wenn solcher voll war, nahmen sie das übrige mit einem grossen darüber geführten Holze weg. Der Brak empfieng fünf Becher von jedem Quintal. Seine Einnehmer sammelten solches, und sobald dies zu einem Quintal genug war, nahmen es die Faktore auf Rechnung der Gesellschaft.

Sham=Shi hatte auch einen Bedienten dabei, der die ausgemessenen Quintale bemerkte, weil dieser Mohr den achten Theil alles verkauften Gummi's fordert, welches ihm die Gesellschaft bezahlt. Weil er aber den Preiß des Gummi's und das Gewicht des Quintals bestimmt: so richtet er die Sachen so ein, daß die Abgaben auf die Verkäufer, und nicht auf die Käufer fallen.

Der Brak hatte schon einmal die Mohren geplündert und fürchtete sich nun vor ihrer Rache. Einst brachten ihm jezt seine Kundschafter des Abends Nachricht, daß unter diesen seinen Feinden eine ausserordentliche Bewegung sei, und daß einige Mohren mit Musketen bewaffnet, vom Addi, einem der mächtigsten mohrischen Fürsten, angekommen wären, der sein Lager in der Nachbarschaft hätte. Diese Kunde beunruhigte den König so sehr, daß er eilends entfliehen wollte; doch ließ er nach reiferer Ueberlegung dem Generaldirektor von seiner Furcht Nachricht geben und ihn um Beistand bitten. Sein Bedienter kam mit dieser

Botschaft um Mitternacht im Magazine an. Der Generaldirektor ward aufgewekt. Er machte sogleich die nöthigen Vorkehrungen, lichtete die Anker mit zweien Barken, und ließ zwei Faktore und vier Negern zur Bewachung der Waaren zurük.

Unterdessen erschien ein Abgeordneter von dem Fürsten Addi bei dem Generaldirektor, welcher diesem und dem Brak zu wissen thun sollte, daß sein Herr beide freundschaftlich zu besuchen käme. Diese Nachricht beruhigte alles wieder. Der Brak traute dennoch nicht ganz. Er ließ den Generaldirektor um einige seiner bewaffneten Leute bitten, damit er vor der Rache der Mohren gesichert wäre und ihnen zugleich zeigen könnte, daß er gute Freunde habe. Brue willigte darein und schikte ihm zwölf Laptoten mit drei Neger-Offizieren.

Der König oder Fürst Addi kam um acht Uhr nach Ingherbel in Begleitung von zwanzig Flintenschüzzen, die ten Brak mit einer Salve begrüßten, welche von dreizehen Negersoldaten dieses leztern und den fünfzehn französischen Laptoten, beantwortet wurden. Leztere hatten aber scharf geladen, worauf die Mohren durch Zeichen zu verstehen gaben, daß ihnen diese Höflichkeit nicht gefiele. Die beiden Fürsten hatten eine lange geheime Unterredung, und giengen vergnügt von einander. Addi beschenkte den Brak mit einem schönen Ochsen, und dieser gab ihm einen jungen Sklaven dagegen.

An demselben Tage besuchte dieser Addi in Begleitung des Sham-Shi den Herrn Brue am Borde seiner Barke. Die Unterredung währte lange; der Prinz sprach arabisch, welches Sham-Shi dem Dollmetscher in der Negersprache, und dieser dem Herrn Brue französisch wiederholte. Addi redete sehr zum Vortheile der Holländer in Arguin, die ihm für seinen Zoll hundert Flinten, hundert Pistolen, vier Faß Pulver, vier Faß Kugeln, und das Quintal seines Gummi mit hundert Kronen bezahlten, auch ausserdem ihn mit weissem Zwiebakke, Honige, Pflaumen, Spiegeln und andern Waaren beschenkten. Der Generaldirektor sagte, die Holländer verführen mit den Franzosen ungerecht, daß sie ihnen die Handlung zu Arguin wegnähmen, und würden mit den Geschenken bald aufhören, wenn sie sich mächtig genug fänden, seinen Schuz entbehren zu können.

Brue behielt nachher diesen Fürsten bei der Malzeit; anfangs trank er nur Honig und Wasser, auf des Generaldirektors Zureden aber kostete er Kanariensekt, und darauf verschiedene Arten französischer Weine.

Dieser Mohrenfürst war von mittlerer Grösse, stark, schwarzbraun, und wolgebildet. Seine Gesichtszüge waren regelmässig, mit einer Habichtsnase, guten Zähnen, einem langen schwarzen Barte und kurzen Haaren. Er gieng mit blossem Kopfe. Am Leibe hatte er eine Art von weissem Hemde, das weit war, und bis auf die Hosen hinunter hieng, nebst einem Gürtel von Musselin, in welchem ein Messer wie ein Dolch stak, darüber trug er ein Haik, von weissem Stoffe, wie ein Rokelor mit einer Kapuzze *). Nach Tische machte ihm der Generaldirektor ein Geschenk, mit welchem er wol zufrieden zu seyn schien. Er rauchte Tabak und trank Kaffe. Er nahm hierauf Abschied, und beim Aussteigen ans Land wurde er mit Stükken begrüßt. Der Generaldirektor gieng mit ihm ans Land, seine Pferde zu sehen, wunderte sich aber sehr als er fand, daß er mit seiner ganzen Begleitung auf Kameelen gekommen war. Die Mohren haben Pferde, und lieben sie sehr, schonen sie aber gerne und bedienen sich ihrer mehr zur Parade und zum Kriege, als zu Reisen.

Am 9ten April kam der Brak, dem Generaldirektor für den zugesandten Beistand zu danken, und ihn seiner Freundschaft zu versichern. Er brachte einige gute Sklaven mit, welche Brue ihm abkaufte.

An demselben Tage beschenkte ein Mohr, Namens Barikala den Generaldirektor mit einem zahmen Adler. Er war von der Grösse eines türkischen Hahns, von dunkler Farbe, sonst einem

---

*) Dies ist die in Marokos übliche Kleidung, die man in Höst's Nachrichten S. 115. u. ff. beschrieben, und auf der 15den Tafel daselbst, (auch in der redenden Physiognomie der Menschheit) abgebildet findet.

gemeinen Adler vollkommen ähnlich *). Er war so zahm daß er alle Leute mit sich umgehen ließ, und folgte nach einigen Tagen dem Generaldirektor wie ein Hund nach, ward aber von ungefähr durch den Fall eines Fasses auf dem Verdekke erschlagen.

Am 10ten kam des Braks erste Gemahlinn oder Soltana, den Generaldirektor zu besuchen, in Begleitung einiger der vornehmsten Frauenzimmer ihres Hofes. Sie ritten auf Eseln; zehn bis zwölf Sklavinnen folgten ihnen zu Fusse nach, mit eben so viel Sklaven, unter denen sich zwei Ghirioten oder Musikanten befanden. Brue empfieng sie beim Eintritte in seine Barke, und führte sie in sein Kabinet. Die Negerköniginn sezte sich mit dreien ihrer Hofdamen auf sein Bette. Die übrigen nahmen Plaz, wo sie Raum fanden, so gut sie konnten. Der Generaldirektor saß in einem Armstule. Sie waren mit grossen Pagnes von schwarzem, sehr feinem Kattun bekleidet. Oben hatten sie die Gestalt eines Turbans, und fielen rund um ihre Schultern auf den Unterleib herab. Unter diesen hatten sie noch einen gefütterten Pagne, welcher auf dem Boden schleifte, und darunter noch den dritten als ein Wamms.

Nach den ersten Komplimenten legten sie ihre obern Pagnes ab, und zeigten ihren Kopfpuz, der wie bei den vorerwähnten Prinzeßinnen beschaffen

---

*) Vielleicht der Falco leucocephalus Linn. ? (Weißkopf) von welchem auch Schott am angef. Orte spricht.

war. Bald darauf legten sie auch ihre zweiten
Pagnes ab, und blieben bis auf den Unterleib un=
bedekt; nur die Königinn blieb immer bekleidet.
Sie war keine regelmäßige negerische Schönheit,
aber sehr angenehm gebildet. Sie war schlank von
Wuchse, und hatte ein majestätisches, freundli=
ches, einnehmendes Ansehen. Ihre Zähne waren,
wie die ihrer Begleiterinnen, sehr schön weiß,
sie hatten das Gheleleholz nicht vergessen. Sie be=
schenkte den Generaldirektor mit einer Büchse von
Goldbrate, von hübscher mohrischer Arbeit, voll
Spezereien und Kügelchen von Goldbrate.

Nach diesem forderten die Frauenzimmer Kas=
sots, oder Pfeifen, die goldene und silberne Köpfe
haben; die Röhren sind von Rohr achtzehn bis
zwanzig Zoll lang, mit Ringen von Gold und Sil=
ber, Korallen und Ambra geziert. Weil sie aber
sahen daß der Generaldirektor nicht rauchte, so
wollten sie es ebenfalls unterlassen, aus Furcht ihm
beschwerlich zu seyn; als sie aber hörten, daß er
nur aus Ehrfurcht für sie nicht rauchte, so nöthigte
ihn die Soltana, sich ihrer eigenen Pfeife zu be=
dienen, und forderte eine andere.

Dann wurde die Unterredung fortgesezt. Der
Generaldirektor und sein Dollmetscher hatten genug
zu thun, um auf alle ihre Fragen zu antworten.
Diese betrafen vorzüglich das französische Frauen=
zimmer, ihre Schönheit, Kleidung, und Artigkeit,
die Pracht des französischen Hofes, und wie die

Weiber mit ihren Männern lebten. Sie beneideten die europäischen Weiber um das Glük, daß jede nur einen Ehegatten hätte. Nachher ward das Frühstük aufgetragen, welches aus Honig, Wasser, Konfekt, Zwiebak, Branntwein und Weine bestand.

Sobald diese Malzeit bereitet war, gieng der Generaldirektor auf die Seite, weil die Negerinnen nie in Gegenwart der Männer essen. Das Mahl ward nach negerischer Art zugerichtet aufgetragen; aber der Generaldirektor schikte ihnen von seiner Tafel verschiedene französisch zugerichtete Speisen. Dieses gefiel der Negerköniginn sowol, daß sie ihm melden ließ, daß sie seine Gesundheit tränke, und verlangte, er sollte kommen und ihr Bescheid thun. Er that es, und speißte noch mit ihnen, worauf er sie mit Kaffe und Schokolade bewirthete, welche leztere ihnen sehr wol behagte.

Bei ihrem Abschied beschenkte sie der Generaldirektor mit Spiegeln, Korallen, Gewürznelken, und ihre Bedienten mit Glaskorallen. Die Königinn nahm von dem Generaldirektor sehr vergnügt Abschied. Er begleitete sie an das Ufer zurük, half ihr ihren Esel besteigen, und begrüßte sie mit fünf Stükschüssen.

Diese Prinzessinn schikte ihm täglich Geschenke, darunter waren auch zwei Pintado = Vögel, ein Hahn, und eine Henne, die so zahm waren, daß sie von Bruc's Teller assen, und wenn sie aufs

Land geflogen waren, auf den Klang der Gloke zur Mittags = oder Abendmalzeit zurük kamen.—

Der Generaldirektor feierte die ganze Zeit des Handels über die Sonn = und Festtage, an welchen das Magazin verschlossen war, und ließ am Borde Morgens und Abends Betstunde halten. Die Mohren hielten ihn deswegen für einen Marbuten.

Wir müssen noch einer Merkwürdigkeit erwähnen; nämlich in der Gegend bei der Wüste findet sich eine Art Raubvögel, welche Ekufs genannt werden, und sehr gefrässig sind *). Sie hatten oft die Verwegenheit den Bootsleuten das Essen von ihren Tellern wegzuholen. Ein Matrose hatte sich sein Stük Fleisch einst gebraten, und es auf ein Holz gelegt, um dahin zu tragen, wo er es essen wollte. Ein Ekuf fiel über ihn her, und raubte das Fleisch, ließ es aber sogleich wieder fahren, als er fühlte, daß er sich die Klauen daran verbrannte **).

Brue

---

*) Dieser Vogel scheint der Vultur Aura des Linne zu seyn.
**) Wem sollten hier nicht die Harpyen der Alten beifallen?

„At subito horrifico lapsu de montibus adsunt
Harpyiae, & magnis quatiunt clangoribus alas,
Diripiuntque dapes, contactuque omnia foedant
Immundo: tum vox tetrum dira inter odorem."

„Fürchterlich stürzen Harpyen mit rauschendem Fittich vom Felsen herab und rauben die Speisen,

Brue ward hier von einer heftigen Kolik befallen, weil er sich nach einer Bewegung im Schlafe erkältet hatte. Sein Wundarzt gab sich vergeblich alle Mühe, dies Uebel zu heben. Die Mohren, welche ihn besuchten, lehrten ihn ihr Mittel, welches in Gummi in Milch aufgelöst bestand, das so heiß als möglich getrunken werden mußte. Dies half. —

Am 15ten Mai kam ein Marbut in die Wüste zu den Schiffen, welcher vorgab, er komme gerades Wegs von Mekka. Er war aber offenbar ein Betrüger, wie aus der Beschreibung erhellte, welche er dem Generaldirektor von Muhammeds Grabe machte, welches nach seiner Aussage von gewissen Engeln in der Luft gehalten würde, die einander alle Stunde ablösten. Brue lud den Marbuten als er mit seinen Leuten zum Gebete gieng, zum Nachtessen ein. Auf dasselbe folgte ein Folgar oder Ball, der die ganze Nacht hindurch dauerte. Die Mohren tanzten und sangen nachher Verse aus dem Koran ihrem neuen Heiligen zu Ehren. Der Generaldirektor beschenkte ihn mit einigen Bogen Papier, um Grisgris daraus zu

---

und ihre schmuzzige Krallen besudeln Alles; schauerlich tönt ihr Geschrei, und scheußlich stinken die Räuber."

Virgil. Aeneid. III.

Auch die Ekuffs haben eine widerliche Stimme, und sind garstige Thiere, die allen Unrath fressen.

machen, welches das Haupterwerbsmittel dieser Heiligen ist; denn sie leben vom Aberglauben!

Am 17ten Mai um 10 Uhr ward Brue benachrichtiget, daß sich eine Karawane zeigte, die dem Ansehen nach nicht aus Kaufleuten, sondern aus Personen vom Stande bestehen müßte. Es kamen auch sogleich einige bewaffnete Männer an, theils auf Kameelen, theils zu Pferde, vor welchen ein Trompeter und ein Trommelschläger hergieng. Dann folgten acht bis zehn Kameele, welche auf ihren hökkerichten Rükken mit schwarzem Zeuge bedekte Sessel trugen; auf diese kam ein grösseres Kameel, das mit einem offenen Sessel beladen war, worüber ein Sonnenschirm hieng, unter welchen zwei Frauenzimmer einander gegenüber sassen. Rings um das Kameel herum giengen verschiedene Leute zu Fusse mit Musketen und Säbeln bewaffnet. Endlich schlossen zehn bis zwölf wolgeschmükte Pferde den Zug. Scham-Schi gieng ihnen auf erhaltene Nachricht, wer sie wären, entgegen, und meldete dem Generaldirektor es sei die Mutter und Gemahlinn des Mohrenfürsten Addi, die ihn zu besuchen kämen.

Brue ließ seine Mannschaft ins Gewehr treten, und beschloß diese Prinzessinnen am Lande in seinem Waarenhause zu empfangen, weil seine Barken schon so beladen waren, daß er keinen Raum mehr hatte. Einer von seinen Offizieren empfieng die Damen am Thore mit einer Salve aus dem kleinen Gewehre, und unter dem Schalle der Trommeln und Schalmeien. Bruc selbst gieng ihnen einige Schritte aus der Thüre des Vorhauses entgegen, und führte sie in einen Alkov, der mit schönen Tapeten und Kissen ausgeziert war. Nur zwei bis drei von ihren Begleitern, mit einem Ghirioten giengen hinein; die andern warteten in einer Seitenkammer, und die Gemeinen aus dem Gefolge blieben auffen.

Die Mutter des Fürsten war ein schönes Frauenzimmer gewesen, aber sehr fett geworden. Sie trug einen feinen Kallkomantel, der frei um sie herum hieng, die Schulterbänder waren hinten mit Hakken bevestigt, und die Aermel so weit daß sie ihr die Hände bedekten. Diese Kleidung war sehr lang, so daß sie sie auf der Erde schleppte, und ihr ein schönes und majestätisches Ansehen gab. Ihr Kopfpuz bestand nur aus ihrem eigenen Haare, das zum Theil vorne aufgebunden war; der andere Theil fiel hinten frei herunter, mit einem vierelkichten Schleier von streifichter Leinwand, der nachlässig daran hieng. In jedem Ohre hatte sie einen goldenen Ring, wenigstens einen halben Fuß weit, und ein Halsband von Gold- und Ambrakügelchen untereinander.

Die Gemahlinn des Fürsten schien nur achtzehn Jahr alt zu seyn. Sie war grösser als die Mohrinnen gewöhnlich sind, wolgestaltet, mit regelmässigen Gesichtszügen, grossen schwarzen Augen voll Feuer, schönen Zähnen, und einer angenehmen Stimme. Ihre Wangen waren roth gefärbt, welches mit ihrer Olivenfarbe übel kontrastirte. Sie hatte schöne Hände mit rothgemahlten Nägeln. Sie war wie ihre Schwiegermutter gekleidet, nur daß ihr Haar mit einigen Ketten oder Schnuren von Goldkügelchen, Ambra und Glaskorallen, sehr artig geschmükt war. Ihre Begleiterinnen waren eben so sittsam angezogen, da im Gegentheil die Negerinnen ohne Scheu ihren Oberleib entblößen.

Die älteste Prinzeßinn machte dem Generaldirektor zuerst das Kompliment. Sie sagte sehr verbindlich: „Die vortheilhafte Schilderung, welche ihr Sohn Abdi ihr von ihm gemacht habe, sei die Ursache, warum sie die Wolstandsregel, keinen Fremden zu besuchen, überschreite." — Sie schloß dies Kompliment mit einem Geschenke von einer wolgearbeiteten goldenen Büchse und einer Kette von Goldbrat. Die junge Prinzeßinn machte dem Generaldirektor ein gleiches Kompliment, und ein gleiches Geschenke.

Brue beantwortete diese Höflichkeiten als galanter Franzose, und die Damen sezten die Unterredung mit viel Wiz und Munterkeit fort. Der Generaldirektor fragte die vermittwete Fürstinn, ob das Frauenzimmer bei ihr, die Soltana oder erste Gemahlinn des Prinzen Abdi wäre? Worauf sie antwortete: „Die Mohren dürften nur Eine rechtmäffige Frau haben, die übrigen wären bloß Beifchläferinnen, die von Perfonen von Range und guter Aufführung nur insgeheim und verftohlen gehalten würden.

Als die Zeit zum Mittagsmale herannahete, fchlug der Generaldirektor den Prinzeffinnen die Wahl vor, ob fie nach ihrer oder der franzöfifchen Art fpeifen wollten? Sie überliessen es seinem Gefallen, nur mit dem Anfuchen, daß keine Mannsperfon mehr im Zimmer wäre auffer dem Dollmetfcher. — Eine niedrige Tafel wurde für fie gedekt, und der Generaldirektor faß wie fie mit gefchränkten Füffen auf einem Kiffen. Die Speifen wurden von feinen Bedienten bis an die Thüre gebracht, und da von den Begleiterinnen der Mohrendamen in Empfang genommen; der Dollmetfcher sezte fie dann auf die Tafel, und wartete dem Generaldirektor auf. Man hatte Kuskus und verfchiedene Speifen auf die negerifche Art zugerichtet. Die Prinzeffinnen genoffen aus Höflichkeit nur von den franzöfifchen Speifen. Sie waren fehr aufmerkfam, wie der Generaldirektor mit Meffer und Gabel aß, und ahmten ihm fehr artig nach.

Während der Malzeit fang eine Chiriotinn und fpielte auf einem Inftrumente, welches aus einem Kürbiffe gemacht, mit rothem Pergamente überzogen war, und zwölf Saiten hatte, von welchen einige von Silber, die andern von Seide waren. Dies Inftrument klang beinahe wie eine Harfe. Die Musikantinn war jung und artig, und hatte allerlei Zierrathen von Golde, Silber, Korallen, und Ambra auf dem Kopfe.

Die Prinzeſſinnen ſchienen mit der Art ihrer Bewirthung ſehr wol zufrieden zu ſeyn, und nahmen das Konfekt mit, welches der Generaldirektor ihnen in dieſer Abſicht anbot; ſo auch verſchiedene Paare parfumirter Handſchuhe, dergleichen ſie zuvor nie geſehen hatten. Nachher begleitete er ſie zu ihren Kameelen, und gab ihnen beim Abſchiede eine Salve aus dem kleinen und groſſen Geſchüzze.

An ebendemſelben Tag brachte ein Fiſcher dem Generaldirektor ein junges lebendiges Krokodill, das etwa fünf Fuß lang war. Weil ſich aber keiner von den Negern noch von den Mohren unterſtehen wollte es zu zähmen, ſo mußte es todt geſchlagen werden. Das Fleiſch war nicht unangenehm, nur hatte es einen ſtarken Bieſamgeſchmak.

Am 19den Mai kam der Faktor, welcher mit einer Barke nach Terrier Rouge hinaufgeſchifft war, mit hundert und fünfzig Quintalen Gold zurük *); er brachte aber weder Elfenbein noch Gummi; denn die Mohren hatten leztere Waaren nach Portendik und Arguin geführt, wo damals einige holländiſche Schiffe lagen.

*) So ſteht im Originale. Dieſe Quintale ſind doch nicht Zentner? Nicht Gummiquintale? — Vermuthlich ſoll es Mark heiſſen. Dann iſt die Summe noch groß genug.

Weil der Handel nun meist vorbei war, und der Fluß zu schwellen begann, so schikte der Generaldirektor seine geladene Barken nach dem Ludwigsforte zurük. Sie ankerten am 24sten Mai zu Ingherbel und Brue besuchte den Brak, den er in einer Halle fand, beschäftigt mit der Entscheidung eines ihm vorgetragenen Prozesses. Die Sache war folgende: Ein Marbute hatte einem Neger, der in den Krieg ziehen wollte, ein Grisgris versprochen, das ihn unverwundbar machen sollte, wofür ihm der Neger ein schönes Pferd gab *). Der arme betrogene Neger war aber dieses heiligen Panzers ohngeachtet in dem ersten Scharmüzzel geblieben. Seine Erben forderten nun das Pferd von dem Betrüger zurük. Der König fragte den Generaldirektor um seine Meinung hierüber. Dieser stimmte dahin, daß der Marbute das Pferd wieder herausgeben müßte, weil sein Grisgris untauglich gewesen war. — Der König war gleicher Meinung und das Urtheil wurde so gefällt.

Nach diesem Verhöre führte der König den Generaldirektor in sein Zimmer. Die Gebäude des Königs sind von andern nur in der Größe unterschieden, sonst eben so gebaut, und ausmöblirt. Der größte Unterschied ist, daß sie in eine Umzäunung von Rohr eingeschlossen sind, welche viel

---

*) Giebt es nicht auch Europäer, die sich durch ähnliche Mittel vest machen lassen?

Raum einnimmt. Dieser Hof ist von verschiedenen Bäumen beschattet, um welche des Königs Zimmer, Magazine und Ställe, und die Wohnungen seiner Weiber und Bedienten ringsherum liegen. Der Eingang zu dieser Umzäunung ward von einigen mit Säbeln und Wurfspiessen bewaffneten Negern bewachet.

Nachdem der König und der Generaldirektor, in einer langen Unterredung ihr Freundschaftsbündniß wechselseitig erneuert hatten, führte der Pagaraf oder Haushofmeister den leztern zur Audienz bei der Soltana. Er fand diese Dame auf ihrem Bette sizzend; der Fußboden war mit Matten bedekt, auf welchen sechs von ihren Frauenzimmern saßen und spannen. Sie ließ den Generaldirektor neben sich sizzen, und begleitete ihn beim Abschiede wieder bis an die Thüre. Er besuchte auch die übrigen von des Königs Weibern daselbst; denn der Brak hat viele Häuser und Familien.

Nach diesem Besuche kehrte er zum Könige zurük, der in seinem Hofe, unter einem Baume saß und zusah, wie man einige Pferde prüfte, die zum Verkaufe gebracht wurden. Die Mohren welche sie ritten, regierten sie sehr geschikt und die Pferde sahen gut aus; aber es schien als ob sie kein Maul hätten, ohne Zweifel weil die Zäume schlecht waren. Der Generaldirektor sah auch des Königs Jagdhunde achtzehn an der Zahl. Sie waren groß, hatten lange Ohren, und dienten gut, das

Wild auf der Spur oder vor Augen zu verfolgen. Ihr Futter bestand in den Kleien von Mais in Milch geweicht, und dem Eingeweide von dem Wilde das sie fiengen.

Zur Mittagszeit ward Brue in ein Zimmer geführt, wo ihn der König erwartete und wohin jede von seinen Weibern eine Schüssel mit Speisen schikte, die sie zugerichtet hatten. Weil er Wein und Branntwein mitgebracht hatte, so war der Brak gar sehr aufgeräumt, doch waren Seine negerische Majestät so artig, und ... besoffen sich nicht, wie sonst. Nachmittags nahm der Generaldirektor von des Königs Weibern, Schwestern und Töchtern, die er am Morgen nicht gesehen hatte, Abschied, machte ihnen verschiedene kleine Geschenke, und erhielt andere dafür. Dann beurlaubte er sich auch von dem Könige, der sich mit seinem ganzen Hofstaate zu Pferde sezte, um ihn ans Ufer zu begleiten. Er ließ sein Pferd allerlei Sprünge machen; bisweilen ritt er in vollem Galoppe, und schwenkte seinen Wurfspieß sehr geschikt. Er hatte zugleich einige Sklaven verkauft, für die er die Bezahlung erhielt, und der Generaldirektor beehrte ihn beim Abschiede mit einigen Stükschüssen.

Tags darauf verglich sich der Generaldirektor mit dem Scham-Schi wegen seines Zolles und des achten Theils, der vom Gummi abzugeben war. Dieses betrug zehn Quintale, wofür ihm das Gehörige, nach Abzug der Schulden vorigen

Jahrs, bezahlt wurde. Dann lieh er ihm noch so viel Gold, als dreißig Quintale betrugen, welches von dem achten Theile des künftigen Jahrs sollte abgezogen werden. Dieses sezte ihn in den Stand, seine Handlung fortzusezzen, und ward ihm eine Aufmunterung, auf den Vortheil der Gesellschaft bedacht zu seyn.

Brue verließ am ersten Junius 1715. die Wüste, und kehrte mit einer reichen Ladung von mehr als 4000. Zentnern Gummi, vielen Sklaven und einer beträchtlichen Menge Gold, Ambra, Elfenbein und Straußfedern, zufrieden nach der Ludwigsinsel zurük.

Dies ist die lezte Reise dieses thätigen Generaldirektors der französischen Senegalgesellschaft, von welcher wir ein genaues Tagebuch erhalten haben. Er war auch nachher noch eifrig für die Erweiterung des französischen Handelsgebiets in Afrika bemüht, und bereicherte die Erdkunde durch die Entdekkungen seiner ausgeschikten Kundschafter, wovon wir sogleich in der nachstehenden Reisegeschichte eine Probe finden werden.

Schade, daß er schon im Jahre 1720. nach Frankreich zurükkehrte! —

III.
Compagnon's Reise nach Bambuk.

Im Jahre 1716.

Verglichen
mit der neuern Reise eines ungenannten Franzosen in eben dieses Land.

Nöthige Borerinnerung.

Als Anhang zu des Generaldirektor's Brue's Reisen durch Senegambien gehört die durch ihn veranstaltete Reise des Franzosen Compagnon nach Bambuk hieher. Schon dieser Umstand spricht für sie, und sie wurde auch bisher von Kennern und Geographen nicht nur für die erste und einzige Nachricht von dem Goldlande Bambuk, sondern auch für eine ächte, glaubwürdige Reisebeschreibung gehalten.

Erst vor wenig Jahren stand aber ein ungenannter Reisebeschreiber auf, der Verfasser der im J. 1789. zu Brüssel erschienenen Voyage au pays de Bambouc *) — und bemühte sich, mit leidenschaftlicher Hizze, den guten Compagnon verdächtig zu machen.

Er sagt von ihm, an verschiednen Stellen **):

---
*) Wovon oben S. 18.
**) Man sehe die Uebersezzung in Sprengels Beiträgen. XIII. Thl. S. 60. u. ff. oder Cuhn's Samml. I. B. S. 57. u. ff.

„Ein gewisser Compagnon, ein Franzose, gab vor, der erste zu seyn, der bis nach Bambuk vorgedrungen wäre. Er schiffte den Niger hinab (?) bis nach Pheleme, (?) kam sodann nach Kainusa (Kainura sagt Compagnon) und fand in der dortigen Nachbarschaft einige Eisen- und Galmei-erze. Die Republik Bondu hielt er für das Land Bambuk (!) und erkühnte sich ein Land zu beschreiben, das er nie betreten hatte. Er überredete seine Landsleute (auch den Generaldirektor?) daß es daselbst Goldgruben und Silberbergwerke in Menge gebe, und brachte die ungereimtesten Erdichtungen davon unter das Publikum. — So schlecht sieht es um die Ehre dieser Entdekkung aus. Vor ihm war indessen ein gewisser englischer Offizier, Namens Chasche, auf dem Gambiaflusse dahingekommen. Aber sein Aufenthalt daselbst, der keinem Zweifel unterworfen ist, war von kurzer Dauer, auch hat er seine Reise nie beschrieben.— Compagnon kannte die Schwierigkeiten, womit eine Reise in dies Land verknüpft ist, und schmeichelte sich vielleicht, daß Niemand weiter vordringen würde; daher konnte er sich erdreisten, sowol die Reisebeschreiber (welche?) als durch diese, das grosse Publikum zu hintergehen."

Und an andern Stellen:

„Beinahe alle Geographen verwechseln das Land Bambuk mit der Republik Bondu, und machen aus beiden nur Eines. Sie können sich damit entschuldigen, daß sie nie da gewesen sind. Aber womit mag sich wol der unverschämte Compagnon entschuldigen, der daselbst gewohnt zu haben und durch Phalemo dahingekommen zu seyn vorgiebt; wie kann er seinen Irrthum oder seine Vorspiegelungen rechtfertigen? Wie konnte man zwei so ganz verschiedene Länder verwechseln; ein dürres trokknes Land mit einem andern, wo das Stroh sechs Fuß hoch über den Reuter und sein Pferd hinausragt; eine Republik mit einem Königreich, ein röthlichtes Volk (?) mit einem von der schönsten Schwärze? Doch dies ist schon genug, um das Publikum zu warnen, der Verfolg meiner Reisebeschreibung wird das Uebrige thun.„

Ferner nennt dieser Ungenannte den guten Compagnon immer einen Lügner, einen Betrüger.

Dies sind harte Vorwürfe; wir wollen sie genau prüfen; es ist der Mühe werth! — Doch schon bei'm ersten Anblik verlieren diese Ausfälle gegen Compagnon alle Kraft. Dies ist leicht zu beweisen.

Die Anonymität dieses Gegners abgerechnet — welche ihm gar nicht zum Vortheile gereicht — ist es auffallend, wie sehr er sich in der Aufwallung seiner Hizze selbst widerspricht, selbst verdächtig macht.

Er sagt: „Compagnon schiffte den Niger hinab bis nach Pheleme und kam sodann nach Kainusa.„ — Er hätte sagen sollen: Compagnon schiffte den Senegal hinauf und aus diesem in seinen Nebenfluß Faleme, auf welchem er bis nach Kainura *) fuhr.

Ferner: „Er hielt die Republik Bondu für das Land Bambuk." — Folglich wäre er ja Betrogener, nicht Betrüger gewesen? — Aber auch das war er nicht, wie wir in der Folge beweisen werden, denn auf seiner eigenhändig gezeichneten Karte **) ist Bondu sehr wol von Bambuk unterschieden.

Eben so ist es dem kritischen Erdforscher weit leichter aus Compagnon's Reisebeschreibung zu beweisen, daß er wirklich in dem Lande Bambuk gewesen ist, als die Aechtheit der Nachrichten des Ungenannten darzuthun — der weder sich nennt, noch den Zeitpunkt seiner Reise angiebt, noch berichtet, wie er in dies Land gekommen sei? —

Der Ungenannte sagt ferner: „Compagnon überredete seine Landsleute, daß es daselbst Gold- und Silberbergwerke in Menge gebe." — Wen über=

---

*) So schreiben alle Reisebeschreiber diese Namen. Dies ist aber nicht der einzige Schreib- und Unwissenheitsfehler, den die Voyage au pays de Bambouc enthält. — Keiner der Uebersetzer rügte oder verbesserte sie! —

**) Allg. Hist. d. R. II. B. Nr. 41. Seite 498. Diese Karte ist gewiß nicht ohne Werth.

überredete er? Den Generaldirektor **Brue**, den einsichtsvollen Mann, der ihn ausgeschikt hatte, und der in diesen Gegenden so gut bekannt war (wie wir selbst gesehen haben) daß ein solcher ihm gespielter Betrug ganz unglaublich ist? — Hatte nicht **Brue** selbst erforscht, wo das gepriesene Goldland liege? — Oder sind etwa die Nachrichten, die uns **Compagnon** von dem Reichthum **Bambuk**'s giebt, erdichtet, da sie mit denen des Ungenannten übereinstimmen? —

Der Ungenannte will dem guten **Compagnon** eine Ehre rauben — nämlich der erste Entdekker von **Bambuk** zu seyn — welche dieser sich nie anmaßte. Daß er aber der erste Franzose war, der in dieses Land drang, beweist **Brue**'s Zeugniß, dem es vorher unbekannt war, sehr deutlich. Auch ist es **Brue**, (oder sein Redakteur **Labat**) der uns berichtet, daß schon früher die **Engländer** Versuche gewagt haben, um in **Bambuk** einzudringen, und daß der brittische Hauptmann **Agis** auf dem Faleme hinabwärts bis nach **Rainura** gekommen ist, ohne das Land **Bambuk** selbst betreten zu dürfen *). Vermuthlich ist dieser **Agis** ebenderselbe englische Offizier, den der Ungenannte **Casche** nennt, ohne uns für seinen Bericht einen Gewährsmann zu geben. Wenn man überdies weiß, daß **Compagnon** seine Reisebeschreibung nicht

---

*) Wovon in dem folgenden Paragraph gesprochen wird.

selbst herausgab, sondern sie dem Herrn Brue überließ, mit dessen Reiseberichten sie von Labat*) herausgegeben wurde; so kann man sich eines bittern Lächelns über den unwissenden, neidischen Ungenannten nicht enthalten, der so albern in den Tag hinein deräsonnirt!

Was will nun dieser damit sagen: „Compagnon hoffte, es werde Niemand weiter vordringen und erdreistete sich daher, die Reisebeschreiber und durch diese das Publikum zu hintergehen!„—?

Ei, er machte ja seine Reisebeschreibung nicht bekannt; sie ist ja nur der offizielle Bericht an den gewiß nicht so leicht betrogenen Generaldirektor Brue, und dieser veranlaßte die Bekanntmachung! —

Und — wer mag es wol den Ungenannten beredet haben, daß — „beinahe alle Geographen das Land Bambuk mit der Republik Bondu verwechseln„? — Ich besinne mich keines; auf allen neueren Karten sind beide ordentlich getrennt, auch könnte Compagnon nicht die Veranlassung dazu gegeben haben, da er auf seiner Karte Bondu und Bambuk wol unterschieden hat! —

Compagnon sagt auch nur: Das Land von

---

*) Labat, Afrique occidentale, T. IV. — Labat ist gewiß kein unglaubwürdiger Schriftsteller; auch lebte Kompagnon noch, als seine Reisebeschreibung herausgegeben wurde.

Bambuk sei in seinen inneren Theilen, in den Strichen fern von den Flüssen unfruchtbar, und der Ungenannte scheint darinn mit ihm übereinzustimmen. Doch würde er auch hierinn kein gültiger Zeuge seyn, da er uns keine Versicherung giebt, daß er das Innere des Landes selbst gesehen habe, so wie er überhaupt uns die eigentliche Beschreibung seiner Reise ganz vorenthalten hat.

Derselbe sagt ferner: „Compagnon verwechselte eine Republik (Bondu, so nennt es der Ungenannte selbst) mit einem Königreich„ (Dies wäre also Bambuk!) — Und doch schildert er selbst dieses leztere als eine Republik! —

Was er uns hierauf von beinahe rothen oder röthlichen Bewohnern von Bondu aufheften will, das müssen wir auf sich beruhen lassen. Bisher hat es noch keinem Erdforscher oder Reisebeschreiber von rothen Menschen im Negerlande geträumt!

Ueberhaupt zeigt dieses hier Gesagte, daß der dikbelobte Ungenannte nicht nur den guten Compagnon ohne Grund tadelt, sondern auch sich selbst durch diesen Tadel verdächtig macht.

Denn Compagnon's Reisebeschreibung trägt das Gepräge der Glaubwürdigkeit an sich — sie wurde nicht für's Publikum sondern für den französischen Generaldirektor Brue aufgesezt — dieser erkannte sie für ächt, und die neuesten Nachrichten aus Senegambien stimmen mit Compagnon überein *).

Dies allein wäre schon hinreichend, den guten Compagnon gegen die neidischen Anfälle eines hämischen Ungenannten zu sichern. Aber es sind der Beweise noch mehrere gegen diesen, für jenen vorhanden, die uns der unwissende Tadler selbst anbietet.

Nämlich Compagnon's Karte paßt — bis auf einige Kleinigkeiten — ganz zu den geographischen Nachrichten, die uns der Ungenannte von Bambuk giebt — Namen der Oerter, Flüsse, Bergwerke und ihre Lage sind beinahe alle dieselben. Ueberdies stimmt auch dieser leztere mit ersterm in andern Dingen sehr oft überein, und wo beide von einander abzugehen scheinen, lassen sie sich doch beinahe immer wieder vereinigen. Dies werden wir bei der Beschreibung des Landes Bambuk finden; folglich dient das Werkchen dieses Ungenannten — wenn es anders einigen Werth hat — nur zur Bestätigung der Aechtheit der Nachrichten des mißhandelten Compagnon's **).

Im Gegentheile aber sinkt die Glaubwürdigkeit des Ungenannten desto tiefer, der mit frecher

---

*) Demanet, Adanson's Karte, die Description de Nigritie dürfen hier als Zeugen angeführt werden.

**) Zimmermann, Annalen der Geogr. u. Statist. pflichtet dieser Meinung bei. M. f. oben S. 18.

Stirne solche Schmähungen gegen seinen Vorgänger ausstieß; der von allen den Stüzzen entblößt, welche das Ansehen des biedern Compagnon aufrechthalten, uns zwingen will, ihm auf sein anonymisches Wort zu glauben; der nur zu viel seine Unwissenheit verräth, und durch alles dieses uns gegen die Nachrichten mistrauisch macht, die er uns weitläufiger, ausführlicher mittheilt, als Compagnon, und die folglich, ohne jenes, zur Ergänzung dieses Leztern dienen könnten.

Ich glaube gerne — es scheint es auch, obige Umstände abgerechnet — daß dieser Ungenannte wirklich in dem Lande Bambuk gewesen ist; aber ich bin ebensowol überzeugt, daß der kritische Erdforscher seine unverbürgte Nachrichten nur mit äusserster Behutsamkeit benüzzen wird, da ihre Glaubwürdigkeit durch so viele Umstände schwankend gemacht ist. Er fällt selbst in die Grube, die er dem unschuldigen Compagnon bereitete; denn seine unbeschränkte Dreistigkeit, sein kindischer Haß gegen jenen Reisebeschreiber, und seine auffallende Selbstsucht werden nie den Mangel der Beweise ersezzen können.

Mich dünkt, Herausgeber (oder Redakteur) und Verfasser waren hier zweierlei Personen, und ich vermuthe, daß jener — so wie Labat und Brue, aber nicht mit Labat's Kenntnissen ausgerüstet — bloß die Papiere dieses Leztern benüzt oder redigirt, und um der Sache Gewicht zu geben, auf Compagnon losgeschimpft habe, ohne selbst mit den Nachrichten dieses Leztern bekannt gewesen zu seyn.

Dies sei genug zur nöthigen Vorerinnerung — denn eine solche Prüfung ist doch wol nöthig! — Die Sache selbst mag nun sprechen!

I.

Erste Versuche der Franzosen, das Land Bambuk zu entdekken.

Die französisch-afrikanische Handelsgesellschaft war schon lange begierig zu erfahren, aus welchem Lande das Gold käme, das zum Theil von den Juliern den Franzosen am Senegal, vorzüglich aber von den Mandingoern den Engländern an der Gambia zum Verkaufe gebracht wurde. Sie hatte deswegen immer ihren Statthaltern befohlen, dies goldreiche Land auszuforschen und alle Mittel anzuwenden, in demselben vesten Fuß zu fassen. Sie hoffte dadurch für manchen Verlust entschädigt zu werden.

Brue war der erste ihrer Direktoren, der es ausforschte, daß das viele Gold, oft zu 400. Mark (200. Pfund) jährlich, das den Britten an der Gambia zugeführt wurde, aus dem Lande Bambuk komme *).

Um das Handelsgebiet der Franzosen diesem dem Golddurste nun so wichtigen Lande immer mehr zu nähern, unternahm er seine beide erste

---

*) Andre berichteten aus den Erzählungen der Negern dies Gold komme aus dem Lande Tombut, welches aber wol eine Verwechselung des Namens Bambuk seyn könnte.

Reisen auf dem Senegal. Er hoffte durch die Niederlassungen in Galam bald auch mit dem benachbarten Bambuk in Verbindung zu kommen, und wollte nur mit kluger Behutsamkeit weiter vorrükken. Denn er wußte, wie eifersüchtig die Saracoletes und Mandingoer in Galam auf ihren Besiz des Goldhandels von Bambuk waren; er wußte daß selbst die Einwohner dieses reichen Landes ihre Schäzze mit schlauer Vorsicht bewahren, nur wenigen Fremden den Zutritt zu ihnen erlauben, und den Handelsleuten nur bis an die Gränzen zu kommen vergönnen *). Er kannte alle Hindernisse einer solchen Unternehmung, und beschloß um so vorsichtiger dabei zu Werke zu gehen, da die zerrütteten Umstände der Gesellschaft nicht erlaubten, grosse Summen an etwas so ungewisses zu wagen.

Er bemühte sich deswegen zuerst die völlige Gewißheit zu erhalten, daß dies an Galam gränzende Bambuk das wahre Goldland sei; dann hielt er es für nöthig, die Goldbergwerke genau erforschen, und ihre Ausbeute bestimmen zu lassen; und endlich sollten die Mittel gefunden werden,

---

*) Der oftermähnte ungenannte Verf. der Voyage au pays de Bambouc sagt dagegen, es zögen ganze Karawanen von Negern der Handlung wegen nach Bambuk, und an einem andern Orts spricht er weitläufig von der Unzugänglichkeit dieses Landes und dem Mißtrauen seiner Einwohner.

sich dieses Goldhandels allein, mit Ausschliessung aller andern Völkerschaften zu versichern *).

Zur Erreichung dieser Zwekke war die Erbauung eines Forts in Galam das erste Mittel. Dieser Bau kam aber bei der Schläfrigkeit der Vorsteher der Handelsgesellschaft erst im Jahre 1700. zu Stand.

Unterdessen bemühte sich Brue, die Handelsverbindung mit Galam zu erhalten, und immer mehr Kundschaft von Bambuk einzuziehen. Deswegen schikte er auch im Jahre 1699. den Augustinerlaienbruder Apollinaire, welcher zugleich Wundarzt, und schon lange in dem Dienste der Senegalgesellschaft als ein Mann von gutem Kopfe und reinen Sitten erprobt war, dahin ab. Derselbe fand aber bei dieser Unternehmung Hindernisse, welche weder Geschenke nach Geschiklichkeit besiegen konnten. Er wollte zuerst den Weg von Norden her durch Galam nehmen; aber die Mandingoer dieses Landes weigerten sich, ihm dazu behülflich zu seyn, und kein anderer Neger wollte ihn weiter, als drei Meilen über den Wasserfall von Govina hinaus geleiten, noch ihn weiter reisen lassen, weil sie, wie sie sagten, mit den dortigen Völkern in Krieg waren **). Er mußte sich also mit den Kenntnissen, die er von den Ländern Galam und Kas-

---

*) Auch durch gewaltsame Mittel?
**) Daß dies die gewöhnliche Ausrede war, haben wir schon gehört; doch werden wir auch hören, daß die

son eingesammelt hatte, begnügen, und einen andern Weg nach Bambuk suchen. Zu dem Ende fuhr er auf dem Saleme bis Rainura hinauf *); weiter konnte er aber nicht kommen, ohngeachtet er das Oberhaupt dieses Negerdorfes ganz gewonnen, und zum Freund der Franzosen gemacht hatte, und ohngeachtet er auf die Empfehlung des Generaldirektors von den vornehmsten Marbuten zu Dramanet sehr thätig unterstüzt worden war.

Er kehrte also nach der Senegalinsel zurük, zwar ohne das Land Bambuk betreten zu haben,

─────────────────────────────

wilden räuberischen Kassonen wirklich die Reise an dem Senegal weiter hinauf unsicher machen.

*) Der englische Hauptmann Agis (von welchem schon oben S. 209. gesprochen wurde) hatte schon im J. 1700. mit einigen Gromettas oder freien Negern eine Entdekkungsreise nach Bambuk gewagt; er war die Gambia hinaufgefahren bis Barakonda wo er seine Barke zurükließ und von wo er dann mit grossen Beschwerlichkeiten auf der Westseite des Saleme zu Fuß bis Rainura gieng. Auf der Ostseite konnte er nicht fortkommen, so wenig als er die Erlaubniß erhalten konnte das Land Bambuk zu betreten. Dies ist ohne Zweifel die Reise von welcher der Ungenannte spricht. Schade, daß wir keine nähere Berichte von derselben haben! Wir würden nun gewiß wissen, ob der Senegal mit der Gambia zusammenhänge oder nicht. Doch scheint der Umstand, daß Agis zu Fuß reisete, ein wichtiger Grund für die Verneinung dieser Frage zu seyn.

doch mit einer Menge eingesammelter Nachrichten versehen, die er dem Herrn Brue mittheilte. Da er aber mit der Lanzette besser umzugehen wußte, als mit der Feder, und folglich auch nicht im Stande war, einen gehörigen Bericht an die Gesellschaft aufzusezzen, so schikte ihn der Generaldirektor selbst nach Europa, damit er jenen mündlich ablegen konnte. Die Wärme, mit welcher Brue ihn der Gesellschaft empfahl, beweist hinlänglich, wie sehr er diesen Mann schäzte, und seinen Berichten Glauben schenkte.*).

Endlich kam auch die Einwilligung der Gesellschaft zur Erbauung eines Forts in Galam, in Senegambien an, und der Generaldirektor schikte sogleich einen Faktor dahin ab, um dies Werk anzufangen. Dieser aber wollte die Sache besser verstehen, als sein Vorgesezter, und ließ das Fort nicht auf derjenigen Stelle erbauen, welche Brue schon dazu hatte abstechen lassen**) — sondern führte es in seinem superklugen Eigendünkel ganz nahe am Ufer auf, unter dem Vorwande, es wäre da bequemer zum Aus = und Einschiffen. Die Folge dieses eigenmächtigen Verfahrens war, daß schon im darauffolgenden Jahre der Senegal es wegschwemmte, wodurch die Gesellschaft in grossen Schaden gebracht wurde.

Brue ward sehr aufgebracht darüber, und

---

*) Labat, Afrique Occidentale, T. IV. —
**) Wovon oben S. 194.

eilte diesen Verlust zu ersezzen. Er schikte wieder andre Leute dahin und befahl das Fort auf einer sicherern Stelle zu erbauen. Man wählte eine Anhöhe dazu, auf derselben wurden einige Hütten aufgeschlagen und diese mit einem Erdwalle umgeben, der mit einigen Kanonen besezt war. Der Generaldirektor wollte nochmals selbst dahin reisen und die neue Niederlassung haltbarer machen, aber seine Rükkehr nach Europa im Jahre 1702. zernichtete dieses Vorhaben, so wie auch seinen Entwurf, eine zweite Niederlassung zu Raignu anzulegen.

Seine Entfernung brachte Alles wieder in Verfall. Die Mandingoer in Galam glaubten nun den Franzosen die Freundschaft nicht mehr schuldig zu seyn, die sie dem Generaldirektor Brue gelobet hatten; sie wurden aufgehezt von Andern; man machte ihnen die Franzosen verdächtig; vielleicht hatten auch diese selbst Anlaß dazu gegeben, und Furcht und Eigennuz bliessen das Feuer an.

Plözlich überfiel ein zahlreiches Heer von Negern das französische Fort bei Dramanet. Die Franzosen waren unvorbereitet, doch vertheidigten sie sich so tapfer, daß die Negern viele Leute, selbst einige ihrer Häupter bei dieser Belagerung verloren, und dadurch noch erbitterter über die Belagerten wurden. Diese wurden durch Ermüdung und Mangel an Lebensmitteln gezwungen zu kapituliren; die Negern wollten aber keine Vorschläge anhören, und es blieb dem kommandirenden französischen Offizier nichts übrig, als das Fort in Brand zu stekken, und sich mit seiner Mannschaft auf einer Barke zu retten, die vor dem Forte lag. Dies gelang ihm und er entgieng glüklich der Rache der Negern, die ihn hartnäkkig verfolgten.

So war nun die französische Handlung nach Galam ganz zernichtet. Zwar wollte der Generaldirektor Mustellier im Jahre 1710. eine Unternehmung nach Galam wagen, aber er starb zu Tuabo auf der Reise dahin.

Sein Nachfolger Richebourg ließ hierauf bei Mankanet, eine Meile von Dramanet ein Fort anlegen. Die Stelle war schön und bequem; aber dieser Generaldirektor kam um, ehe der Bau vollendet war.

So standen die Sachen, als Bruc im Jahre 1714. wieder nach Senegambien kam, und die Handlung der Franzosen aufs neue belebte. Er ließ das Fort bei Dramanet, welches den Namen St. Joseph (gewöhnlich mit dem Zusaz: von Galam) erhielt, vollenden und legte zu gleicher Zeit ein zweites Fort, das St. Petersfort genannt wurde, nahe bei Rainura an. Dabei war ihm nun nichts angelegener, als die Ausführung seines Entwurfs, das Goldland Bambuk zu entdekken. Wie weit ihm dies gelang werden wir izt erfahren.

II.

Compagnon's Reise nach Bambuk.

Im Jahre 1716.

Comgagnon *) war unter allen, welchen Brue diesen Auftrag gab, allein kühn genug, die so gefährliche Reise nach Bambuk zu wagen.

Er ward mit Kaufmannswaaren, die für das Land tauglich waren, und mit Geschenken versehen für die Farime oder Oberhäupter der Dörfer und für andere angesehene oder bedeutende Leute, welche ihm bei der vorhabenden Entdekkung behülflich seyn konnten. Er nahm seine Maaßregeln so gut, daß es ihm glükte, und er die Ehre hatte, der erste Weisse zu seyn, der jemals in diesen Landen gesehen wurde **). Keiner vor ihm war jemals so weit hinein gekommen, oder hatte eine so vollständige Kenntniß von dem Lande erlangt, wie er. Er hat es verschiedene Male und auf verschiedenen Wegen durchreiset.

---

*) Von diesem Compagnon ist uns weiter nichts bekannt, als daß er Maurer und Baumeister war. Eine Anekdote von ihm soll bei der Naturgeschichte von Senegambien im nächsten Bande erzählt werden.

**) Dies sagt er nicht von sich selbst; Brue und Labat sagen es, und gewiß mit Recht.

Seine erste Reise gieng in gerader Linie von dem Fort St. Joseph nach dem St. Peters=fort an dem Flusse Faleme. Eine andre Reise machte er auf der Ostseite des Flusses hin, über Onneka nach Naye *). Sein dritter Weg gieng quer durch das Land, von Babiakolam **) an der Sanaga bis nach Netteko und Tamba=aura, Oerter die mitten im Lande liegen und wegen der reichen Goldbergwerke in ihrer Nachbarschaft be=rühmt sind ***).

So gelang es ihm in den anderthalb Jahren die er darauf verwendete, dieß Land zu durchrei=sen, dasselbe auf so viel verschiedenen Wegen und von so verschiedenen Seiten kennen zu lernen, daß es ihn dünkte, er hätte nur wenig Oerter unbe=sucht gelassen. Er besah alle Merkwürdigkeiten die ihm aufstießen, mit so vieler Sorgfalt, als ein Mann von seiner Art nur immer thun konnte; vornehmlich wenn er, wie unser Compagnon, durch seine eigene Neugierde und durch die Verspre=chung einer reichen Belohnung †), wie auch durch

---

*) Naye liegt, nach Compagnons Karte auf der Ost=seite des Faleme, nordwärts von Kainura. Onneka konnte ich nicht auf derselben finden.
**) Auf C. Karte steht: Bakajokalau.
***) Womit auch der Ungenannte übereinstimmt.
†) Labat spielt hiebei auf die Undankbarkeit der fran=zösischen Senegal=Gesellschaft an, welche einen so verdienstvollen Mann nicht gehörig belohnt hat.

den Wunsch seinem Vaterlande nüzlich zu werden, und der Gesellschaft, die ihn brauchet, einen Dienst zu leisten, dazu angereizt wird.

Seine gute Aufführung und seine Geschenke gewannen ihm leicht die Hochachtung des Farims von Rainura, der ihn nicht für einen abgeschikten Beamten der Kompagnie, sondern für einen Naturforscher hielt, welcher durch Besuchung eines Landes, wovon er soviel gehöret hatte, seine Neugierde zu befriedigen suchte. Dieser Farim gab ihm seinen Sohn zur Begleitung bis nach Sambanura in dem Königreiche Kontu mit.

Der Farim oder das Oberhaupt dieses Orts erstaunte nicht wenig, als er einen weissen Menschen zum Gaste bekam, von welcher Farbe er bisher noch Keinen gesehen hatte. Seine Unterthanen, welchen ein solcher Gegenstand eben so fremd war, waren über dieses Fremdlings Kühnheit nicht minder erstaunt und aufgebracht und würden ihn sehr übel empfangen haben, wenn die Gegenwart des Sohnes des Farims von Rainura sie nicht davon zurük gehalten hätte. Ein Volk, welches auf sein Gold eifersüchtig ist fürchtet Alles *). Die zornigsten darunter wollten, man sollte ihn todtschlagen, Andere, die sanftmüthiger waren, riethen, man sollte ihn auf der Stelle zurükschikken, ohne ihm Zeit zu lassen, dies Land näher zu untersuchen.

Der

---

*) Der Ungenannte sagt ganz Ebendasselbe.

Der Farim aber, welcher durch die Vorstellungen des Sohnes seines Freundes überredet und vielleicht durch die Geschenke, welche ihm Compagnon gemacht hatte, gewonnen war, beredete das Volk, seine Furcht sei ungegründet, und es hätte nicht Ursache, diesen weissen Menschen im Verdacht zu halten. Er versicherte sie, es wäre ein ehrlicher Kaufmann, und es würde zu ihrem Vortheile gereichen, wenn sie ihm gut begegneten, weil er sie mit bessern Gütern und für einen wolfeilern Preiß versehen könnte, als die Negerkaufleute, welchen sie erlaubt hatten mit ihnen zu handeln.

Diese Gründe, die mit einigen zur rechten Zeit angebrachten Geschenken an die ansehnlichsten Leute der Dorfschaft und an ihre Weiber unterstüzt wurden, brachten eine wunderbare Veränderung in ihrer Denkungsart hervor. Sie legten sogleich alles Mistrauen gegen diesen Fremdling ab; sie drängten sich freundlich um ihn, und fiengen an seine Kleidung und seine Waffen zu bewundern. Sie fanden Verstand und Geschiklichkeit bei ihm. Da er überdies sich ganz nach ihren Sitten richtete, und sich dadurch künstlich in ihre Gunst einzuschleichen wußte, so gewann er bald so viel Freunde unter ihnen, als er zuvor Feinde gehabt hatte. Die meisten sagten dann: „Wir danken Gott, daß wir Euch hier sehen; wir danken ihm herzlich, daß er Euch zu uns gebracht hat; wir wünschen, daß Euch nichts übels begegnen möge!" —

Es wäre ein Glük für ihn gewesen, wenn er nur diese und nicht noch weit mehrere Schwierigkeiten zu übersteigen gehabt hätte. Aber er fand an jedem Orte diese und noch andre Hindernisse zu besiegen. Zwar war er auf seinen Reisen immer von einigen der vornehmsten Landeseingebornen begleitet; dennoch traf er überall, wo er nur hinkam, einerlei Eifersucht und beinahe einerlei Gefahr. Er war genöthigt auf unzählige Fragen zu antworten und ekelhafte Nachforschungen auszustehen; er würde nie im Stande gewesen seyn, sich den Weg auf eine andere Art zu öffnen, als durch Geschenke. Diese sind in diesem Lande wie in allen andern das sicherste Mittel mit seinen Vorstellungen durchzudringen, und geben ihnen allein das nöthige Gewicht. Zuweilen waren sogar seine Gründe und Geschenke zusammengenommen zu schwach, das Mistrauen der Eingebornen zu besiegen, die ihn auf eine sehr beschwerliche Art bewachten, und ihm die Erde oder das Erz aus ihren Bergwerken versagten, ob er sich gleich erbot, dasselbe nach ihrem eigenen Preiße zu kaufen, und sie versicherte, daß er es aus bloßer Neugierde verlangte, um sich Kassoten oder Pfeifenköpfe davon zu machen. Sie hörten seine Gründe an, konnten aber nicht glauben, daß sie hinreichend wären, einen Menschen zu bewegen, so weit zu reisen und sich in solche Gefahren zu begeben, sondern meinten er müßte böse Absichten darunter verbergen und damit umgehen, ihr Gold zu stehlen oder ihr Land zu erobern, wenn er es ausgekundschaftet hätte. Der gewöhnliche Schluß war dann, ihn sogleich zurükzuschikken, oder zu tödten, um andere Weiffe abzuschrökken, seinem Beispiele zu folgen.

Nachdem er zu Torako *) mit einem Neger gehandelt, daß er ihm etwas Ghingan, oder Golderde von Silabali **) holen, und die Landsleute einladen sollte, ihm Kassoten zu bringen, wofür er sie gut bezahlen wollte; so wurde sein Bote sehr übel aufgenommen. Sein Ansuchen ward abgeschlagen, und er selbst fortgejagt, mit dem Befehle, seinem Herrn, dem Farim von Torako zu melden: Er wäre ein Narr, daß er einen Weissen sein Land ausforschen, und sein Erz und seine Erde mitnehmen ließ, da es augenscheinlich wäre, daß er nur gekommen sei, ihn zu berauben ***).

Der Neger brachte in Gegenwart des Farims von Torako, dem Compagnon diese Antwort zurük, welcher ohne sich darüber zu beunruhigen

---

*) Ich finde kein Torako sondern nur einen Ort Tonteko auf Compagnon's Karte.

**) Wahrscheinlich der mit Bergwerken bezeichnete Ort Sabali auf der Westseite des Faleme, nicht weit von Tonteko, im Königreich Kombregudu, nach C. Karte.

***) Woher haben sie wol diesen vortheilhaften Begriff von den Europäern erhalten?

erwiederte: Der Farim von Silabali wäre selbst ein Narr, daß er sich mitten in seinem Lande vor einem einzelnen weissen Menschen fürchtete, und sich weigerte, ihm etwas von der Erde zu verkaufen, wovon er mehr hätte, als er jemals brauchen konnte. Hierauf belohnte er den Neger eben so reichlich, als wenn er ihm das wirklich gebracht hätte, was er verlangt hatte.

Diese Großmuth war dem Volke so angenehm, daß sie das allgemeine Gespräch im ganzen Lande ward. Ein anderer Neger erbot sich sogleich, er wollte hingehen, und bei Nacht diese Erde für ihn suchen. Allein Compagnon, der es für eine Klugheitsregel hielt, seine Begierde von allen Bergwerken Proben zu erhalten zu verbergen, stellte sich sehr gleichgültig, und sagte nur: „Wenn sie ihn besser kännten, so würden sie sich kein Bedenken machen, ihm ihre Erde und Kassoten zu verkaufen!„ Dies that eine gute Wirkung; denn bald darauf erhielt er von beiden so viel, als er verlangte. Wir ersehen hieraus, daß Compagnon ganz die Geschiklichkeit besaß, allem Verdacht auszuweichen, den man über seine erste Ankunft in das Land geschöpfet hatte, und seine einnehmende Aufführung, begleitet von seinen Geschenken, gewannen ihm die Liebe der Farime und des Volks an allen den Orten, wo die Bergwerke lagen, so daß sie ihm wieder Geschenke machten, und zuletzt völlige Freiheit liessen, so viel

Erz zu nehmen, und so viele Rassoten zu machen, als ihm beliebte.

Der Generaldirektor Brue trug Sorge, daß der Kompagnie die Proben von allen den Erzen, und die Rassoten von verschiedenen Arten, welche Compagnon eingesammelt hatte, sogleich im Junius 1717. nach Europa überschikt wurden.

Compagnon selbst war nach dieser gefahrvollen Unternehmung glüklich wieder im Ludwigsforte und nachher zu Paris angekommen, wo er noch im Jahre 1728. als Baumeister lebte.

Dies ist es Alles was wir noch Bestimmtes von dieser merkwürdigen Reise Compagnon's durch Brue und Labat erhalten haben; sein eigenes Tagebuch ist nicht auf unsre Zeiten gekommen; seine übrige Nachrichten von dem Lande Bambuk und dessen Bewohnern folgen hier und in der zweiten Hälfte dieses Abschnitts abgekürzt und an die gehörigen Orte eingeschaltet.

III.

Geographische Nachrichten von Bambuk.

Aus Compagnon's Karte und Reisebericht gezogen und mit den Nachrichten des Ungenannten verglichen.

Compagnon's kleine Karte von dem Lande Bambuk und den benachbarten Ländern stimmt mit seinen eigenen Nachrichten, mit den beßten neueren Karten und sogar zum Theil mit den Angaben des ofterwähnten Ungenannten so gut überein, daß man keine Ursache hat, an ihrer Genauigkeit und Aechtheit zu zweifeln. Sie ist also ein dem Erdforscher sehr brauchbares, angenehmes Geschenk, um so mehr, da sie die wenigen geographischen Angaben in Compagnon's Reisebericht sehr gut ergänzt.

Nach dieser Karte wollen wir eine kurze geographische Ueberficht von Bambuk hier entwerfen.

Bambuk — mit Einschluß der dazu gehörigen Länder — liegt auf der Südseite des Senegal, an dessen Nebenflüssen Faleme und Sannon — ostwärts von der Republik Bondu, nordwärts von Jaka und Gadua und südwärts von Kasson und Galam.

Das Land selbst scheint aus folgenden Theilen zu bestehen:

1. Das eigentliche Bambuk *), längs dem Flusse Sannon hin, wo die Karte folgende Oerter als die merkwürdigsten anzeigt: (von Norden nach Süden)

 (1) Turet Kondat, am Sannon, nicht weit davon ist das Dorf Nian Sabana, das ein ergiebiges Goldbergwerk hat.

 (2) Nianpalan.

 (3) Dira Tudonnet, mit einem Bergwerke.

 (4) Sarbanna, der Hauptort, am Sannon, woselbst ein französisches Komtoir**).

 (5) Ghettala. (Nach dem Ungenannten: Ghetata, vermuthlich durch einen Schreib= oder Drukfehler.)

---

*) Dies scheint das von dem Anonym so genannte Königreich des Siratik Thomane Niakalel zu seyn. — Compagnon sagt in seinem Reiseberichte bei der Beschreibung der Goldbergwerke: „Zwanzig Meilen über Kainura, zur Linken des Faleme ist ein ander Goldbergwerk in den Ländern von (des) Thomane Niakonel." Dabei sagt der Herausgeber in einer Anmerkung: „Dieser Ort ist auf der Karte nicht bemerket." — Richtig! Denn es ist der Name des Regenten.

**) Nach der Abanfonschen Karte und nach der Description de Nigritie.

(6) **Kakulu,** beide nicht weit vom Sannon. (Lezteres soll nach der Angabe des Ungenannten zu dem Königreich Makan gehören.)

2. Das **Königreich Tambaaura,** ein bergichtes Land, südöstlich von vorigem *), wo:
(1) **Tambaaura,** Hauptort.
(2) **Netteko,** mit sehr ergiebigen Goldbergwerken.

3. Das **Königreich Kontu** **), westwärts von Bambuk, auf beiden Seiten des Faleme, wo die Karte folgende Oerter am Faleme, von Norden nach Süden angiebt:
(1) **Kakollu.**
(2) **Sambanura.**
(3) **Dallemulet,** nicht weit davon sind Goldbergwerke.
(4) **Tragolles.**

---

*) Dies ist derjenige Theil, welchen der Ungenannte das Reich Makan nennt.

**) Compagnon unterscheidet Bambuk von Kontu und Kombregubu; da er aber die Bergwerke dieser lezteren Reiche unter denen von Bambuk aufzählt, so scheint dies, mich zu berechtigen, sie für Theile des Staatskörpers von Bambuk zu halten, und jene Unterscheidung nur für Bambuk im engern Verstande zu nehmen.

4. Das **Königreich Rombregudu** *), südwärts von vorigem, wo folgende Oerter von Norden nach Süden zu bemerken:

(1) Saissandia.

(2) Gueigne.

(3) Tonteko.

(4) Segalla, mit Bergwerken.

(5) Sisella und **Chinchiforanna**, mit Bergwerken.

(6) **Ghiakalel**. Diese liegen alle auf der Ostseite des Faleme.

(7) Sabali, mit einem Bergwerk, auf der Westseite des Faleme.

5. Das **Königreich Makanna** scheint nach Compagnon's Karte nicht zu Bambuk zu gehören, ist es aber vielleicht ein Theil des Königreichs **Makan** des Ungenannten? — Es liegt südöstlich von vorigem und enthält nach angeführter Karte folgende Oerter:

(1) **Dambanna**, Hauptort.

(2) **Gudambe, Longodera, Santadanna** und **Hanty**, Negerdörfer durch welche Compagnon kam.

Wir wollen hier noch die kurze geographische Nachricht, welche der ungenannte Verfasser der

---

*) Ist dies etwa das Königreich des Siratik Mussa?

Voyage au pays de Bambouc — von diesem Lande giebt *) hinzusezzen. Ich füge meine muthmaßliche Verbesserungen in Klammern bei.

Er sagt:

„Das Land Bambuk liegt ostwärts (südöstlich) von dem Lande Galam, und fängt an bei dem Dorfe Niakoleliagu, welches dem Könige Siratik Thomane-Niakalel gehört. — Gegen Norden liegt das Königreich Sarakolet. (Falsch! Das Königreich der Sarakolets in Galam muß es heissen.) Westwärts die Republik Bondu; südwärts das Land der Ghiangaren **); gegen Osten (Südosten) endlich machen die Gebirge von Tambaaura die Gränze.

Drei Königreiche ***) von welchen jedes sei-

---

*) Nach der Uebersezzung in den Sprengelschen Beiträgen S. 60. 65. und ff. zusammengelesen und verbessert.

**) Ein Volksname der in keiner Land- oder Reisebeschreibung zu finden ist, folglich allem Anschein nach von dem Ungenannten, nach seiner löblichen Gewohnheit verstümmelt ist. Vermuthlich versteht er die Mandingoer welche das angränzende Land Jaka oder Schiaka bewohnen darunter? —

***) Compagnon sagt: „Die Länder Bambuk, Kontu und Kombregubu stehen nicht unter Königen, sondern jedes Dorf hat sein eigenes Oberhaupt, das Sarim genannt wird. In den inneren Gegenden werden diese Oberhäupter Elemammi betitelt, auch giebt es

nen eigenen Negerkönig oder in der Mandingospra=
che Siratik *) hat, machen die Landschaft Bam=
buk aus. Man pflegt diese Königreiche nur nach
dem Namen des regierenden Negerfürsten zu be=
nennen. So heißt das Königreich des Siratik
Thomane Makalel das Königreich Makalel zu
Farbanna. Das Königreich des Siratik=Ma=
kan heißt Samarina Makan; und das Reich
des Mussa, Nambia=Mussa.

1) In dem Gebiete des Königs Thomane
sind die vorzüglichsten Dörfer: Farbanna, wo

---

noch andre Namen der Regenten. Gewöhnlich ist es
ferner den Regenten mit dem Namen seines Dorfes
zu nennen, so heißt zum Beispiel das Oberhaupt von
Farbanna: Sarim Sarbana (Herr von und zu...;
nach alter Art) Ihre Gewalt ist gar nicht willkürlich.„

— Hat nun Compagnon oder der Ungenannte Recht?
Dieser Leztere verräth in seiner Nachricht, daß er
— zugegeben, er sei wirklich im Lande gewesen —
nur den Theil von Bambuk am Sannon bereiset hat,
und den westlichen Theil gar nicht kennt; folglich
kann er sich in seiner Angabe von der Eintheilung
des Landes geirrt haben, so wie es überhaupt leicht
ist, Irrthümer und Fehler in seinem Werkchen zu
finden. Compagnon hat ein günstigeres Vorurtheil
für sich, da er dies Land auf allen Seiten durchstreift
hat.

*) Siratik ist der Königstitel des Beherrschers der
Fulier. In der mandingoischen Sprache wird das
Wort König durch Mansa ausgedrükt.

er sich aufhält; Niakaleba-Jagu *), Seno=
re **), Geratugune, (vielleicht das Karan=
kulu auf C. Karte) Molintaghet, (auf C.
Karte Mulantake) und Semaylla, (etwa der
Ort Selimara?) woselbst eine Goldgrube ist.
Die beiden Gränzdörfer dieses Königreichs sind auf
der einen Seite Nialel, (fehlt auf der Karte) und
auf der andern Ghetata. (Ghetala auf der
Karte.)

Von dem Marigo (nämlich dem Flusse San=
non), bis nach Kolumba, (Rombo?) ist das
Land unbebaut, ob es gleich von unzähligen Quel=
len getränkt wird. Wahrscheinlich sind entweder
die daselbst häufigen Eisengruben, oder aber die
grosse Anzahl der Kob-Antilopen Schuld daran,
daß man diese Gegend nicht anbaut. Man würde
diese Thiere welche das ganze Land verheeren, nur
mit grosser Mühe ausrotten können.

2) Das Reich Makan ist nicht so groß als das
vorige, aber die Bevölkerung ist daselbst stärker
und der Anbau wird ungleich weiter getrieben.
Es treffen eine Menge fremder Kaufleute daselbst
zusammen, um das Gold der Grube Natakon

---

*) Fehlt auf Compagnon's Karte; oder ist es das Nian-
palan?

**) Senora, liegt nach derselben Karte im Lande Ga-
lam. — Die übrigen Varianten habe ich im Texte
zwischen Klammern angemerkt.

einzutauſchen, und dieſer Handel bereichert das Land.

Es erſtrekt ſich von dem Dorfe Ghetata bis jenſeits der Gebirge Tambaaura, deren Kette nordnordoſtwärts von Samarina, (fehlt) bei dem Dorfe Sirela (fehlt) beginnt, und bei dem Dorfe Rakulu aufhört. Die Natur ſcheint hier mit Wohlgefallen an der Bildung eines prächtigen Thals in dieſem Gebirgsamphitheater gearbeitet zu haben. Man findet daſelbſt eine Menge ſehr ſchöner anſehnlicher Bäche, die man hier zu Lande (nämlich am Senegal) Marigots nennt, und das Erdreich iſt überaus fruchtbar, wiewol die Neger nur genau ſo viel bauen, als zu ihrem Unterhalte nöthig iſt, ohne ſich um die Zukunft zu kümmern.

Dieſe Gegend iſt ſehr volkreich; die vornehmſten Dörfer heiſſen: Nataku, (Nettelo) Samarina, Samarinakuta, Sirela, Dayaba, Ghingulu, (alle dieſe fehlen) Xaſera, (Yaſſere) Roba, Rakulo, (beide eben ſo) Rukujan (fehlt) und Sitagoret — (Sikorint oder Sitagone?) —

3) Das Königreich des Siratik Muſa hat hingegen nur zwei beträchtliche Dörfer, nämlich: Bambia (fehlt) und Rombadirie (vielleicht Rombregudu). Dieſe beide Dörfer beſizzen eine Goldgrube; allein die Einwohner verkaufen das Gold nur gegen verarbeitetes Silber, z. B. Armſpangen und Ketten an die Füſſe; oder ſie nehmen dafür Baumwollentücher, die ihnen die Kaufleute

aus Bondu in Menge zuführen *). Die Bondueir
dürfen jedoch diese Reise nicht anders als in ganzen
Karawanen thun, weil jene Negern **) so bösartig
sind, daß sie ohne diese Vorsicht Gefahr liefen von
ihnen ausgeplündert zu werden.

Die Dörfer sind durchgehends sehr volkreich;
es wimmelt darin von Weibern und Kindern; allein ich zweifle doch, ob in allen drei Königreichen
zusammengenommen dreitausend streitbare Männer
gefunden werden könnten."—

So weit gehen die geographischen Nachrichten
des ungenannten Franzosen; in wie weit sie mit
den Angaben des Compagnon übereinstimmen
haben wir gesehen, auch ist es leicht zu begreifen,
warum jener in der geographischen Beschreibung von
Bambuk so weit von diesem abgehe, da aus seinen
flüchtigen Nachrichten deutlich erhellet, daß er
nur das Land am Flusse Sannon gekannt habe
und von dem westlichen Theile, der am Saleme

---

*) Aus diesem scheint zu erhellen daß dies Königreich
Mussa, von welchem der Ungenannte so wenig zu
sagen weiß, an der Gränze von Bondu, folglich in
dem westlichen Theile von Bambuk liege.

**) Welche? Die Einwohner des Landes Mussa, die
nur zwei Dörfer anfüllen? Oder die Kassonen, von
welchen dieser Ungenannte soviel spricht? — Jenes
ist unwahrscheinlich und dieses unmöglich!

liegt, und von welchem uns Compagnon eine Menge Namen (aber nur Namen!!!) giebt, so wenig zu sagen wisse.

Schade, daß die Bruchstükke aus Compagnon's Reiseberichte, die bis zu uns gekommen sind, so gar wenig Beiträge zur geographischen Beschreibung von Bambuk enthalten! Schade, daß der schmähsüchtige Ungenannte, seinen Vorgänger lieber getadelt, statt verbessert und ergänzt — daß er uns so unbestimmte, unzuverlässige Nachrichten von einem Lande geliefert hat, das er doch nach aller Wahrscheinlichkeit wirklich durchreiset hat! —

Diese Lükke in unserer Erdkunde bleibt also noch unausgefüllt! *) —

*) Die Nachrichten von dem natürlichen Zustande Bambuk's und dem sittlichen seiner Bewohner folgen in kurzen Auszügen aus Compagnon's und des Ungenannten Nachrichten, in der zweiten Hälfte dieses Abschnitts.

IV.

Einige Nachrichten von den neueren Versuchen der Franzosen, in Bambuk einzudringen.

Von den Versuchen der Franzosen sich in Bambuk veſtzuſezzen finden wir, ſeit der Zeit in welcher Compagnon ſeine Reiſe unternommen hatte, keine Nachrichten in den vorhandenen Reiſebeſchreibungen. Alle Franzoſen aber ſchlieſſen ihre Nachrichten von Senegambien mit dem Wunſche: Daß es doch ihren Landsleuten gelingen möchte, ſich dieſes Goldlandes zu bemächtigen!

Wir finden zuerſt in de la Rocque's Reiſe nach Galam *) der wiederholten aber mißlungenen Verſuche der Franzoſen in Bambuk einzudringen, und eines ſehr unbeträchtlichen Komtoirs derſelben zu Farbana im Lande Bambuk erwähnt. Folglich waren die Franzoſen ſchon vor dem Jahre 1744. ſo weit vorgerükt. Dies Komtoir iſt auf der Adanſonſchen Karte angemerkt; auch gedenkt der ungenannte Verfaſſer der Deſcription de Nigritie deſſelben **). Genauere Nachrichten von der Zeit und Art dieſer Vorſchritte fehlen uns.

Der

---

*) Welche Reiſebeſchreibung im nächſten Bande überſezt und abgekürzt folgt.

**) Seite 77, des Originals wird geſagt: „Die Fran-

Der ungenannte Verfasser der Voyage au pays de Bambouc erzählt folgende Geschichte von einer französischen Niederlassung in Bambuk, welcher Erzählung aber das Wichtigste — die Jahrszahl fehlt.

Hier ist sie, sie gehört hieher *).

„Ohne Zweifel mußte es schwer halten, die Bambukaner, die ruhigen Bewohner eines reichen Bezirks, die keines Menschen bedurften, und in ihren Gebirgen unermeßliche Schäzze besaßen, dahin zu bringen, daß sie die Weissen unter sich aufnahmen. Sie wußten, daß die Weissen verschlagene, kühne, unternehmende Kaufleute sind. Unsere Waaren lokten sie nicht sehr; gegen ihr Gold konnten sie die Waaren der Marabuten von Gughuru **) und der Ghiangarischen (Jakaischen) Kaufleute eintauschen. Den Weissen liessen sie nichts zufliessen, weil sie von jeher den Verdacht gegen sie hegten, daß sie ein Auge auf ihre Bergwerke hätten.

―――――――――――
zosen haben zu verschiedenen Zeiten kleine Komtoire in Bambuk gehabt, z. B. eines zu Farbana, eines zu Samarina, eines zu Kuota, u. andere."

*) S. 61. der Sprengelschen Uebersezzung.

**) Vermuthlich soll es heissen: Gonghira, welches der alte Name der negerischen Handelsstadt Kaignu am Senegal ist.

Gesch. der Reisen, 3ter Band.   Z

Es war also nichts leichtes, dieses Mistrauen zu überwinden, und man würde es sicherlich nicht dahin gebracht haben, wenn die Bambukaner, die eines tiefen Friedens gewohnt waren, nicht mit den Kassonen in Zwist gerathen wären. Diese machten jährliche Streifereien in ihr Gebiet, und nöthigten sie, sich in die felsigten Gebirgsgegenden zu flüchten, um ihr Leben zu retten.

Ein Franzose Namens le Vens, benuzte diese Lage der Sachen. Er erbot sich, dem Könige von Farbana, Thomane-Niakalel, eine Vestung anlegen zu lassen, die ihn gegen die Ueberfälle der Kassonen schüzzen würde. Man schloß den Traktat deshalb zu Galam, und es währte nicht lange, so reiste Herr von Suasse nach Farbana, um daselbst eine Vestung zu bauen.

Herr le Vens ließ diese Gelegenheit nicht vorbei streichen. Er begab sich selbst in das Gebiet des Königs Thomane-Niakalel, stekte den Plaz zur Vestung ab*), und ward von den Eingebornen so gut aufgenommen, daß er seine Reise bis Samarinakuta, der Residenz des Siratik-Makan fortsezte. Er hatte die Absicht auch diesen Fürsten zu bewegen, daß er uns eine Nieder-

---

*) Wann dies geschehen seyn soll, läßt sich unmöglich bestimmen. Wahrscheinlich nach 1765; denn der Verfasser der Description de Nigritie weiß nichts davon. Früher war aber doch schon ein Komtoir zu Farbana?

laſſung in ſeinen Händen erlaubte; allein Herr le Vens konnte für dieſesmal mit einem ſo mistrauiſchen, und gegen die Weiſſen eingenommenen Manne nichts ausrichten. Er mußte eine günſtigere Gelegenheit abwarten, wie die geweſen war, welche den König Thomane-Niakalol zu einem Entſchluſſe gebracht, und dieſe fand ſich bald. Die Kaſſonen wagten einen neuen Ueberfall; ſie plünderten und verſengten alles in dem Gebiete des Siratik-Makan und brachten über ihn und ſeine Leute eine fürchterliche Hungersnoth. Dem Siratik-Thomane wäre es nicht beſſer gegangen, wenn das Geſchütz zu Farbana den Kaſſonen nicht einen Schrekken eingejagt hätte. Makan beſchloß izt freilich etwas zu ſpät, die Weiſſen zu ſich zu rüfen. Er ſandte ſeine eigene Kinder nach Galam, um ſich Hülfe zu erbitten. Nichts hatte man aufrichtiger gewünſcht. Herr Payen, mußte ſich zu dieſem Könige hinbegeben, und Freundſchaft mit ihm ſtiften. Er machte verſchiedene Reiſen nach Samarinakuta, und nach der Goldgrube Natakon, die er zuerſt geſehen hat. Er war es auch der den Siratik-Makan beredete, daſelbſt einige Strohhütten errichten zu laſſen, die wir bei unſerer Ankunft *) vorfanden."

Wie weit dieſe Erzählung Glauben verdiene —

---

*) Dies „unſerer Ankunft„ ſcheint zu zeigen, daß der Ungenannte ſelbſt bei dieſer Unternehmung war. Es iſt die einzige Spur von ſeiner Reiſe.

unwahrscheinlich ist sie nicht — und was — wenn sie reine Wahrheit ist — die Franzosen für Fortschritte in Bambuk machten, läßt sich aus Mangel an neueren Nachrichten nicht bestimmen. Ein unverzeihlicher Fehler des ofterwähnten Ungenannten ist es, daß er uns Nachrichten vorenthielt, die er geben könnte, wenn er wirklich in Bambuk war; daß er aber dort war, ist — ich wiederhole es — sehr wahrscheinlich.

Warum müssen wir denn gerade bei wenig bekannten Ländern nur von nachläßigen, unglaubwürdigen Reisebeschreibern unterrichtet werden? —

Ein Fall, der zum Schaden der Erdkunde nur zu oft zu trifft! —

Ende des dritten Bandes.

www.ingramcontent.com/pod-product-compliance
Lightning Source LLC
Chambersburg PA
CBHW022335230426
3664CB00040B/879